世界の国と地域ずかん

監修 ● 井田仁康

世界を理解する旅をはじめよう

　世界を知るのは楽しいことです。行ったことのある国について調べて、その国の情景やできごとを思い出したり、行ったことのない国やいつか行きたい国を調べて、どんなところか想像するのもいいですね。そんな調べ活動を可能にしてくれる本書は、世界208の国と地域の自然・歴史・産業・社会・文化・食・スポーツにまつわる情報を収録しています。世界のことを調べるのに、きっと役にたつでしょう。

　2020年には東京オリンピックが開催され、世界中から人びとが集まってきます。交流の機会もふえて国際理解がますます大切になります。とはいえ、「"国際理解"って最近よく聞くけれど、一体どういうこと?」と思われる方もいるかもしれません。

　国際理解とは、異なった自然や文化などを理解するとともに、異なった環境のもとで生活していても、同じ人間であると理解することでもあります。世界にはさまざまな自然、歴史、文化、産業がありますが、そこで生活しているのはわたしたちと同じ人間。どんな環境でも人は一生懸命生きていて、幸せを求める気持ちは同じです。そんな人間の姿を、本書から読みとってみてください。

　自分と異なった自然や文化を理解すること。そして、異なった環境で生活していても、同じ人間同士だと知ること。それは世界の平和を実現し、将来にわたってのすばらしい地球と人間を持続させていくことにつながるのです。さあ、本書をめくって、世界を理解する旅をはじめませんか。

筑波大学人間系教授
井田仁康

ほるぷ出版

もくじ

4 この本の使い方

アジア

8 アゼルバイジャン
9 アフガニスタン
9 アラブ首長国連邦
10 アルメニア
10 イエメン
11 イラク
12 イラン
13 インド
14 インドネシア
15 ウズベキスタン
16 イスラエル
16 オマーン
17 カザフスタン
18 韓国
19 カタール
19 カンボジア
20 北朝鮮
20 キプロス
21 キルギス
21 クウェート
22 サウジアラビア
23 ジョージア
23 シリア
24 シンガポール
24 スリランカ
25 タイ
26 中国
27 タジキスタン
27 トルクメニスタン
28 トルコ
29 日本
30 ネパール
30 バーレーン
31 パキスタン
31 バングラデシュ

32 東ティモール
32 フィリピン
33 ブータン
33 ブルネイ
34 ベトナム
35 マレーシア
35 ミャンマー
36 モンゴル
37 モルディブ
37 ヨルダン
38 ラオス
38 レバノン
39 台湾
39 パレスチナ
39 香港

ヨーロッパ

42 アイルランド
43 アイスランド
43 アルバニア
44 イギリス
45 イタリア
46 ウクライナ
47 アンドラ
47 エストニア
48 オーストリア
49 オランダ
50 ギリシャ
51 クロアチア
51 コソボ
52 サンマリノ
52 スロバキア
53 スイス
54 スウェーデン
55 スペイン
56 スロベニア

56 セルビア
57 チェコ
58 デンマーク
59 ドイツ
60 ノルウェー
61 ハンガリー
62 フィンランド
63 フランス
64 ブルガリア
65 ベルギー
66 ポーランド
67 ベラルーシ
67 ボスニア・ヘルツェゴビナ
68 ポルトガル
69 マケドニア
69 マルタ
70 モナコ
70 モルドバ
71 モンテネグロ
71 ラトビア
72 リトアニア
72 リヒテンシュタイン
73 ルーマニア
74 ロシア
75 ルクセンブルク
75 バチカン

アフリカ

78 アルジェリア
78 アンゴラ
79 ウガンダ
79 エリトリア
80 エジプト
81 エチオピア
82 ガーナ
82 カーボベルデ

83 ガボン	103 南スーダン	125 チリ
83 ガンビア	103 モーリシャス	125 ツバル
84 カメルーン	104 モーリタニア	126 ドミニカ共和国
85 ギニア	104 モザンビーク	126 ドミニカ国
85 ギニアビサウ	105 モロッコ	127 トリニダード・トバゴ
86 ケニア	106 リビア	127 トンガ
87 コートジボワール	106 リベリア	128 ナウル
87 コモロ	107 ルワンダ	128 ニウエ
88 コンゴ共和国	107 レソト	129 ニュージーランド
88 コンゴ民主共和国		130 ニカラグア
89 サントメ・プリンシペ	**南北アメリカ・オセアニア**	130 ハイチ
89 ザンビア		131 パナマ
90 シエラレオネ	110 アメリカ	131 バヌアツ
90 ジブチ	111 アルゼンチン	132 バハマ
91 ジンバブエ	112 アンティグア・バーブーダ	132 パプアニューギニア
91 スーダン	112 ウルグアイ	133 パラオ
92 スワジランド	113 エクアドル	133 パラグアイ
92 セーシェル	113 エルサルバドル	134 バルバドス
93 赤道ギニア	114 オーストラリア	134 フィジー
93 セネガル	115 カナダ	135 ブラジル
94 ソマリア	116 キューバ	136 ベネズエラ
94 タンザニア	117 ガイアナ	136 ベリーズ
95 チャド	117 キリバス	137 ペルー
95 中央アフリカ	118 グアテマラ	138 ボリビア
96 チュニジア	118 クック諸島	138 ホンジュラス
96 トーゴ	119 グレナダ	139 マーシャル諸島
97 ナイジェリア	119 コスタリカ	139 ミクロネシア
97 ナミビア	120 コロンビア	140 メキシコ
98 ニジェール	121 ジャマイカ	141 アメリカ領バージン諸島
98 ブルキナファソ	122 サモア	141 アメリカ領サモア
99 ブルンジ	122 スリナム	141 アルバ
99 ベナン	123 セントクリストファー・ネービス	142 イギリス領バージン諸島
100 ボツワナ		142 グアム
100 マダガスカル	123 セントビンセント及びグレナディーン諸島	142 ケイマン諸島
101 マラウイ		143 バミューダ
101 マリ	124 セントルシア	143 プエルトリコ
102 南アフリカ	124 ソロモン諸島	

この本の使い方

バクー市内。高層ビルが建てられるようになった

【どんな国】北にカフカス山脈をはさんでロシアと国境を接し、東は世界最大の湖カスピ海に面しています。南はイラン、西はアルメニア、北西はジョージアと接しています。アルメニアの先には飛び地のナフチュバン自治共和国があります。カスピ海に面した北東部は温暖湿潤気候ですが雨は少なく、南部は半乾燥地帯のステップ気候です。

【かんたんな歴史】3世紀のササン朝ペルシアにはじまり、7世紀にアラブ、11世紀にセルジューク朝、13世紀にモンゴル帝国、16世紀にサファビー朝ペルシアの支配をうけました。19世紀初めにロシアが北半分を併合、19世紀後半に原油の生産がはじまり、20世紀初頭、バクーは世界一の原油産出国となりました。1922年、ザカフカス社会主義連邦ソビエト社会主義共和国としてソ連邦に加わり、ソ連を構成する共和国となりました。1991年、ソ連の解体にともない独立しますが、アルメニア人が多く住むナゴルノ・カラバフ自治州の帰属をめぐってアルメニアと戦争に突入。1994年に停戦しましたが、解決の見通しは立っていません。

【おもな産業】農業は小麦や綿花、果実の栽培がさかんで、北の山岳地帯では牧畜がおこなわれています。原油や天然ガスなどの資源にめぐまれ、カスピ海の油田開発や地中海方面へのパイプラインの開設により、高度成長が続いています。

【社会・文化】ロシア、アメリカと友好関係をたもち、トルコやイランとも等距離外交をつづけ、安定化につとめています。古くからシルクロードの中継都市として栄えてきたバクーの旧市街は、ゾロアスター教やペルシア、アラブ、トルコ、ロシアなどの影響をうけて歴史的な都市景観をのこしていることから、世界遺産に登録されました。経済発展とともに市街地は広がり、世界一の高層ビル(高さ1050m)の建設も予定されています。

【食べ物】ロシアやトルコ、イラン、中央アジアの影響をうけた味わいのある料理です。羊肉を炭火で焼いたケバブ、たきこみご飯のプロフ、ミートボールのスープ、陶器のなべで煮た羊肉の煮込みなどが有名ですが、コーカサス地方のワインや、カスピ海のキャビアも知られています。

【スポーツ】バレーボールや柔道、レスリングがさかんで、2016年のオリンピック・リオデジャネイロ大会では、18個のメダルを獲得し大躍進をはたしました。世界的な自動車レースのフォーミュラ1(F1)も開かれています。

1992年に外交関係を樹立しました。日本からの政府開発援助(ODA、2011〜2014年)は世界一で、インフラの整備や文化交流に貢献しています。日本の石油開発関連企業も海底油田や石油パイプラインのプロジェクトに参加しています。大学間の学術交流もはじまり、日本語教育もさかんです。

1 エリア名 … その国・地域のあるエリアがわかります

2 国・地域[通称] … よく使われている呼び名です

3 国・地域[正式名] … 正式な名称です

4 国・地域[英語名] … 英語による正式名称です

5 IOCコード … IOC(国際オリンピック委員会)による略称です

6 首都名 … 首都(主都・本部・政庁などの所在地)の名前を示しています

7 地図 … その国(地域)の領土、首都、まわりの国ぐになどを示しています

8 基本情報 … 面積、人口、平均寿命、出生率、おもな言語、通貨を紹介
 面積 人口 平均寿命 出生率 は、日本と比較しています

9 夏季オリンピックまめ知識 … 夏季オリンピックへの初参加年、参加回数、メダルの総獲得数を紹介しています
(冬季オリンピックはふくみません)

10 日本との関係 … その国と日本との交流の歴史、貿易関係、おもなできごとなど

11 本文 … 地理や気候、おおまかな歴史、産業や経済、社会のようすや文化、おもな食べ物、さかんなスポーツなどをわかりやすく紹介しています

12 国旗 … 各国(地域)で定められている国旗を紹介しています

13 イラスト … その国ならではの文化や特徴を紹介しています
(おもな言語による「こんにちは」が紹介されている国もあります)

Καλημέρα (カリメーラ)
(こんにちは)

■本書では、世界208の国と地域について、国際連合(国連)やIOC(国際オリンピック委員会)などの区分をもとに、アジア、アフリカ、ヨーロッパ、南北アメリカ・オセアニアの4つのエリアにわけて50音順に掲載しています。
■国連加盟国(193か国、2017年12月現在)、国連未加盟ではあるが日本が承認している4か国に、IOCが承認している11地域をくわえて、208の国と地域をとりあげました。
■本書の内容は、特に記載がないものについては基本的に2017年12月までの情報をもとに執筆、作成しています。
■本文中に記述のある国名は、おもに一般的によくつかう通称で表記しています。(例・大韓民国→韓国)
■地名、人名などの固有名詞は、本文に記した以外に別の表記のしかたがある場合もあります。
■各国の面積、人口、平均寿命、出生率をはじめ、おもな数値は『世界国勢図会2016/17』(矢野恒太記念会)、『データブック オブ・ザ・ワールド 2017』(二宮書店)、『世界年鑑』(共同通信社)、日本外務省ホームページなどをもとにしています。
■「夏季オリンピックまめ知識」は、IOCのホームページ(2017年)などをもとにして編集部で独自に算出したものです。ドーピング疑惑などでメダル数が変わることもあります。
■国旗は、各国で法制化されている縦横比率または慣習的に使用されている比率をもとに掲載しています。

〈世界の気候について〉この本に出てくる気候は以下の通りです

〔熱帯〕	熱帯雨林気候	年間を通じて高温で雨が多い
	サバナ気候	熱帯雨林の周辺に広がり、雨季と乾季がある
〔乾燥帯〕	ステップ気候	雨が少なく乾燥している
	砂漠気候	雨がきわめて少ない。昼と夜の気温差が大きい
〔温帯〕	地中海性気候	四季があり、冬は雨が多めで夏は少ない
	温暖冬季少雨気候	夏と冬の気温差は小さいが、雨は夏に多く冬は少ない
	温暖湿潤気候	年間を通して雨が降るが、とくに夏は多い。日本●(北海道をのぞく)はここにふくまれる
	西岸海洋性気候	夏は比較的すずしく、冬は比較的暖かい
〔冷帯〕	冷帯(亜寒帯)気候	夏と冬の気温差が大きく、年間を通して気温は低い
〔寒帯〕	ツンドラ気候	もっとも暖かい月の平均気温が0℃〜10℃。1年の大半は氷におおわれている
	氷雪気候	もっとも暖かい月の平均気温が0℃未満。1年中、氷におおわれている
〔高山〕	高山気候	高度がますにつれ気温はさがる。夏と冬の気温差は小さい。風が強い

アジア

アゼルバイジャン

アゼルバイジャン共和国
Republic of Azerbaijan（AZE）
首都／バクー

面積	人口 (2016年)
約8万7000km² 日本の約1/4	約987万人 日本の約8%

平均寿命 (2015年)	出生率 (2014年)
男 69.6歳 女 75.8歳 日本より男10.9歳短い 女11.0歳短い	約2.0人 日本より約0.6人多い

おもな言語	通貨
アゼルバイジャン語	マナト

サラム
Salam

バクー市内。高層ビルが建てられるようになった

【どんな国】北にカフカス山脈をはさんでロシアと国境を接し、東は世界最大の湖カスピ海に面しています。南はイラン、西はアルメニア、北西はジョージアと接しています。アルメニアの先には飛び地のナフチュバン自治共和国があります。カスピ海に面した北東部は温暖湿潤気候ですが雨が少なく、南部は半乾燥地帯のステップ気候です。

【かんたんな歴史】3世紀のササン朝ペルシアにはじまり、7世紀にアラブ、11世紀にセルジューク朝、13世紀にモンゴル帝国、16世紀にサファビー朝ペルシアの支配をうけました。19世紀初めにロシアが北半分を併合、19世紀後半に原油の生産がはじまり、20世紀初頭、バクーは世界一の原油産出国となりました。1922年、ザカフカス社会主義連邦ソビエト共和国としてソ連邦に加わり、ソ連を構成する共和国となりました。1991年、ソ連の解体にともない独立しますが、アルメニア人が多く住むナゴルノ・カラバフ自治州の帰属をめぐってアルメニアと戦争に突入。1994年に停戦しましたが、解決の見通しは立っていません。

【おもな産業】農業は小麦や綿花、果実の栽培がさかんで、北の山岳地帯では牧畜がおこなわれています。原油や天然ガスなどの資源にめぐまれ、カスピ海の油田開発や地中海方面へのパイプラインの開設により、高度成長が続いています。

【社会・文化】ロシア、アメリカと友好関係をたもち、トルコやイランとも等距離外交をつづけ、安定化につとめています。古くからシルクロードの中継都市として栄えてきたバクーの旧市街は、ゾロアスター教やペルシア、アラブ、トルコ、ロシアなどの影響をうけて歴史的な都市景観をのこしていることから、世界遺産に登録されました。経済発展とともに市街地は広がり、世界一の高層ビル（高さ1050m）の建設も予定されています。

【食べ物】ロシアやトルコ、イラン、中央アジアの影響をうけた味わいのある料理です。羊肉を炭火で焼いたケバブ、たきこみご飯のプロフ、ミートボールのスープ、陶器のなべで煮た羊肉の煮込みなどが有名ですが、コーカサス地方のワインや、カスピ海のキャビアも知られています。

【スポーツ】バレーボールや柔道、レスリングがさかんで、2016年のオリンピック・リオデジャネイロ大会では、18個のメダルを獲得し大躍進をはたしました。世界的な自動車レースのフォーミュラ1（F1）も開かれています。

夏季オリンピックまめ知識
- 参加回数：6回（1996年初参加）
- メダル獲得数：合計43個
  - 金 7個 銀 11個 銅 25個

日本との関係
1992年に外交関係を樹立しました。日本からの政府開発援助（ODA、2011〜2014年）は世界一で、インフラの整備や文化交流に貢献しています。日本の石油開発関連企業も海底油田や石油パイプラインのプロジェクトに参加しています。大学間の学術交流もはじまり、日本語教育もさかんです。

アフガニスタン

アフガニスタン・イスラム共和国　Islamic Republic of Afghanistan（AFG）　首都／カブール

面積	日本の約1.7倍	人口（2016年）	日本の約26%
約65万3000km²		約3337万人	
平均寿命（2015年）	日本より男21.2歳短い 女24.9歳短い	出生率（2014年）	日本より約3.4人多い
男59.3歳　女61.9歳		約4.8人	
おもな言語	ダリー語、パシュトゥー語	通貨	アフガニー

バーミヤン渓谷の大仏。2001年、タリバンにより爆破され、現在修復がすすめられている

【どんな国】西アジアの内陸に位置する国で、国土の4分の3がヒンドゥークシ山脈の高原地帯にあります。気候はほとんど砂漠気候で乾燥しています。

【かんたんな歴史】古代から地中海と中国など東アジアをむすぶシルクロードの中継地として栄えました。19世紀、第一次・第二次アフガン戦争でイギリス軍と戦いますが、敗れて1880年、イギリスの保護国になります。1919年、イギリスからの独立を宣言し、王国として独立。1978年、クーデターにより社会主義政権ができ、ソ連軍が介入しこれを支援し、反政府ゲリラとの内戦に突入します。ソ連が撤退したのちも内戦がつづき、イスラム神学生の武装組織タリバンが勢力をのばします。2001年、アメリカの同時多発テロ以後、アメリカ軍が空爆を開始、タリバンを追いだし、2004年、カルザイ大統領の新政権が発足します。

【おもな産業】農業がおもで小麦、大麦、米、とうもろこしなどを栽培。羊の飼育もさかんで、毛皮や織物などをつくっています。青色の宝石ラピスラズリを産出。

【社会・文化】パシュトゥン人やタジク人をはじめ多数の民族からなります。

【スポーツ】クリケットやサッカーが人気です。

夏季オリンピックまめ知識
- 参加回数：14回（1936年初参加）
- メダル獲得数：合計2個
  - 金0個　銀0個　銅2個

日本との関係　道路や空港の建設、教育や医療、農業などの支援をおこなっています。井戸や用水路をつくった中村哲医師が有名。

アラブ首長国連邦

アラブ首長国連邦　United Arab Emirates（UAE）　首都／アブダビ

面積	日本の約1/5	人口（2016年）	日本の約7%
約8万4000km²		約927万人	
平均寿命（2015年）	日本より男4.1歳短い 女8.2歳短い	出生率（2014年）	日本より約0.4人多い
男76.4歳　女78.6歳		約1.8人	
おもな言語	アラビア語	通貨	ディルハム

ドバイの町にそびえるブルジュ・ハリファ

【どんな国】アラビア半島の南東に位置し、ペルシア湾に面している国。面積は日本の北海道と同じくらいです。気候は砂漠気候ですが、沿岸部は高温で湿度が高いです。

【かんたんな歴史】7世紀にイスラム帝国の支配下に入りました。16世紀、ポルトガル人が来航して以来、沿岸部はポルトガルの、そのほかはオスマン帝国の支配をうけました。1892年、イギリスの保護領に。1971年、アブダビ、ドバイなど6つの首長国が連邦国家を結成し（翌年、ラス・アル・ハイマも加わり7か国になり）、独立しました。

【おもな産業】1960年代以降、油田が開発されてからは、原油や天然ガスが主要産業になり、原油の輸出量は世界第8位（2015年）です。ドバイに自由貿易地域をもうけて外国企業を誘致し、巨大なショッピングモールや豪華なホテルを建設。2010年には高さ828mの超高層ビル、ブルジュ・ハリファが完成しました。

【社会・文化】国籍を持っているアラブ人は全体の約13％。建設ラッシュで多くの外国人が出かせぎに来ています。

【スポーツ】サッカーがさかんで、1990年のワールドカップに出場しています。競馬やラクダレースも人気。

夏季オリンピックまめ知識
- 参加回数：9回（1984年初参加）
- メダル獲得数：合計2個
  - 金1個　銀0個　銅1個

日本との関係　貿易相手国としてたがいに上位をしめ、日本は原油や天然ガスを輸入し、自動車や電化製品などを輸出しています。

アジア

アルメニア

アルメニア共和国　Republic of Armenia（ARM）　首都／エレバン

面積	約3万km²	日本の約1/12
人口（2016年）	約303万人	日本の約2%
平均寿命（2015年）	男71.6歳　女77.7歳	日本より男8.9歳短い　女9.1歳短い
出生率（2014年）	約1.5人	日本より約0.1人多い
おもな言語	アルメニア語	
通貨	ドラム	

アルメニアから見たアララト山

【どんな国】中央アジアのカフカス地方南部にある内陸国。面積は日本の中国地方くらいで、ほとんどが約1000〜3000mの高原にあります。気候は乾燥したステップ気候です。

【かんたんな歴史】紀元前1世紀ごろ、ローマ帝国やパルティアの支配下に入ります。301年、世界ではじめてキリスト教を国教にしました。その後、ササン朝ペルシア、7世紀にはアラブ勢、13世紀にはモンゴル勢に侵攻されます。1636年、オスマン帝国とサファビー朝ペルシアに分割され、1828年にペルシア領はロシアの支配下に。20世紀前半、ソビエト連邦の共和国のひとつとなり、1991年のソ連解体後、独立しました。1988〜1994年、ナゴルノ・カラバフ自治州をめぐってアゼルバイジャンと紛争がつづきました。

【おもな産業】ぶどうや野菜の栽培がさかんで、ぶどうはワインやブランデーにして輸出。鉱産資源が豊かで、銅や銀、モリブデンなどが産出されます。ダイヤモンドの加工も有名です。

【社会・文化】キリスト教のアルメニア正教徒が多数をしめています。聖書のノアの方舟で知られるアララト山（ビュユック アール山）は、現在トルコ領にありますが、アルメニアからも見ることができ、人びとの心のふるさとになっています。

【スポーツ】サッカーがさかん。オリンピックではレスリングやウエイトリフティングでメダルを獲得しています。

夏季オリンピックまめ知識
- 参加回数：6回（1996年初参加）
- メダル獲得数：合計14個
- 金2個　銀5個　銅7個

イエメン

イエメン共和国　Republic of Yemen（YEM）　首都／サヌア

面積	約52万8000km²	日本の約1.4倍
人口（2016年）	約2748万人	日本の約22%
平均寿命（2015年）	男64.3歳　女67.2歳	日本より男16.2歳短い　女19.6歳短い
出生率（2014年）	約4.2人	日本より約2.8人多い
おもな言語	アラビア語	
通貨	イエメン・リアル	

首都サヌアの旧市街（世界遺産）

【どんな国】アラビア半島の南のはしにある国で、紅海とアデン湾に面しています。全体に山が多く、サヌアの西にはアラビア半島の最高峰ナビーシュアイブ山（標高3760m）がそびえています。内陸の高原はステップ気候で、穀物や果物の栽培に適しています。インド洋にあるソコトラ島もイエメン領で、独自に進化した多様な動植物が見られることから世界遺産に登録されています。

【かんたんな歴史】インド洋と地中海、アフリカ東部をむすぶ中継地として古くから栄えていました。7世紀にイスラム教が広まり、9世紀、ザイド派の宗教指導者が支配を開始。16世紀、オスマン帝国の支配下に入ります。1839年、イギリスがアデンを占領し、その後、イギリスの植民地に。20世紀に入り、南イエメンと北イエメンは独自の歴史をたどり、1990年、南北が統一してイエメン共和国が成立。2015年、シーア派のホーシー派がクーデターをおこし政権をにぎると、スンナ派のサウジアラビア軍が空爆を開始、内戦状態に突入しました。

【おもな産業】小麦やとうもろこし、ぶどう、なつめやしなどを栽培。モカ・コーヒーの原産地とされています。近年、油田が開かれ、原油や天然ガスが主要産業に。

【社会・文化】イスラム教スンナ派が約58%、シーア派が約42%をしめています。

【スポーツ】サッカーが人気。ほかにサイクリングや登山、サーフィンなどもさかん。

夏季オリンピックまめ知識
- 参加回数：7回（1992年初参加）
- メダル獲得数：合計0個
- 金0個　銀0個　銅0個

イラク

イラク共和国
Republic of Iraq (IRQ)
首都／バグダッド

面積	人口 (2016年)
約43万5000km² （日本の約1.2倍）	約3755万人 （日本の約30%）

平均寿命 (2015年)	出生率 (2014年)
男66.2歳 女71.8歳 （日本より男14.3歳短い 女15.0歳短い）	約4.6人 （日本より約3.2人多い）

おもな言語	通貨
アラビア語、クルド語	イラク・ディナール

首都バグダッドの中心街

【どんな国】アラビア半島の付け根にある国で、国土の中央をティグリス川とユーフラテス川が流れ、流域にはメソポタミア平原が広がります。北は山岳地帯でトルコやイラン、西はシリアと国境を接し、南は砂漠でサウジアラビアと接します。国土の大半が乾燥気候で、夏はほとんど雨が降らず、冬は平野部で150mmほど雨が降ります。

【かんたんな歴史】紀元前3000年ごろ、世界の四大文明のひとつメソポタミア文明が発展し、8世紀にはバグダッドを中心にイスラム文化がさかえました。16世紀にオスマン帝国の支配下に入り、第一次世界大戦後の1932年、イラク王国が成立。1958年に共和政となり、1979年にはサダム・フセインが大統領となって独裁体制に。翌年からイラン・イラク戦争をおこして欧米諸国の支持をえますが、1990年、クウェートに武力侵攻すると、アメリカ主導の多国籍軍がイラクに侵攻し湾岸戦争がおこりました。つづいて2003年にはアメリカ・イギリス連合軍がイラクに攻め入り、フセイン政権を打倒しました（イラク戦争）。

【おもな産業】原油や天然ガスの資源にめぐまれ、世界有数の生産量をほこります。しかし戦争で経済は大打撃をうけ、水や電力などの整備が急がれています。

【社会・文化】ほとんどがイスラム教徒で、シーア派が約62%、スンナ派が約34%をしめ、フセインの時代にはスンナ派の独裁政権が支配していました。今も両派間の対立が続いています。人口の約23%をしめるクルド人の自治をもとめる動きも活発です。2014年にはイスラム過激派組織ISがモスルなど北部の都市を占領し勢力を広げ、多くの難民をだしました。

【食べ物】古くから小麦の栽培がおこなわれ、米や大麦、デーツ（なつめやしの実）やりんごなど食材も豊富で、古代遺跡からは当時のレシピを記した粘土板が見つかっています。串焼きのティッカ、焼いた羊の肉をそいで食べるガス、ひき肉やナッツ類と米をいためたブリヤーニなどが知られています。

【スポーツ】人気スポーツはサッカー。2016年にはオリンピック・リオデジャネイロ大会への出場を勝ちとり、予選ではブラジル、デンマーク、南アフリカを相手にそれぞれ引き分けの健闘をしましたが、決勝トーナメント進出はかないませんでした。バスケットボール、水泳、ボクシングなども人気です。

夏季オリンピックまめ知識

- 参加回数：14回（1948年初参加）
- メダル獲得数：合計1個
  - 金0個　銀0個　銅1個

日本との関係

1964年に貿易協定を、1974年に経済技術協定をむすび、イラクの高速道路や発電所、空港などのインフラ整備にかかわりましたが、湾岸戦争で輸出入は停止。2003年に自衛隊がサマワを拠点に復興支援をおこない、イラク国民の生活の再建につとめて絶大な信頼をえました。

アジア

イラン

イラン・イスラム共和国
Islamic Republic of Iran (IRI)
首都／テヘラン

面積	人口（2016年）
約162万9000km² 日本の約4.3倍	約8004万人 日本の約63%

平均寿命（2015年）	出生率（2014年）
男 74.5歳 / 女 76.6歳 日本より男6.0歳短い・女10.2歳短い	約1.7人 日本より約0.3人多い

おもな言語	通貨
ペルシア語	リアル

サラーム
سلام

イスファハンのイマーム広場（世界遺産）

【どんな国】北はカスピ海に面していて、比較的雨が多い地域です。中央には標高約1000～1500mのイラン高原が広がっています。ほとんどが乾燥地帯で、冬は比較的温暖ですが、夏は暑くなります。

【かんたんな歴史】紀元前6世紀、アケメネス朝ペルシアがおこり、ダレイオス1世のときに最盛期をむかえます。紀元前330年、アレクサンドロス大王に支配されますが、その後パルティア王国、ササン朝ペルシア、イスラム帝国をへて16世紀にサファビー朝がおこり、イスラム教シーア派を国教とします。1925年パーレビー朝が始まり、1935年、国名を「アーリア人の国」という意味のイランに変えました。1960年代に国王が宗教指導者ホメイニを弾圧したことからクーデターがおこり、1979年、イラン・イスラム共和国が成立。1980年、スンナ派政権のイラクとの間にイラン・イラク戦争がおこりました。その後、イランの核開発をめぐって国連が制裁強化を決めましたが、2013年、保守穏健派のロウハニが大統領につくと、欧米諸国は制裁をゆるめました。

【おもな産業】農業生産はさかんで、食料自給率は約70%にたっします。米や小麦、野菜、果樹などを栽培し、サフランやピスタチオの生産は世界でもトップクラスです。原油の埋蔵量は世界4位、天然ガスの埋蔵量は世界1位（2015年）で石油関連が輸出の大半をしめています。伝統工芸品とされるじゅうたん、キリムも知られています。

【社会・文化】小学校から男女別学で、女子校の教師はすべて女性。女性はマグナエという布で頭をおおい、体をすっぽりチャドルでかくします。イスラム世界では人物をえがくことは禁じられていますが、イランでは細密画が人気で、人物も細かくえがかれます。アケメネス朝の宮殿ペルセポリスや、サファビー朝の都市イスファハンのイマーム広場などが世界遺産に登録され、観光客がおとずれています。

【食べ物】主食は米とナンというパンです。名物料理はアーブ・グシュトというスープ。羊の肉、ひよこ豆、トマト、じゃがいもなどを煮込み、これにナンをひたして食べます。魚や肉を串焼きにするカバブや、飲むヨーグルトも好まれています。

【スポーツ】レスリングが国技とされ、オリンピックでも多くのメダルを獲得。サッカーもさかんで、イラン代表はアジアの強豪とされています。これまでにワールドカップには4度出場しています（2014年まで）。

夏季オリンピックまめ知識
● 参加回数：17回（1900年初参加）
● メダル獲得数：合計71個
  金 18個　銀 22個　銅 31個

日本との関係　奈良時代に遣唐使が中国から帰国するとき、ペルシア人をつれてきたことが記録に残っています。1926年、外交関係を樹立。今では、イランは原油供給国として重要な国のひとつで、日本は油田の開発事業に参加しています。2013年、ロウハニ大統領との首脳会談も実現し、今後が期待されます。

インド

インド
India（IND）
首都／デリー

面積	人口 (2016年)
約328万7000km² 日本の約8.7倍	約13億2680万人 日本の約10.5倍

平均寿命 (2015年)	出生率 (2014年)
男66.9歳 女69.9歳 日本より 男13.6歳短い 女16.9歳短い	約2.4人 日本より約1.0人多い

おもな言語	通貨
ヒンディー語 ほかにタミル語、カンナダ語など	ルピー

ナマステ नमस्ते

北部の都市アグラにあるタージマハル（世界遺産）

【どんな国】南アジアにつきだしたひし形の国です。面積は世界第7位、人口は中国について第2位。北にはヒマラヤ山脈がつらなり、その南にガンジス川が流れ、ヒンドスタン平原が広がっています。中央にはデカン高原があります。北部は高山気候、北西部は乾燥気候、ガンジス川流域は温帯、中部から南部にかけては熱帯と、気候は変化にとんでいます。

【かんたんな歴史】紀元前1500年ごろ、中央アジアからアーリア人が進出し、ヒンドゥー教のもととなるバラモン教を伝えました。紀元前500年ごろ釈迦が仏教をおこし、その後、アショカ王らがこれを保護し、広まりました。16世紀にイスラム勢力によるムガル朝がおこり、インドを統一。18世紀にはイギリスの植民地となり、20世紀にはガンディーやネルーによる独立運動が高まりました。第二次世界大戦後の1947年、独立を達成しました。

【おもな産業】農業がさかんで、さとうきび、米、小麦、茶などの生産が多く、いずれも世界第2位（2014年）の生産量をほこります。またIT産業やバイオテクノロジー、自動車などの産業がめざましい発展をとげ、高い技術力は世界でもトップレベルとされています。

【社会・文化】人口の約80%がヒンドゥー教徒で、牛は神聖なものとされています。かつては生まれ（家系）や職業、社会集団などによりこまかい身分制度（カースト制度）ができていました。宗教はほかにもイスラム教、キリスト教、シク教、仏教、ジャイナ教などがあります。映画が大人気で製作本数は世界一、歌ったり踊ったりの楽しい映画が多いです。伝統楽器にシタールという弦楽器、タブラという打楽器があり、さかんに演奏されています。女性の衣服ではサリーという一枚布の服が知られています。

【食べ物】インド料理といえば、とり肉、魚、野菜、豆などのカレーで、さまざまな香辛料をくみあわせて調理しますが、作り方や味は家によりさまざま。主食は北インドでは小麦粉をつかったチャパティやナン、南インドでは米が多く、これにカレーをそえて食べます。ヨーグルトや牛乳も必需品で、紅茶と牛乳をわかしてつくるお茶、チャイも好まれています。

【スポーツ】野球に似た球技、クリケットが一番の人気。プロリーグもあり、クリケットのワールドカップでは強豪国のひとつとされています。ホッケーやサッカーもさかんです。

夏季オリンピックまめ知識
- 参加回数：24回（1900年初参加）
- メダル獲得数：合計28個
  - 金 9個　銀 7個　銅 12個

日本との関係
8世紀の奈良時代、インドの僧、菩提僊那が来日し東大寺の大仏開眼供養会の導師をつとめました。20世紀には独立運動の活動家や留学生が来日。1952年、国交を樹立し、今では互いに重要なパートナーとなっています。デリーの地下鉄は日本の政府開発援助（ODA）により建設されました。

アジア

インドネシア

インドネシア共和国
Republic of Indonesia (INA)
首都／ジャカルタ

面積		人口 (2016年)	
約191万1000km²	日本の約5倍	約2億6058万人	日本の約2倍

平均寿命 (2015年)		出生率 (2014年)	
男 67.1歳 女 71.2歳	日本より 男 13.4歳短い 女 15.6歳短い	約2.5人	日本より約1.1人多い

おもな言語	インドネシア語	通貨	ルピア

スラマッ シアン
Selamat siang

バリ島のケチャダンス

【どんな国】スマトラ島、ジャワ島、バリ島、カリマンタン島（ボルネオ島）、スラウェシ島など1万7000以上もの島じまからなります。赤道直下の島は一年を通じて高温多湿の熱帯気候ですが、ジャワ島やバリ島などは雨季（12〜3月）と乾季（4〜11月）があります。地震や火山噴火が多く、2004年12月におきたスマトラ沖地震により発生した大津波では、16万人以上の死者・行方不明者を出しました。

【かんたんな歴史】5世紀ごろ、インドから伝わった仏教やヒンドゥー教を信仰する王朝がおこり、13世紀終わりごろにはイスラム教が伝わります。やがてイスラム教を信仰する新マタラム王国が支配。1602年、オランダがバタビア（現在のジャカルタ）に東インド会社の拠点をもうけ、植民を開始します。1942年、日本軍に占領されますが、日本が敗れた1945年、独立宣言を出して、独立運動の指導者スカルノが大統領に就任しました。

【おもな産業】農業がさかんで、米やとうもろこし、天然ゴム、パーム油、コーヒー豆、ココナッツなどを栽培しています。鉱産資源にもめぐまれ、原油や天然ガス、石炭などを輸出しています。ほかに水産業、観光業などがさかんです。

【社会・文化】ジャワ人をはじめスンダ人、中国系など300以上の民族が住み、多様な文化を生みだしています。イスラム教徒が90％近くをしめていますが、バリ島はヒンドゥー教徒が多く、ガムラン音楽や影絵芝居（ワヤン・クリ）、ケチャダンスなど、独自の文化がつたわっています。いっぽう、東ティモールの独立やアチェ州の独立運動、先住民のキリスト教徒と移住者のイスラム教徒の衝突、イスラム過激派による爆弾テロ事件などがおこっています。

【食べ物】多民族からなるインドネシアでは、料理の種類も豊富です。こしょうやナツメグなどの香辛料をよく使い、主食は細長い粒の米です。ジャカルタ料理の代表はチャーハンのようにいためたご飯の上に目玉焼きなどをのせたナシゴレン。ほかに、ウコンとココナッツミルクでご飯をたいたナシクニン、麺のミークア、焼きそばのミーゴレンなどが知られています。

【スポーツ】もっとも人気のあるスポーツはサッカーで、バレーボールやバスケットボールとともにプロリーグがあります。オリンピックではバドミントンの強豪国で、メダルも多数獲得。バリ島ではサーフィンがさかんです。

夏季オリンピックまめ知識
- 参加回数：15回（1952年初参加）
- メダル獲得数：合計34個
  - 金 7個　銀 15個　銅 12個

日本との関係　1942年、日本軍はオランダの植民地だったインドネシアに上陸し占領。敗戦後、オランダに対抗してともに戦う日本兵もいました。現在は主要な貿易相手国で、インドネシアは天然ガスや原油、エビ、合板などを輸出し、日本からは機械類、電子部品、自動車などを輸入しています。

ウズベキスタン

ウズベキスタン共和国
Republic of Uzbekistan (UZB)
首都／タシケント

面積	人口 (2016年)
約44万7000km² 日本の約1.2倍	約3030万人 日本の約24%

平均寿命 (2015年)	出生率 (2014年)
男66.1歳 女72.7歳 日本より男14.4歳短い 女14.1歳短い	約2.2人 日本より約0.8人多い

おもな言語	通貨
ウズベク語	スム

サローム Салом

サマルカンドのレギスタン広場。建物の壁面の文様や青色のタイルが美しい

【どんな国】中央アジアの南部にあり、北西から南東に細長くのびている国です。国土の半分以上をキジルクーム砂漠がしめ、アムダリア川とシルダリア川が流れ、ところどころにオアシス都市が点在。大陸性の乾燥気候で、夏と冬、昼と夜の気温差が大きいです。

【かんたんな歴史】かつて東西文明をむすんだシルクロードの中継都市としてサマルカンドやブハラ、フェルガナなどの都市がさかえました。14世紀にはティムールがあらわれ、大帝国をきずき、青い色のタイルをはりつめたイスラム教のモスクが各地で建てられました。19世紀に入るとロシアが南下し、1878年にロシア領となります。ロシア革命後の1924年にはウズベク・ソビエト社会主義共和国が成立し、ソビエト連邦を構成する国になりました。1991年、ソ連の解体とともに独立。カリモフ大統領のもとで、経済改革がすすめられました。

【おもな産業】綿花、小麦、果実(さくらんぼ、メロン、いちじく、すいか)、とうもろこしなどの栽培がさかんです。農業の灌漑で大量の水を使ったためアラル海が縮小し、湖の消滅が心配されています。鉱業では金、ウラン、原油、天然ガスなどがとれ、原油や天然ガスが輸出されています。世界遺産に登録されたサマルカンドなどへの観光客もふえています。

【社会・文化】住民はウズベク人が約80%をしめ、タジク人、カザフ人、ロシア人などが混在しています。イスラム教徒が多く、そのほとんどはスンナ派です。伝統的な手工芸がさかんで、たてがすりの絹織物アトラスや、じゅうたんなどが有名です。幾何学模様の陶器も作られています。

【食べ物】主食はナンというパンです。羊肉、たまねぎ、にんじんなどと米をいっしょに炊いたブロワ、ミンチ肉などを串焼きにしたシャシリク、ミートパイのソムサなどをよく食べます。

【スポーツ】さかんなスポーツはサッカー。各都市に拠点をもつプロリーグがあり、サッカーのFIFAランキングは60位(2017年5月)で、日本にとっても強敵です。オリンピック・リオデジャネイロ大会では、ボクシング、ウエイトリフティング、柔道、レスリングで、あわせて13個のメダルを獲得しました。

夏季オリンピックまめ知識
- 参加回数：6回 (1996年初参加)
- メダル獲得数：合計32個
- 金9個 銀6個 銅17個

日本との関係
アジア太平洋戦争後、ソ連に抑留された日本人捕虜のうち、ウズベキスタンに連行された日本人は2万5000人にのぼります。道路の建設などにたずさわり、なかでもタシケントのナボイ劇場は地震でもたおれないと感謝されています。親日的な人が多く、日本語学習者はふえています。フェルガナ州リシタンには、赴任していた大崎重勝さんが開いた、日本語を教えるNORIKO学級があります。

イスラエル

イスラエル国　State of Israel（ISR）　首都／エルサレム（国際的には認められていない）

面積	人口（2016年）
約2万2000km² 日本の約6%	約819万人 日本の約7%

平均寿命（2015年）	出生率（2014年）
男80.6歳 女84.3歳 日本より男0.1歳長い 女2.5歳短い	約3.1人 日本より約1.7人多い

おもな言語	通貨
ヘブライ語、アラビア語	新シェケル

エルサレムはユダヤ教、イスラム教、キリスト教の聖地で、昔から帰属をめぐって争いがつづいてきた

【どんな国】西アジアの地中海に面した細長い国です。沿岸は地中海性気候で都市が集中し、農業もおこなわれています。南部はネゲブ砂漠が広がり、ヨルダンとの国境には死海があります。

【かんたんな歴史】紀元前10世紀ごろイスラエル王国を建設。その後、新バビロニアやローマなどに支配され、135年、国外へ追放され世界中に散らばりました。19世紀末、祖国復帰（シオニズム）運動がおこり、1948年、パレスチナの地にイスラエルを建国。以前から住んでいたパレスチナ人と衝突し、アラブ諸国をまきこみ四次にわたる中東戦争がおこりました。いまもなお紛争は続いています。

【おもな産業】医薬品やハイテク産業、軍需産業などの技術大国。マイクロソフト社など多くの研究所が進出しています。ダイヤモンドの研磨加工も有名です。

【社会・文化】住民の約75%がユダヤ教を信仰するユダヤ人、約20%がイスラム教を信仰するアラブ人です。国内にはアラブ人がおさめる自治政府があります。

【食べ物】安息日の料理として、肉、じゃがいも、豆などを煮こんだチョレントが知られています。

【スポーツ】サッカーが一番人気。バスケットボール、柔道、野球などもさかん。

夏季オリンピックまめ知識
- 参加回数：16回（1952年初参加）
- メダル獲得数：合計9個
  - 金1個　銀1個　銅7個

日本との関係：第二次世界大戦中、約6000人のユダヤ人にビザを発給した杉原千畝は有名。親日的で日本への関心は高いです。

オマーン

オマーン国　Sultanate of Oman（OMA）　首都／マスカット

面積	人口（2016年）
約31万km² 日本の約4/5	約465万人 日本の約4%

平均寿命（2015年）	出生率（2014年）
男75.0歳 女79.2歳 日本より男5.5歳短い 女7.6歳短い	約2.8人 日本より約1.4人多い

おもな言語	通貨
アラビア語	オマーン・リアル

首都マスカットの町並み

【どんな国】アラビア半島の南東のはしにある国で、北方のムサンダム半島の先に飛び地があります。国土の大半は砂漠で乾燥しています。北部には最高峰のジュベル・シャムス山（標高3018m）がそびえています。

【かんたんな歴史】7世紀ごろ、イスラム教が広まり、地中海や中東、インド、東アフリカをむすぶ中継地点としてさかえました。1650年、ヤールビ朝が全土を統一し、以後、東アフリカ沿岸に拠点をもうけるなど、海洋王国として発展します。1891年、イギリスの保護国に。1970年、カブース皇太子が父の国王を追放し、開放政策をすすめました。

【おもな産業】1960年代に原油が採掘されてから、石油関連が主要産業に。農業はなつめやしや小麦、じゃがいもなどを栽培。漁業もさかんです。

【社会・文化】住民はアラブ系のオマーン人が約半数。インド系など外国人労働者が約30%をしめています。

【食べ物】おもな料理は、サフランでたいたご飯に焼いたラム肉や魚をそえたマクブース、小麦と肉を煮こんだおかゆのようなハリースなどがあります。コーヒーはカルダモンをくわえたオマーン風のカファを飲みます。

【スポーツ】サッカーがさかんです。

夏季オリンピックまめ知識
- 参加回数：9回（1984年初参加）
- メダル獲得数：合計0個
  - 金0個　銀0個　銅0個

日本との関係：日本は主要貿易国で輸入第2位（2016年）。日本は乗用車などを輸出し、液化天然ガスや原油を輸入しています。

カザフスタン

カザフスタン共和国
Republic of Kazakhstan (KAZ)
首都／アスタナ

面積	人口（2016年）
約272万5000km² （日本の約7.2倍）	約1786万人（日本の約14％）

平均寿命（2015年）	出生率（2014年）
男 65.7歳（日本より14.8歳短い） 女 74.7歳（日本より12.1歳短い）	約2.7人（日本より約1.3人多い）

おもな言語	通貨
カザフ語、ロシア語	テンゲ

アマンスィズ バ
Амансыз ба

首都アスタナに建てられた展望塔バイテレク

【どんな国】中央アジアの北部にある内陸の国で、魚のような形をしています。西には世界最大の湖カスピ海があり、南には標高5000m級の天山山脈がそびえます。国土は世界で9番目に大きく、大半は半乾燥帯のカザフステップとよばれる中部の草原と乾燥帯の砂漠がしめています。大陸性気候で夏は暑く、冬は寒さがきびしいです。

【かんたんな歴史】昔からさまざまな部族が遊牧生活を送り、13世紀にはモンゴルの支配を受け、15世紀にカザフ・ハン国が成立。19世紀にロシアの支配下に入り、多くの農民がロシアから入植し、農地を開きました。ロシア革命後の1920年、カザフ自治ソビエト社会主義共和国が成立、のちにソ連邦を構成する共和国となります。1991年、ソ連の解体にともない独立。ナザルバエフ大統領のもとで、ロシア、中国、EU、アメリカなどと友好関係を維持し、経済発展をとげてきました。

【おもな産業】小麦や綿花などの栽培、羊や牛の牧畜がさかんです。鉱産資源にめぐまれ、原油や天然ガス、石炭のほか、マンガン、クロムなどのレアメタル（希少金属）がとれます。カスピ海周辺の油田開発がすすめられ、ヨーロッパや中国にむけて原油のパイプラインも整備されました。

【社会・文化】国民はカザフ人が約63％、ロシア人が約24％をしめ、ほかにウズベク人、ウクライナ人など100以上の民族がいます。イスラム教徒が約70％で、ほとんどがスンナ派。キリスト教のロシア正教徒も約26％をしめています。文字はロシア語のキリル文字をつかってきましたが、ラテン文字への切り替えをすすめています。

【食べ物】代表的な料理はベシュバルマク。ゆでた羊や馬のかたまり肉を取り分けて食べます。ほかに馬肉ソーセージのカザ、内臓をたまねぎやピーマンなどといためたクイルダク、野菜や肉をいためてから米といっしょにたきあげるパラウ、ギョウザのマンティなどで、乳製品もサリ・マイ（バター）、カイマク（サワークリーム）、イルムズィク（カッテージチーズ）など種類が多いです。

【スポーツ】もっとも人気のあるスポーツはサッカー、次にラグビーがあげられます。自転車のロードレースもさかんで、ツール・ド・フランスなどの国際大会にも参加しています。オリンピックではボクシング、レスリング、ウエイトリフティングなどで優秀な選手を出しています。リオデジャネイロ大会では17個のメダルを獲得しました。

夏季オリンピックまめ知識
- 参加回数：6回（1996年初参加）
- メダル獲得数：合計62個
- 金14個　銀22個　銅26個

日本との関係
日本からは乗用車や機械などを輸入、日本へは原油や合金鉄などを輸出しています。貿易額は少ないですが、今後が期待されます。カスピ海の油田開発には、日本の企業も参加。新首都アスタナの都市設計には日本の建築家、黒川紀章の案が採用され、開発がすすめられています。

アジア

韓国
かんこく

大韓民国
だいかんみんこく
Republic of Korea (KOR)
首都／ソウル

面積	人口 (2016年)
約10万km² （日本の約1/4）	約5050万人 （日本の約40％）

平均寿命 (2015年)	出生率 (2014年)
男 78.8歳 （日本より1.7歳短い） 女 85.5歳 （日本より1.3歳短い）	約1.2人 （日本より約0.2人少ない）

おもな言語	通貨
韓国語（ハングルという文字を使う）	ウォン

ソウルの繁華街ミョンドン。出店が並ぶ

【どんな国】朝鮮半島の南半分をしめる国。南部は温暖で雨が多く、日本と同じように四季がはっきりしています。北へ行くほど大陸性気候となり、寒暖の差が大きく冬の寒さがきびしいです。半島の南には美しい自然がのこる韓国最大の島チェジュ島（世界遺産）があります。

【かんたんな歴史】4世紀ごろ、北は高句麗、南は百済と新羅の3国が分割して支配していました。7世紀に新羅が半島を統一し、10世紀には高麗が、1392年には朝鮮王朝が成立。1910年、日本に併合されるまでこの王朝は続きました。アジア太平洋戦争で日本が敗れると、半島の北部はソ連軍、南部はアメリカ軍が占領し、1948年には南に大韓民国、北に朝鮮民主主義人民共和国が成立。1950年、2国の間で朝鮮戦争がおこり、大きな被害をもたらします。1970年代に農村の近代化、工業の重工業化をすすめて、めざましい発展をとげました。

【おもな産業】農業では米のほか、野菜や果実などが栽培されています。資源が少ないので貿易立国としての成長をめざし、1980年代には造船、石油化学、電気製品、半導体、自動車などの分野で企業が躍進。家電や電子メーカーのサムスン、LG、自動車メーカーのヒュンダイなどが有名です。

【社会・文化】日常生活のなかに、目上の人を敬うなどの儒教の教えがいまも根づいています。とくに旧暦1月1日のお正月（ソルラル）や8月15日のお盆（チュソク）などは、多くの人が実家に帰り、儒教にのっとった儀式をおこないます。結婚式やお祝いのときは、女子はチマチョゴリ、男子はパジチョゴリという伝統的な韓服を着ます。

【食べ物】食事のときは、テーブルにおかずの小皿がたくさん並びます。白菜や大根のキムチをはじめ、もやしのナムル、小魚の佃煮、のりなどの小皿がつき、みそ汁やスープも出ます。料理では牛肉を焼いたプルコギ、おかゆのクッパ、ご飯にいろいろな具をのせたビビンパ、韓国風お好み焼きのチヂミ、もちを甘辛く煮たトッポギなどが知られています。

【スポーツ】伝統的な格闘技テコンドーがさかんで、オリンピックの正式競技にもなっています。人気のスポーツはサッカー、野球、バスケットボールなどで、いずれもプロリーグがあります。とくにサッカーの国際試合ともなると一気にもりあがり、ワールドカップの常連国でもあります。

夏季オリンピックまめ知識

- 参加回数：17回（1948年初参加）
- メダル獲得数：合計291個
  - 金 104個　銀 92個　銅 95個

日本との関係

6世紀、日本に仏教を伝えるなど、大きな影響を与えてきました。16世紀末には豊臣秀吉の朝鮮出兵により国土があらされました。また1910年、日本に併合されました。1965年に日韓基本条約をむすび、国交を回復。領土問題や慰安婦問題などをかかえるいっぽう、2002年のワールドカップ日韓大会を実現するなど、友好関係を模索しています。

カタール

カタール国　State of Qatar (QAT)　首都／ドーハ

面積	約1万2000km²	日本の約1/31
人口 (2016年)	約229万人	日本の約2%
平均寿命 (2015年)	男 77.4歳　女 80.0歳	日本より男 3.1歳短い／女 6.8歳短い
出生率 (2014年)	約2.0人	日本より約0.6人多い
おもな言語	アラビア語	
通貨	カタール・リヤル	

首都ドーハの市場

【どんな国】アラビア半島の、ペルシア湾につきだした半島にある国です。南北約160km、東西約90km。面積は日本の秋田県くらいで全体に砂漠が広がっています。夏は高温で50℃近くになります。

【かんたんな歴史】19世紀前半、サーニ家が勢力をのばし支配権を確立。1868年、オスマン帝国に支配されますが、1916年、イギリスの保護下に入ります。1940年代に油田が発見され、1971年、独立をはたしました。

【おもな産業】天然ガスの埋蔵量は世界第3位で、石油関連の輸出が国の経済をささえています。近年、金融や観光産業にも力を入れています。

【社会・文化】カタール人は国民の約13%。のこりはインド系などの外国人で、労働力はかれらに頼っています。社会保障制度が充実していて、教育や医療費は無料です。ニュース専門の衛星テレビ局アルジャジーラの拠点があります。

【食べ物】主食はホブスという薄いパン。おもな料理に、肉や魚を入れたたきこみご飯のマクブース、2色のスパイシーライスの中に羊やとり肉が入っているビリヤニなどがあります。

【スポーツ】サッカーがさかんで、2022年のワールドカップの開催地です。

夏季オリンピックまめ知識
- 参加回数：9回（1984年初参加）
- メダル獲得数：合計5個
- 金0個　銀1個　銅4個

日本との関係：貿易の輸出先は日本が第1位（2015年）。液化天然ガスや原油を輸出しています。日本からは乗用車や鉄鋼などを輸入。

カンボジア

カンボジア王国　Kingdom of Cambodia (CAM)　首都／プノンペン

面積	約18万1000km²	日本の約1/2
人口 (2016年)	約1583万人	日本の約13%
平均寿命 (2015年)	男 66.6歳　女 70.7歳	日本より男 13.9歳短い／女 16.1歳短い
出生率 (2014年)	約2.6人	日本より約1.2人多い
おもな言語	カンボジア語（クメール語）	
通貨	リエル	

首都プノンペンの道路

【どんな国】東南アジアのインドシナ半島のほぼ中央にある、カボチャのような形をした国です。南北にメコン川が流れ、西よりにトンレサップ湖があります。熱帯気候で、雨季（5〜10月）と乾季（11〜4月）があります。

【かんたんな歴史】9世紀、クメール人によるアンコール王朝がおこり、12世紀ごろ、壮麗な寺院アンコールワットが建てられました。19世紀後半、フランスの植民地になりましたが、1953年に王国として独立。1970年から内戦がおこり、1975年にはポル・ポトが政権をにぎり、多くの知識人が虐殺されました。1991年に内戦が終結し、王国として出発しましたが、内戦中に埋められた地雷の撤去など多くの課題をかかえています。

【おもな産業】農業の稲作のほか、衣料品、天然ゴム、材木の生産がさかんです。

【社会・文化】宗教は上座部仏教が広く信仰されています。アンコール遺跡が世界遺産に登録されています。伝統舞踊のアプサラの踊りや影絵芝居が有名です。

【食べ物】調味料として、魚を発酵させてつくったプラホックというみそや、トゥックトレイというしょうゆが使われています。

【スポーツ】サッカーのほか、バドミントンやバレーボールがさかんです。

夏季オリンピックまめ知識
- 参加回数：9回（1956年初参加）
- メダル獲得数：合計0個
- 金0個　銀0個　銅0個

日本との関係：日本政府は道路や橋の整備、医療や教育などを支援。地雷撤去や遺跡の保存などをしている個人や団体も多数います。

アジア

北朝鮮
朝鮮民主主義人民共和国
Democratic People's Republic of Korea (PRK)　首都／ピョンヤン

面積 約12万1000km²	日本の約1/3
人口(2016年) 約2528万人	日本の約20%
平均寿命(2015年) 男67.0歳 女74.0歳	日本より男13.5歳短い 女12.8歳短い
出生率(2014年) 約2.0人	日本より約0.6人多い
おもな言語 朝鮮語	通貨 ウォン

中国国境の川と橋。貿易額の90%近くを中国がしめ、この橋を通じて大量の物資が移動している

【どんな国】朝鮮半島の北半分と、多くの島からなる国です。中国との国境に標高2744mの国内最高峰、白頭山がそびえています。気候は亜寒帯気候で寒暖の差が大きく、四季があります。

【かんたんな歴史】1945年、朝鮮半島の北緯38度線より北をソ連が占領し、1948年、金日成を首相とする社会主義の朝鮮民主主義人民共和国が成立。1950年、朝鮮戦争が勃発し、1953年に北緯38度線付近で境界が固定しました。1994年、金日成のあとを長男の金正日が、2011年、金正日のあとを三男の金正恩がつぎ、弾道ミサイルの発射や核実験を強行し、国際的非難をあびています。

【おもな産業】農業は畑作が中心で、大豆やじゃがいも、とうもろこしなどを栽培。鉱産資源は石炭や鉄鉱石、タングステンなどを産出。産業の大半を軍需関係がしめています。

【社会・文化】表現の自由や移動の自由がなく、国際人権組織は「世界でもっとも非人道的」と非難しています。

【食べ物】キムチや冷麺が有名です。

【スポーツ】サッカーがさかん。1966年のワールドカップではベスト8に進出しました。テコンドーや朝鮮相撲(シルム)、柔道、レスリングなども人気。

夏季オリンピックまめ知識
- 参加回数：10回(1972年初参加)
- メダル獲得数：合計55個
  - 金16個　銀16個　銅23個

日本との関係：2002年に小泉首相が訪朝したとき、金正日は日本人拉致をみとめ謝罪。現在、輸出入は停止しています。

キプロス
キプロス共和国　Republic of Cyprus (CYP)　首都／ニコシア

面積 約9300km²	日本の約1/41
人口(2016年) 約118万人	日本の約1%
平均寿命(2015年) 男78.3歳 女82.7歳	日本より男2.2歳短い 女4.1歳短い
出生率(2014年) 約1.5人	日本より約0.1人多い
おもな言語 ギリシャ語	通貨 ユーロ

昔ながらのたたずまいがのこるカコペトゥリア村

【どんな国】トルコの南の東地中海に浮かぶキプロス島の南部にある国で、日本の山形県くらいの大きさです。気候は地中海性気候で、冬は温暖です。

【かんたんな歴史】紀元前のプトレマイオス朝の時代、中継貿易の拠点としてさかえました。その後、ローマ、ビザンツ、オスマン帝国の領土となり、1878年、イギリスが統治権をえました。1960年、イギリスから独立しますが、島内のギリシャ系住民とトルコ系住民が対立し、1963年、内戦に突入。1983年、北部のトルコ系住民が北キプロス・トルコ共和国として独立を宣言しました。南部のキプロス共和国は2004年、ヨーロッパ連合(EU)に加盟しました。

【おもな産業】おもな農産物はオリーブ、ぶどう、オレンジなど。ワインやオリーブ油、肉やチーズなどを生産しています。近年、天然ガスの採掘もはじまり、観光業や金融業ものびています。

【社会・文化】美と愛の女神アフロディテが生まれたという伝説の島で、南部はギリシャ系住民が多数をしめ、北部はトルコ系住民が多く住んでいます。

【食べ物】野菜などの前菜と肉、魚やチーズをもりあわせたメッゼ、網焼きして食べるハルミチーズなどが有名です。

夏季オリンピックまめ知識
- 参加回数：10回(1980年初参加)
- メダル獲得数：合計1個
  - 金0個　銀1個　銅0個

日本との関係：1960年の独立以来、友好関係を築いてきました。東日本大震災のとき、義捐金を提供し、被災地の生徒を招待しました。

キルギス

キルギス共和国　Kyrgyz Republic（KGZ）　首都／ビシュケク

面積 約20万km² （日本の約1/2）	人口（2016年）約603万人（日本の約5%）
平均寿命（2015年）男67.2歳 女75.1歳（日本より男13.3歳短い 女11.7歳短い）	出生率（2014年）約3.2人（日本より約1.8人多い）
おもな言語　キルギス語、ロシア語	通貨　ソム

キルギスのチョンケミン渓谷の村

7439mのポベーダ山があり、北東部には東西約180km、南北約60kmのイシク湖があります。山地は冷帯気候で寒さがきびしいですが、西部の低地や山麓は温和な地中海性気候です。

【かんたんな歴史】遊牧民のキルギス人が5世紀ごろ定住をはじめました。中国の唐やウイグル、モンゴル、コーカンド・ハン国などの支配をへて、19世紀後半、ロシアに併合。1936年、ソビエト連邦を構成するひとつの国となり、1991年、ソ連の解体直前に独立しました。

【どんな国】中央アジアにある内陸の国。天山山脈とパミール高原の一部からなる山岳地帯で、国土の約4割が3000mをこえる高原です。中国国境には標高

【おもな産業】農業は綿花、たばこのほか、小麦、とうもろこし、大豆などを栽培し、羊や牛の牧畜もさかん。金や水銀などの鉱産資源も豊富です。「中央アジアのスイス」とよばれ、観光業もさかん。

【社会・文化】キルギスの南部をシルクロードの北の道が通っていて、世界遺産に登録されています。

【食べ物】主食はナンというパン。太い麺のラグマン、炊きこみご飯のパロー（プロフ）などが知られています。

夏季オリンピックまめ知識
参加回数：6回（1996年初参加）
メダル獲得数：合計3個
金0個　銀1個　銅2個

【日本との関係】日本は積極的に支援をおこない、主要援助国第4位（2014年）。日本は輸送機械や自動車などを輸出し、アルミニウムなどを輸入しています。

クウェート

クウェート国　State of Kuwait（KUW）　首都／クウェート

面積 約1万8000km²（日本の約1/21）	人口（2016年）約401万人（日本の約3%）
平均寿命（2015年）男73.7歳 女76.0歳（日本より男6.8歳短い 女10.8歳短い）	出生率（2014年）約2.1人（日本より約0.7人多い）
おもな言語　アラビア語	通貨　クウェート・ディナール

【どんな国】ペルシア湾の奥に位置する国で、面積は日本の四国くらいです。国土の大半が砂漠で、海岸部と北部のブビヤン島に湿地帯があります。砂漠気候で夏季（4〜10月）はほとんど雨が降らず、高温で50℃をこえることもあります。

【かんたんな歴史】18世紀、アラビア半島中央部にいたサバーハ家の首長がこの地に移住し統治をはじめ、1871年、オスマン帝国の支配下に入りました。1899年、イギリスの保護国となり、1961年に立憲君主国として独立します。その間の1930年代、油田が開発されました。1990年、イラク軍が武力侵攻をして全土を制圧されましたが、翌年、アメリカを中心とする多国籍軍がイラクを攻撃し、クウェートを解放しました。

【おもな産業】石油関連が主要産業。食料はほとんどを輸入しています。

【社会・文化】クウェート国籍をもっている人は住民の約40%。国民の大半は国家公務員か国営企業につとめ、生活水準は高く、医療や教育は無料です。

【食べ物】主食はホブスという薄いパン。米をつめた子羊を焼いたクーズィー、ぶどうの葉で米や肉をまいたドルマなど、一般的なアラブ料理が多いです。

【スポーツ】サッカーと馬術がさかん。

夏季オリンピックまめ知識
参加回数：12回（1968年初参加）
メダル獲得数：合計3個
金0個　銀0個　銅3個

【日本との関係】貿易の輸出相手国として日本は第3位、輸入は第4位（2014年）。東日本大震災のとき、原油500万バレルを提供。

アジア

21

サウジアラビア

サウジアラビア王国
Kingdom of Saudi Arabia (KSA)
首都／リヤド

面積	人口 (2016年)
約220万7000km² （日本の約5.8倍）	約3216万人 （日本の約25%）

平均寿命 (2015年)	出生率 (2014年)
男 73.2歳 / 女 76.0歳 （男 日本より7.3歳短い / 女 10.8歳短い）	約2.8人 （日本より約1.4人多い）

おもな言語	通貨
アラビア語	サウジアラビア・リヤル

首都リヤドの夜景。高さ302mのキングダムセンターがある

【どんな国】アラビア半島の大半をしめる国で、東はペルシア湾、西は紅海に面しています。ペルシア湾沿岸と紅海沿岸は比較的湿度が高いですが、内陸部は乾燥気候で、昼と夜、夏と冬の気温差が大きいです。国土の3分の1を砂漠がしめていますが、雨が降ると植物が芽を出して花を咲かせます。

【かんたんな歴史】紀元前1000年ごろ、インドやアフリカ、地中海方面をむすぶ「香料の道」とよばれる交易路と、都市が発達しました。6世紀初めにムハンマドが現れ、イスラム教を広めました。後継者たちは各地を征服し、西は北アフリカからスペイン、東はメソポタミアからインドまでたっしました。16世紀、アラビア半島はオスマン帝国が支配しますが、1932年にサウード家のアブドゥルアジーズがサウジアラビア王国を建国。1938年には油田が発見され、やがて世界有数の産油国となります。

【おもな産業】原油の埋蔵量、生産量、輸出量いずれも世界屈指。原油の安定供給をはかる石油輸出国機構（OPEC）のリーダー的な役割をはたしています。いっぽう、産業の多角化をはかるとともに、外国人に頼ってきた労働力をサウジ人に切りかえる政策をすすめています。

【社会・文化】イスラム教の二大聖地メッカ（マッカ）とメディナ（マディーナ）をかかえるサウジアラビアでは、イスラムの教えをきびしく守っています。1日に5回のお祈りをすること、学校は小学校から男女別学、女性が外出するときはアバヤという黒ずくめの衣装で体中をおおうことなどが定められています。イスラム暦の9月は断食月で、太陽が出ている間は食べ物をいっさい口にしません。またイスラム暦の12月は巡礼月で、世界各地から数百万人ものイスラム教徒がメッカ巡礼におとずれます。

【食べ物】松の実やレーズンが入ったサフランライスに、羊肉やとり肉などをのせたカブサという料理が代表的。お茶は、黄色くて苦い味のアラビックコーヒーで、デーツという乾燥させたなつめやしの実とともにいただきます。食べ物は右手で食べることになっています。

【スポーツ】人気スポーツはサッカーで、何度もワールドカップのアジア代表として出場しています。そのほか、空手、テコンドー、バスケットボール、卓球などがさかんです。これらはいずれも男子のみで、女子のスポーツはみとめられず、公立の女学校では体育の授業もないのが実情です。

夏季オリンピックまめ知識

- 参加回数：11回（1972年初参加）
- メダル獲得数：合計4個
  - 金 0個　銀 1個　銅 3個

日本との関係

1955年に国交を樹立して以来、良好な関係を続けています。日本で使う原油の約30%をサウジアラビアから輸入しています（2015年）。また日本はサウジから研修生を受けいれ、サウジに専門技術者を派遣するなどの技術支援をおこなっています。石油化学プラントの事業にも合弁で出資しています。

ジョージア

ジョージア　Georgia（GEO）　首都／トビリシ

面積	日本の1/5	人口(2016年)	日本の約3%
約7万km²		約398万人	

平均寿命(2015年)	日本より男10.2歳短い 女8.5歳短い	出生率(2014年)	日本より約0.4人多い
男70.3歳 女78.3歳		約1.8人	

| おもな言語 | ジョージア語 | 通貨 | ラリ |

首都トビリシの町並み

【どんな国】中央アジアの西の端にある、日本の北海道より少し小さい国です。西側は黒海に面し、北側は5000m級のカフカス山脈がつらなっています。気候は温暖ですが、北部の山地は冷帯気候です。

【かんたんな歴史】紀元前のころ、黒海沿岸に古代ギリシャの都市を建設。7世紀以降、アラブやビザンツ、モンゴル、オスマン帝国などの支配をうけました。19世紀はじめ、ロシアに併合され、1922年、ザカフカス社会主義連邦としてソビエト連邦に参加。1991年、ソ連の解体とともに独立しましたが、南オセチアなどが分離独立運動をはじめ内戦に。2008年に停戦しますが、緊張がつづいています。

【おもな産業】農業はぶどう、オレンジ、茶、たばこなどを栽培。ワイン発祥の地ともいわれ、上質のワインを輸出しています。畜産業もさかんです。鉱産資源では銅鉱、マンガンなどを産出しています。

【社会・文化】ジョージア人（約84%）のほか、アルメニア人、ロシア人、アゼルバイジャン人などからなる多民族国家。

【食べ物】チーズがはいった焼きパンのハチャプリ、小籠包のヒンカリ、ビーフシチューのオーストリなどが有名。

【スポーツ】サッカー、バスケットボール、レスリング、柔道などが人気です。

夏季オリンピックまめ知識
・参加回数：6回（1996年初参加）
・メダル獲得数：合計32個
　金8個　銀6個　銅18個

日本との関係
日本は主要援助国の第2位（2014年）。日本の大相撲では、栃ノ心や臥牙丸らが活躍しています。

シリア

シリア・アラブ共和国　Syrian Arab Republic（SYR）　首都／ダマスカス

面積	日本の約1/2	人口(2016年)	日本の15%
約18万5000km²		約1856万人	

平均寿命(2015年)	日本より男20.6歳短い 女16.9歳短い	出生率(2014年)	日本より約1.6人多い
男59.9歳 女69.9歳		約3.0人	

| おもな言語 | アラビア語 | 通貨 | シリア・ポンド |

北部の古都アレッポ（ハラブ）の町並み

【どんな国】西アジアのトルコの南にある国で、西側は地中海に面しています。地中海沿岸と南部に肥沃な土地がありますが、国土の大半は砂漠です。北から南東にユーフラテス川が流れています。

【かんたんな歴史】古くからメソポタミア、アッシリア、新バビロニアなどの影響をうけてさかえてきました。紀元前4世紀、セレウコス朝シリアが成立。661年、イスラム王朝のウマイヤ朝が成立し、ダマスカスを首都にして繁栄しました。その後、十字軍やモンゴル、オスマン帝国などの支配をうけて、1920年、フランスの委任統治領となりました。1946年に独立。1960年代からアラブ社会主義復興党（バース党）の独裁が続き、2011年、反政府運動がおこると、アサド政権はこれを弾圧し内戦に突入しました。さらに過激派組織のISが支配地域を拡大し内戦は激化。死者は全土で約26万人、周辺諸国への避難民は約480万人に達しました（2016年）。

【おもな産業】農業は小麦、綿花、オリーブなどを栽培。産業は石油関連がおもで、繊維業や食品加工業もあります。

【社会・文化】イスラム教スンナ派が約74%、イスラム教アラウィー派が約11%をしめ、後者がおもにアサド政権を支持しています。世界遺産をはじめ多くの古代遺跡が危機にさらされています。

【スポーツ】サッカーがさかん。ワールドカップ出場をかけて戦っています。

夏季オリンピックまめ知識
・参加回数：13回（1948年初参加）
・メダル獲得数：合計3個
　金1個　銀1個　銅1個

アジア

シンガポール
シンガポール共和国　Republic of Singapore（SGP）　首都／シンガポール

面積	日本の約1/540	人口（2016年）	日本の約5%
約700km²		約570万人	
平均寿命（2015年）	日本より 男0.5歳短い 女0.7歳短い	出生率（2014年）	日本より約0.1人少ない
男80.0歳　女86.1歳		約1.3人	
おもな言語	中国語、英語、マレー語、タミル語	通貨	シンガポール・ドル

ダブルヘリックスブリッジとマリーナベイサンズ（ホテル）

【どんな国】東南アジアのマレー半島の南のはしにあるシンガポール島と、約60の小島からなる国です。面積は東京都の23区より少し大きいです。熱帯雨林気候で、年間を通して高温多湿。

【かんたんな歴史】1819年、イギリス東インド会社のラッフルズが商館を建て、1824年、植民地にし、貿易の拠点として開発しました。第二次世界大戦中（1942～1945年）、日本が占領しましたが、戦後はふたたびイギリスの植民地に。1963年、マレーシア連邦の1州として独立しますが、1965年、連邦を脱して、単独の共和国として独立しました。

【おもな産業】積極的に外国の資本を導入して高度成長をなしとげ、近年は運輸、金融、教育などの拠点として発展。観光業にも力を入れています。

【社会・文化】住民は中国系、マレー系、インド系などからなり、仏教や道教の寺院、イスラム教のモスク、ヒンドゥー教寺院、キリスト教会が共存しています。

【食べ物】チキンライスをはじめ、豚の骨付き肉のスープであるバクテー、ココナッツミルクのスープ麺ラクサ、エビやきそばのホッケンミーなどをよく食べます。

【スポーツ】サッカーやバスケットボールが人気です。

夏季オリンピックまめ知識
- 参加回数：16回（1948年初参加）
- メダル獲得数：合計5個
  🥇1個　🥈2個　🥉2個

日本との関係　反日感情がのこっていましたが、1978年ごろから「日本を見直せ」運動を開始。自由貿易協定を結んでいます。

スリランカ
スリランカ民主社会主義共和国　Democratic Socialist Republic of Sri Lanka（SRI）　首都／スリジャヤワルダナプラコッテ

面積	日本の約1/6	人口（2016年）	日本の約16%
約6万6000km²		約2081万人	
平均寿命（2015年）	日本より 男8.9歳短い 女8.5歳短い	出生率（2014年）	日本より約0.7人多い
男71.6歳　女78.3歳		約2.1人	
おもな言語	シンハラ語、タミル語	通貨	ルピー

茶葉をつむ女性。セイロンティー（紅茶）は有名

【どんな国】インドの南の洋上にうかぶ卵のような形をしたセイロン島が国土。北海道より小さめで、北部は平野が広がり、中央から南部にかけて山脈が走っています。ほとんどが高温多湿の熱帯気候。

【かんたんな歴史】紀元前5世紀ごろ、インドからシンハラ人が侵入し、王朝を開いて仏教を広めました。12世紀ごろ、ヒンドゥー教徒のタミル人が北部にタミル王朝を建設。1505年、ポルトガルが来航し、1658年オランダの植民地に、1815年、イギリスの植民地になります。1948年、イギリス連邦内の自治領としてセイロンの名で独立。1978年、現国名に変更しました。

【おもな産業】農業がおもで茶、天然ゴム、ココナッツ、米などを栽培しています。工業は食品加工や繊維、電気通信など。

【社会・文化】住民はおもにシンハラ人とタミル人からなり、1956年、シンハラ語だけを公用語にしたことから対立が深まり、1983年に内戦に突入しました（～2009年）。

【食べ物】魚やとり肉、野菜、レンズ豆などを具にしたココナッツミルク入りのライスアンドカレーをよく食べます。

【スポーツ】バレーボール、ラグビー、サッカー、クリケットなどが人気です。

夏季オリンピックまめ知識
- 参加回数：17回（1948年初参加）
- メダル獲得数：合計2個
  🥇0個　🥈2個　🥉0個

日本との関係　日本は主要援助国の第2位（2016年）で、乗用車やトラックなどを輸出し、衣類、紅茶、魚介類などを輸入しています。

タイ

タイ王国
Kingdom of Thailand (THA)
首都／バンコク

面積	人口 (2016年)
約51万3000km² （日本の約1.4倍）	約6815万人 （日本の約54%）

平均寿命 (2015年)	出生率 (2014年)
男 71.9歳 （男 8.6歳短い） 女 78.0歳 （女 8.8歳短い）	約1.5人 （日本より約0.1人多い）

おもな言語	通貨
タイ語	バーツ

サワッディー クラッブ　สวัสดี ครับ
サワッディー カッ　สวัสดีค่ะ

ソンクラーンの水かけ祭り

【どんな国】インドシナ半島の中央にあってゾウの鼻のような形をした国で、北緯5度〜20度の熱帯に位置。気候は雨季（6〜10月ごろ）と乾季にわかれ、さらに乾季は暑季（3〜5月ごろ）と涼季（11〜2月ごろ）にわかれています。国土の約30％は熱帯雨林ですが、チャオプラヤ川の流域には広大な平野が開かれています。

【かんたんな歴史】13世紀に最初の統一王朝のスコータイ朝ができ、15世紀にアユタヤ朝、18世紀にトンブリー朝、続いてチャクリ朝ができ、この王朝が今に続いています。19世紀、まわりの国がイギリスやフランスの植民地となる中で、ずっと独立を保ちつづけました。1932年に立憲君主政になり、しばしば軍部によるクーデターや反政府運動がおこり不安定な政情になりますが、そのつど、国王が調停にはいり解決してきました。

【おもな産業】農業国で、米、さとうきび、天然ゴムの生産がさかんです。エビやカニの養殖もさかんです。すずや天然ガスの地下資源もあります。近年、日本企業の進出により、自動車や光学機器、電気製品、エレクトロニクス、食品などの製造業が発展。プーケット島のリゾート開発など、観光産業にも力をいれています。

【社会・文化】国民の95％以上が熱心な仏教徒です。タイの仏教は日本に伝わってきた大乗仏教とはちがう上座部仏教で、男性は一生に一度は出家し、修行をすることになっています。僧は朝早くから家いえをまわって、食べ物などを寄進してもらいます。4月には新年をいわうソンクラーンという水かけ祭りがあります。きびしい暑さのなか、だれかれかまわず水をかけあって楽しみます。北部の山岳地帯にはアカ族、モン族など、少数民族がくらしています。

【食べ物】タイ人の主食はインディカ種とよばれる細長い粒の米です。調味料として、日本のしょうゆに似たナンプラーをよく使います。料理は辛くて、酸味がきいて、甘みがあるなど複雑な味がとくちょうです。スープのトムヤムクンや、ココナッツミルクのカレーが有名です。

【スポーツ】伝統的なスポーツにムエタイというタイ式のキックボクシングがあります。ムエタイ出身のボクサーも多く、1996年のオリンピック・アトランタ大会では、フェザー級でタイ初の金メダリストを出しました。最近、若者の間では、男子はサッカー、女子はバレーボールが人気です。

夏季オリンピックまめ知識

- 参加回数：16回（1952年初参加）
- メダル獲得数：合計33個
  - 🥇 10個　🥈 8個　🥉 15個

日本との関係

17世紀ごろ、アユタヤに日本人町ができ、多いときには1500人ほどが住んでいたといわれます。日本とは1887年に日タイ修好宣言が調印されて以来、良好な関係を続けています。近年、タイに進出している日系企業に就職しようとして日本語を学ぶ若者がふえています。

アジア

中国
ちゅうごく

中華人民共和国
People's Republic of China (CHN)
首都／北京

面積 約959万7000km²　日本の約26倍

人口（2016年） 約13億8232万人　日本の約11倍

平均寿命（2015年） 男 74.6歳　女 77.6歳　日本より男5.9歳短い 女9.2歳短い

出生率（2014年） 約1.6人　日本より約0.2人多い

おもな言語 中国語（漢語）

通貨 人民元

你好（ニイハオ）

万里の長城。全長8850kmといわれている（世界遺産）

【どんな国】東アジアの大国で、面積は世界で4番目、人口は世界一。気候は熱帯や亜寒帯、乾燥気候など多様ですが、ほとんどが温帯で四季があります。南部や東部の海に近いところは降水量が多く、内陸に入るにしたがって雨が少なく乾燥しています。90％以上が漢族で、ほかに約55の民族が住んでいます。植物や動物の種類も多く、ジャイアントパンダやシベリアトラなど希少種もいます。

【かんたんな歴史】世界四大文明のひとつ、黄河文明発祥の地。紀元前221年、秦の始皇帝が最初に中国を統一して以来、漢、隋、唐、宋、元、明、清などと王朝が変わり、1911年、孫文の指導のもと、辛亥革命がおこり中華民国が成立。第二次世界大戦後の1949年には毛沢東を主席とする中華人民共和国が成立し、1970年代から鄧小平の指導のもと、改革・開放政策がすすめられ、経済発展をとげています。

【おもな産業】農業は小麦や米や大豆、綿花、茶、こうりゃんなどの栽培がさかんです。鉄鉱石、すず、石炭、原油などの資源にもめぐまれています。工業では海外から投資をよびこみ、鉄鋼、セメント、自動車、家電、携帯電話などの分野でめざましい発展をとげています。IT企業のアリババ、パソコンのレノボなど、世界的な企業もあらわれました。

【社会・文化】高度成長のいっぽう、経済的にめぐまれた都市部と貧しい農村部との格差が広がり、社会問題を引き起こしています。また公害などの環境問題や、ウイグル族、チベット族ら少数民族との抗争などが問題となっています。
　万里の長城や龍門の石窟、始皇帝陵、敦煌、桂林など、各地に観光名所があり、世界有数の観光大国です。世界遺産の数も52か所（2017年）にのぼっています。

【食べ物】主食は米や麺類が多いですが、広い中国では地域によってさまざまな料理が知られています。北京料理では北京ダック、四川料理はからい麻婆豆腐、上海料理では上海ガニや上海焼きそば、広州料理では魚やエビの料理や、焼豚（チャーシュー）などが有名です。

【スポーツ】昔から太極拳がおこなわれていて、今でも朝の公園では練習をする人びとを見かけます。最近では中国の国技といわれる卓球やバドミントンが盛んです。バスケットボールやサッカーの人気も高まっています。とくにサッカーは日本と同じ1993年にプロリーグが始まりました。2008年には北京でオリンピックが開かれました。

夏季オリンピックまめ知識
- 参加回数：10回（1952年初参加）
- メダル獲得数：合計545個
  - 金 228個　銀 165個　銅 152個

日本との関係 紀元前後のころ、日本は中国の皇帝に貢物を送りました。その後、中国のすぐれた技術や漢字、仏教、政治制度などが伝えられ、日本は大きな影響をうけました。20世紀には日中戦争がおこりましたが、1972年に国交が回復し、中国からパンダがおくられてきました。現在、両国は互いに重要な貿易相手国です。

タジキスタン

タジキスタン共和国　Republic of Tajikistan（TJK）　首都／ドゥシャンベ

面積	日本の約2/5	人口（2016年）	日本の約7%
約14万3000km²		約867万人	

平均寿命（2015年）	日本より男13.9歳短い 女13.2歳短い	出生率（2014年）	日本より約2.1人多い
男66.6歳　女73.6歳		約3.5人	

| おもな言語 | タジク語 | 通貨 | ソモニ |

パミール高原の放牧

【どんな国】中央アジアの南東部に位置し、国土の大半が標高3000m以上のパミール高原にあります。大陸性の乾燥気候で、冬はとくに寒いです。

【かんたんな歴史】古くからシルクロードの宿駅があり、9世紀ごろペルシア系のタジク人がブハラにサーマン朝をたてました。その後、ウズベク人に支配され、19世紀後半、ロシアの保護国となり、1920年代、ソ連邦に参加。1991年、ソ連の解体にともない独立しますが、1992～97年、共産党系の政府とイスラム系の反政府勢力とのあいだに内戦が勃発。現在は経済復興をすすめています。

【おもな産業】綿花や小麦、果実の栽培や牧畜をおこない、綿織物やワインを生産。エネルギーはほとんどを水力発電でまかない、電力を多くつかうアルミニウム工業がさかん。

【社会・文化】紀元前4000～3000年ごろに金属製品をつくっていた集落あとが、サラズムの原始都市として世界遺産に。

【食べ物】野菜と肉、米をいためたあと炊きあげるプロフというピラフをよく食べます。ふだんから緑茶を飲みます。

【スポーツ】サッカーをはじめ、登山、ロッククライミング、マウンテンバイク、スキー、スノーボードなどがさかんです。

夏季オリンピックまめ知識
- 参加回数：6回（1996年初参加）
- メダル獲得数：合計4個
- 金1個　銀1個　銅2個

日本との関係：1992年に国交を樹立。日本は主要援助国第4位（2016年）で、教育環境の改善などの支援をおこなっています。

トルクメニスタン

トルクメニスタン　Turkmenistan（TKM）　首都／アシガバット

面積	日本の約1.3倍	人口（2016年）	日本の約4%
約48万8000km²		約544万人	

平均寿命（2015年）	日本より男18.3歳短い 女16.3歳短い	出生率（2014年）	日本より0.9人多い
男62.2歳　女70.5歳		約2.3人	

| おもな言語 | トルクメン語 | 通貨 | マナト |

開発がすすむ首都アシガバット

【どんな国】中央アジアの南西部に位置し、西側はカスピ海に面しています。国土の大半はカラクーム砂漠で、ウズベキスタンとの国境付近にはアムダリア川が流れ、この川からカラクーム運河が引かれて農地に灌漑用の水を送っています。大半が乾燥した砂漠気候で寒暖の差が大きく、南東部にはステップ気候や地中海性気候が見られます。

【かんたんな歴史】8世紀ごろトルクメン人の起源とされる遊牧民のオグズ族が移住し、10世紀ごろまでにイスラム教を受け入れました。その後、セルジューク朝、モンゴル帝国、ティムール帝国、ヒバ・ハン国などの支配下に入りました。1885年、ロシアの支配下に入り、1925年、ソビエト連邦を構成する共和国のひとつとなります。1991年、ソ連の解体の直前、独立を宣言。1995年には国連総会で永世中立国として承認されました。

【おもな産業】天然ガスの埋蔵量は世界第4位（2015年）、石油関連の輸出が国の経済をささえています。灌漑農業による綿花の栽培もさかん。

【社会・文化】教育や医療は無料です。

【食べ物】うすく焼いたパンのナンが主食で、肉や野菜などと炊いた米料理のプロフもよく食べます。メロンは特産品。

夏季オリンピックまめ知識
- 参加回数：6回（1996年初参加）
- メダル獲得数：合計0個
- 金0個　銀0個　銅0個

日本との関係：1992年に外交関係を樹立。日本はスポーツ器材の無償提供や、教育環境の整備などの支援をおこなっています。

トルコ

トルコ共和国
Republic of Turkey (TUR)
首都／アンカラ

面積	人口 (2016年)
約78万4000km² （日本の約2倍）	約7962万人 （日本の約63％）

平均寿命 (2015年)	出生率 (2014年)
男 72.6歳（日本より男7.9歳短い） 女 78.9歳（日本より女7.9歳短い）	約2.1人 （日本より約0.7人多い）

おもな言語	通貨
トルコ語	トルコ・リラ

ボスポラス海峡。手前がヨーロッパ側

【どんな国】ボスポラス海峡をへだてて、ヨーロッパとアジアにまたがっています。アジア側のアナトリアは国土の約97％、ヨーロッパ側のトラキアは約3％をしめています。東部の国境には、「旧約聖書」のノアの方舟で知られるアララト山（ビュユックアール山）があります。中央部は大陸性の気候で、寒暖の差が大きく乾燥しています。西や南は地中海性気候で、冬は暖かくて雨が多め、夏は気温が高く乾燥しています。

【かんたんな歴史】古代からヒッタイトをはじめ、ギリシャやローマ、ビザンツ帝国などの支配下におかれてきました。11世紀ごろ、トルコ系の一族がセルジューク朝を、13世紀末にはオスマン帝国をおこし、ビザンツ帝国をほろぼして東ヨーロッパに攻め入り、中央アジアから北アフリカにいたる大帝国をきずきました。第一次世界大戦ではドイツ側につき、イギリス・フランス軍を相手に戦いました。軍をひきいたムスタファ・ケマルは1923年にトルコ共和国を建国、初代大統領となり、近代的な改革を打ち出しました。

【おもな産業】農業や牧畜がさかんで、小麦や大麦、綿花、ぶどう、オリーブ、茶などがとれます。工業は鉄鋼、金属、繊維、自動車、食品加工など。「トロイの木馬」で有名なトロイや、ビザンツ帝国、のちにオスマン帝国の首都だったイスタンブール、奇岩のカッパドキアなどがあり、観光業もさかんです。

【社会・文化】ほとんどがイスラム教徒ですが、憲法で政教分離をうたっているため、戒律はゆるやかです。女性もベールやスカーフをつけることを強要されません。クルド人の独立をめぐる動きや、イスラム系の公正発展党に対抗する勢力、過激派組織ISによる自爆テロなど、シリアの動きとともに緊迫をましています。

【食べ物】フランス料理や中華料理とならぶ世界の三大料理といわれています。羊の肉をつかった料理が多く、串焼きのケバブ、ひき肉をまるめたキョフテ、なすの皮につめたドルマ、ぶどうの葉につつんだサルマ、積みかさねた肉をナイフでそぐドネル・ケバブなどが有名。乳製品も多く、ヨーグルトドリンクのアイランを飲みます。紅茶はチャイといい、小さいコップに入れて、1日に何度も飲みます。

【スポーツ】一番人気はサッカーで、ワールドカップや欧州のカップでも強豪国とされています。国技とされるトルコ式レスリング、ギュレシュの大会も毎年もりあがります。オリンピックではレスリングのメダルが圧倒的に多いです。

夏季オリンピックまめ知識

- 参加回数：22回（1908年初参加）
- メダル獲得数：合計100個
  - 金 39個　銀 31個　銅 30個

日本との関係

1890年、紀伊半島沖で難破したオスマン帝国の軍艦エルトゥールル号の乗員を串本の住民が助けました。親日国で、1985年のイラン・イラク戦争のとき、テヘランにのこされた日本人250人をトルコ政府が救出。日本は橋や地下鉄の工事など、さまざまな協力をおこなっています。

日本

日本国
Japan（JPN）
首都／東京

アジア

面積 約37万8000km² 世界で61番目に大きい

人口（2017年） 約1億2632万人 世界で10番目に多い

平均寿命（2015年）
男 80.5歳
女 86.8歳
世界で 男 第6位／女 第1位

出生率（2014年） 約1.4人 世界で10番目に少ない

おもな言語 日本語

通貨 円

こんにちは（コンニチワ）

富士山と新幹線。富士山は日本の最高峰で標高は3776m。信仰の山として、古くからおそれ、あがめられてきたことから、2013年に世界遺産に登録された

【どんな国】太平洋の北西、アジア大陸の東のはしに、南北約3500kmにわたり弓形につらなる列島で、北海道、本州、四国、九州のほか6800以上もの島からなります。国土の約70％が山地で、海岸線は約3万4000kmにわたり複雑に入り組んでいます。火山の噴火や地震、台風、洪水など自然災害が多いです。気候は北海道の冷帯から、本州〜九州の温帯、沖縄の亜熱帯まで変化にとみ、四季がはっきりしています。

【かんたんな歴史】3世紀ごろ大和政権が生まれ、6世紀ごろ、漢字や仏教など中国や朝鮮半島の文化や政治制度を受け入れ、国家を形成しました。12世紀に源頼朝による武家政治がはじまり、17世紀、徳川家康により江戸幕府の支配体制が確立しました。1868年、明治政府が成立し、ヨーロッパの政治制度や科学、文化などを取り入れ、近代化をすすめました。日清戦争や日露戦争に勝利し、台湾を領有し、朝鮮（韓国）を併合し、満州国を建国するなど周辺諸国に進出し、1937年、日中戦争をおこしました。1941年、アメリカ・イギリスの連合国を相手にアジア太平洋戦争に突入。1945年、本土を空襲され、広島・長崎に原爆を投下され、降伏しました。戦後は平和主義をかかげ、国民主権の民主主義国家として出発。1951年に独立を回復し、1956年、国連に加盟して国際社会に復帰。その後、高度経済成長をはたしました。

【おもな産業】自動車や鉄鋼、電子機器、事務用機器などの分野で世界のトップレベルになりましたが、近年、韓国や中国などにおされています。アニメやマンガ、ゲームなどが海外で注目されています。観光業も期待されています。

【社会・文化】茶道や生け花、歌舞伎や能などが海外でも注目され、民族衣装の着物も人気です。春のお花見や、秋のもみじ狩りなど、季節にちなんだ行事があり、京都の祇園、博多の祇園山笠など、各地を代表する祭りが伝えられ、「山・鉾・屋台行事」として33の祭りがユネスコの無形文化遺産に登録されました。世界遺産には21件が登録されています（2017年）。

【食べ物】南北に細長く、海にかこまれた日本は食材が豊富で、地域ごとにさまざまな郷土料理が伝わっています。「和食」をめぐる文化がユネスコの無形文化遺産に登録され、寿司やラーメンとともに世界中に広まっています。

【スポーツ】野球やサッカーをはじめ、バスケットボール、バレーボール、卓球、テニス、ゴルフ、スキーやスノーボード、スケート、柔道や空手、剣道、相撲などがさかんです。

夏季オリンピックまめ知識

- 参加回数：22回（1912年初参加）
- メダル獲得数：合計442個
  - 金 143個　銀 134個　銅 165個

世界との関係

政府間開発援助（ODA）で発展途上国へさまざまな経済支援や技術支援をおこない、国連平和維持活動（PKO）でイラクや南スーダンなどに自衛隊を派遣し復興を支援。尖閣諸島をめぐり中国と、竹島（独島）をめぐり韓国と、北方四島をめぐりロシアとの間に領土に関して見解の相違があります。

アジア

ネパール

ネパール連邦民主共和国　Federal Democratic Republic of Nepal（NEP）　首都／カトマンズ

面積	日本の約 2/5	人口（2016年）	日本の約 23%
約14万7000km²		約2885万人	

平均寿命（2015年）	日本より 男12.8歳短い 女16.0歳短い	出生率（2014年）	日本より約0.8人多い
男67.7歳　女70.8歳		約2.2人	

おもな言語	ネパール語	通貨	ネパール・ルピー

ネパールの村とヒマラヤ山脈

【どんな国】インドの北側、ヒマラヤ山脈の南側に位置する内陸国です。国土の約8割以上が山岳地帯で、世界最高峰のエベレスト山（標高8848m）をはじめ、マナスル山など8000m級の高峰がつらなっています。南部はタライ低地が広がり、高温多雨の温帯気候です。

【かんたんな歴史】13世紀からネワール人のマッラ朝が統治をはじめました。1768年、シャハ朝が全土を統一。1814年にイギリスと戦ってやぶれ、その保護国になりました。1951年に王政に、1990年、立憲君主政になり、2008年、王政を廃止し連邦共和国になりました。2015年、ネパール地震が発生し、8500人以上の死者をだしました。

【おもな産業】農業がおもで、米、小麦、とうもろこしなどを栽培し、牛や羊の牧畜もおこなっています。衣類やじゅうたん、革製品も生産しています。ヒマラヤ登山や、釈迦の生誕地ルンビニ、カトマンズなどへの観光客も多いです。

【社会・文化】多民族・多言語国家、カーストがからんだ多様な社会で、国民の約70％が貧困層といわれています。

【食べ物】ダル（豆の汁）、バート（米）、タルカリ（カレー）、漬物（アチャール）の4点セットの定食をよく食べます。

夏季オリンピックまめ知識
● 参加回数：13回（1964年初参加）
● メダル獲得数：合計0個
金0個　銀0個　銅0個

日本との関係　日本は主要援助国の第2位（2016年）。ネパール地震のとき、救助隊や援助物資をおくり、今も住宅や学校などの復興支援をしています。

バーレーン

バーレーン王国　Kingdom of Bahrain（BRN）　首都／マナーマ

面積	日本の約 1/473	人口（2016年）	日本の約 1%
約800km²		約140万人	

平均寿命（2015年）	日本より 男4.3歳短い 女8.9歳短い	出生率（2014年）	日本より約0.7人多い
男76.2歳　女77.9歳		約2.1人	

おもな言語	アラビア語	通貨	バーレーン・ディナール

バーレーンの要塞跡（手前）と首都マナーマの町並み

【どんな国】ペルシア湾西岸のカタール半島の北西にあるバーレーン島をはじめ、30あまりの島じまからなる国です。面積は日本の佐渡島くらい。大半が高温の砂漠気候ですが、湿度が高いです。

【かんたんな歴史】紀元前の時代から貿易の中継地としてさかえました。1782年、ハリーファ家が支配しました。1880年、イギリスの保護国となり、1971年、バーレーン国として独立。その間の1932年、油田が発見され、原油生産を始めました。2002年、立憲君主政に移行し、国名をバーレーン王国に変えました。

【おもな産業】石油関連の産業が中心で、アルミニウムや石油化学工業など多角化をすすめています。中東の金融センターとしての地位も確立しました。

【社会・文化】バーレーン国籍をもつ住民は50％弱で、のこりは外国人労働者です。国民の多くはイスラム教のシーア派ですが、王族はスンナ派で少数派（約25％）です。2002年の憲法改正で、湾岸諸国初の女性参政権が認められました。

【食べ物】肉や魚を入れたたきこみご飯マチブース、なつめやしや砂糖を入れたご飯ムハンマール、ラム肉に米や野菜をつめたグージなどが知られています。

【スポーツ】サッカーがさかんです。

夏季オリンピックまめ知識
● 参加回数：9回（1984年初参加）
● メダル獲得数：合計4個
金1個　銀1個　銅2個

日本との関係　日本は1971年に独立を承認しました。日本は自動車や機械製品を輸出し、石油製品やアルミ合金を輸入しています。

パキスタン

パキスタン・イスラム共和国　Islamic Republic of Pakistan（PAK）　首都／イスラマバード

面積	日本の約2.1倍	人口（2016年）	日本の約1.5倍
約79万6000km²		約1億9283万人	
平均寿命（2015年）	日本より男15.0歳短い 女19.3歳短い	出生率（2014年）	日本より約2.2人多い
男65.5歳　女67.5歳		約3.6人	
おもな言語	ウルドゥー語、英語	通貨	パキスタン・ルピー

インダス文明の都市、モヘンジョダロの遺跡（世界遺産）

【どんな国】インドの西にあり、南側はアラビア海に面しています。北部にカラコルム山脈やヒンドゥークシ山脈がつらなり、標高8611mのK2などがそびえています。中央を南北にインダス川が流れ、平原が広がっています。気候はほとんどが砂漠気候やステップ気候です。

【かんたんな歴史】紀元前3500年ごろからインダス文明がさかえました。8世紀に入るとイスラム勢力が侵入し、ガズナ朝などのイスラム王朝がおこりました。1858年、ムガル朝がほろびるとイギリスの植民地に。1947年、東西パキスタンがインドとわかれて独立。その後インドとの戦争や東パキスタン（バングラデシュ）の独立、隣国アフガニスタンからの難民など、不安定な状態がつづいています。

【おもな産業】農業と繊維産業が中心。小麦、米、綿花などを栽培し、綿織物業がさかんです。原油や天然ガス、クロムなども産出されます。

【社会・文化】2014年、マララ・ユスフザイが最年少でノーベル平和賞を受賞。

【食べ物】肉と米の炊きこみごはんビリヤニ、肉や魚のだんごがはいったコフタカレーなどが人気です。

【スポーツ】クリケット、サッカー、スポーツクライミングなどがさかんです。

- 参加回数：17回（1948年初参加）
- メダル獲得数：合計10個
  - 金3個　銀3個　銅4個

日本は主要援助国の第3位で、日系企業は82社（2016年）が進出。モヘンジョダロの遺跡の修復作業などに協力。

バングラデシュ

バングラデシュ人民共和国　People's Republic of Bangladesh（BAN）　首都／ダッカ

面積	日本の約2/5	人口（2016年）	日本の約1.3倍
約14万8000km²		約1億6291万人	
平均寿命（2015年）	日本より男9.9歳短い 女13.7歳短い	出生率（2014年）	日本より約0.8人多い
男70.6歳　女73.1歳		約2.2人	
おもな言語	ベンガル語	通貨	タカ

首都ダッカの町のようす

【どんな国】インドの東に位置し、南部はベンガル湾に面している国です。国土の大半がガンジス川とブラマプトラ川と、その支流が形成する大デルタ（三角州）地帯で、多くは海抜3m以下の湿地帯にあり、しばしば洪水におそわれます。南西部にあるマングローブ林シュンドルボンはベンガルトラなど希少生物の生息地で、世界遺産に登録されています。

【かんたんな歴史】8世紀半ば、パーラ朝が成立し仏教文化が開花しました。13世紀にはイスラム教が伝わり、16世紀にムガル帝国の支配下にはいりました。18世紀半ば、イギリスの植民地に。1947年、東西パキスタンが独立しますが、1971年、東パキスタンが分離独立を宣言し、バングラデシュが成立しました。

【おもな産業】農業は米とジュート（黄麻）、茶などを栽培し、いずれも貴重な輸出品です。アパレル生産は世界でも有数。

【社会・文化】貧しい人びとのために担保なしでお金を貸しつける仕組みをつくったムハマド・ユヌスとグラミン銀行が、2006年のノーベル平和賞を受賞。

【食べ物】魚のカレーとライスをよく食べます。肉や野菜、卵、豆（ダール）のカレーもあります。

【スポーツ】クリケットが一番人気。

- 参加回数：9回（1984年初参加）
- メダル獲得数：合計0個
  - 金0個　銀0個　銅0個

日本はメグナ橋や天然ガスの火力発電所の建設などの支援をおこない、日本人に親しみをもつ人は多いです。

東ティモール

東ティモール民主共和国　The Democratic Republic of Timor-Leste (TLS)　首都／ディリ

面積	日本の約1/25	人口 (2016年)	日本の約1%
約1万5000km²		約121万人	

平均寿命 (2015年)	日本より 男13.9歳短い 女16.7歳短い	出生率 (2014年)	日本より約3.7人多い
男66.6歳　女70.1歳		約5.1人	

| おもな言語 | テトゥン語、ポルトガル語 | 通貨 | アメリカ・ドル |

【どんな国】インドネシアの小スンダ列島の東のはしにあるティモール島の東半分と、飛び地のオクシ、アタウロ島、ジャコ島からなります。日本の岩手県くらいの面積で、国土の3分の2が山地です。気候は高温多湿の熱帯雨林気候。

【かんたんな歴史】16世紀前半、ポルトガルの植民地となり、17世紀にオランダが進出。1859年、ポルトガルが東、オランダが西を分割統治することになりました。アジア太平洋戦争中は、一時、日本軍が占領。1975年、独立派が独立宣言を出すと、翌年、インドネシア軍が全土を制圧し、以後、弾圧をくわえました。1999年、国民投票がおこなわれ、独立派が圧勝すると、併合派の民兵が破壊と虐殺をおこないました。国連の多国籍軍が派遣され、2002年、独立を達成。

【おもな産業】原油や天然ガスで財源の大半をまかなっています。農業はコーヒー豆や米などを栽培しています。

【社会・文化】独立運動の指導者ラモス・ホルタとカトリックのベロ司教が、紛争の平和的解決を追求したとして1996年にノーベル平和賞を受賞しました。

【食べ物】主食は米やタロイモ。焼き飯のナシゴレンや魚とハーブの蒸し焼き、イカン・ペペスなどをよく食べます。

夏季オリンピックまめ知識
- 参加回数：4回（2004年初参加）
- メダル獲得数：合計0個
- 金0個　銀0個　銅0個

日本との関係　2002年に国交を樹立。以後、公共事業の整備、選挙実施、経済復興などの支援をおこなっています。

フィリピン

フィリピン共和国　Republic of the Philippines (PHI)　首都／マニラ

面積	日本の約4/5	人口 (2016年)	日本の約81%
約30万km²		約1億225万人	

平均寿命 (2015年)	日本より 男15.2歳短い 女14.8歳短い	出生率 (2014年)	日本より約1.6人多い
男65.3歳　女72.0歳		約3.0人	

| おもな言語 | フィリピン語、英語 | 通貨 | フィリピン・ペソ |

ルソン島の山腹にある棚田群（世界遺産）

【どんな国】アジア大陸南東の太平洋上にあるルソン島やミンダナオ島など7000以上の島からなります。火山の噴火や地震が多く、1991年にはルソン島のピナトゥボ火山が噴火しました。

【かんたんな歴史】14世紀後半、イスラム商人が渡来しました。1521年、ポルトガルの航海者マゼランがセブ島に上陸。その後、スペインの植民地となります。1898年、アメリカ・スペイン戦争の結果、アメリカの統治下に入ります。アジア太平洋戦争中、一時、日本が占領します。1946年、アメリカから独立しました。

【おもな産業】農業が中心で、米やとうもろこし、マニラ麻、バナナ、ココナッツなどを栽培。近年、コールセンターなどのサービス業や観光業ものびています。

【社会・文化】多くの民族からなり、言語の数は130種以上ともいわれます。住民は大半がキリスト教徒ですが、南部にはイスラム教徒も住んでいます。

【食べ物】主食は米。肉や魚介、野菜の入ったすっぱいスープのシニガン、野菜と牛肉をピーナッツソースで煮こんだカレカレなどをよく食べます。

【スポーツ】バスケットボール、ボクシング、バドミントンなどが人気。エスクリマとよばれる武術もさかんです。

夏季オリンピックまめ知識
- 参加回数：21回（1924年初参加）
- メダル獲得数：合計12個
- 金0個　銀3個　銅9個

日本との関係　日本は主要援助国であり、貿易の輸出先は日本が第1位、輸入先では第2位です（2016年）。

ブータン

ブータン王国　Kingdom of Bhutan（BHU）　首都／ティンプー

面積	約3万8000km²	日本の約1/10	人口（2016年）	約78万人	日本の約0.6%
平均寿命（2015年）	男69.5歳　女70.1歳	日本より男11.0歳短い／女16.7歳短い	出生率（2014年）	約2.0人	日本より約0.6人多い
おもな言語	ゾンカ語		通貨	ニュルタム	

首都ティンプーの町並み

【どんな国】ヒマラヤ山脈の南東部にある国で、日本の九州と同じくらいの大きさです。北部には標高7000m級の山がつらなり、国土の大半はその山麓にあります。南部の標高100〜1500mの低地は亜熱帯林が見られ、バナナやさとうきびが栽培され、ゾウなどが生息。標高1500〜3000mは気候が温暖で、照葉樹が多く見られます。3000〜4000mは気候が冷涼で針葉樹がしげっています。

【かんたんな歴史】13世紀にチベット仏教が伝わり定着しました。17世紀にチベットの僧ガワン・ナムゲルが全土を統一。1907年、ウゲン・ワンチュクが初代国王に就任しました。1971年、国連に加盟し、外国に開かれるようになりました。

【おもな産業】農業が中心で、米や小麦、とうもろこしなどを栽培。水力発電による電力の輸出が財政をささえています。

【社会・文化】チベット仏教を国教とし、国民総生産のGNPに対して、国民総幸福度のGNHを提唱しています。

【食べ物】南部は米が主食。とうがらしとチーズを煮こんだエマ・ダツィをよく食べます。北部はそばが主食。そば粉のパンケーキのクレを食べます。

【スポーツ】弓は国技。サッカーは大人気で、日本人コーチが教えています。

夏季オリンピックまめ知識
●参加回数：9回（1984年初参加）
●メダル獲得数：合計0個
金0個　銀0個　銅0個

日本との関係
外見が似ていることから大の親日国。1986年、外交関係を樹立。日本はインフラの整備や教育支援などをおこなっています。

ブルネイ

ブルネイ・ダルサラーム国　Brunei Darussalam（BRU）　首都／バンダルスリブガワン

面積	約5800km²	日本の約1/65	人口（2016年）	約43万人	日本の約0.3%
平均寿命（2015年）	男76.3歳　女79.2歳	日本より男4.2歳短い／女7.6歳短い	出生率（2014年）	約1.9人	日本より約0.5人多い
おもな言語	マレー語、英語など		通貨	ブルネイ・ドル	

首都バンダルスリブガワンのマーケット

【どんな国】東南アジアのカリマンタン島（ボルネオ島）の北部にある王国で、日本の三重県と同じくらいの大きさ。北側が南シナ海に面し、陸地はマレーシアに囲まれています。リンバン川によって二つにわかれ、東側は広大な熱帯雨林の自然公園。国民の多くは西側に住んでいます。

【かんたんな歴史】古くから交易でさかえ、15世紀ごろ、イスラム教のスルタン（首長）が王国の基礎をきずきました。1888年、イギリスの保護領となり、アジア太平洋戦争のときは日本軍に占領されました。1959年、自治を回復し、1984年、イギリスからの独立を達成。スルタンの称号をもつ国王が首相や国防相などをかねています。

【おもな産業】輸出の100%近くを原油と天然ガスがしめています。食料品のほとんどを輸入しています。

【社会・文化】イスラム教が国教とされています。1人当たりの国民総所得は日本を上回り、社会福祉が充実。所得税や住民税はなく、教育費や医療費は無料です。

【食べ物】サゴヤシの粉末にお湯を入れてこねたアンブヤットや、米をココナッツミルクで炊いたナシレマッなど。

【スポーツ】サッカーやバドミントンがさかんです。

夏季オリンピックまめ知識
●参加回数：6回（1988年初参加）
●メダル獲得数：合計0個
金0個　銀0個　銅0個

日本との関係
日本は最大の貿易相手国。輸出先は日本が第1位で輸出の36%（2015年）をしめ、そのほとんどは原油・天然ガス関連。

ベトナム

ベトナム社会主義共和国
Socialist Republic of Viet Nam (VIE)
首都／ハノイ

面積	日本の 9/10	人口 (2016年)	日本の 約75%
約33万1000km²		約9444万人	

平均寿命 (2015年)	日本より 男9.2歳短い 女6.1歳短い	出生率 (2014年)	日本より 約0.6人多い
男71.3歳 女80.7歳		約2.0人	

おもな言語	ベトナム語	通貨	ドン

シン チャオ
Xin chào

オートバイでいっぱいのホーチミン。日本製のオートバイの評判は高く、ベトナムではオートバイのことを「ホンダ」という

【どんな国】インドシナ半島の東にあり、南北に細長く、竜のような形をした国です。国土の約75%は山地で、北部のホン川と南部のメコン川の下流に平野がひらけています。北部は温帯気候で四季があり、南部は熱帯気候で雨季（5〜10月ごろ）と乾季（11〜4月ごろ）があります。

【かんたんな歴史】北部は紀元前111年、中国に征服され、その後約1000年間、その支配を受けてきました。938年にゴ・クエンが独立を達成。以後、いくつか王朝が興亡しました。1887年、フランスの植民地となり、第二次世界大戦のとき日本軍が進駐し、その支配下にはいります。戦後はホー・チ・ミンを国家主席とするベトナム民主共和国が独立。それを認めないフランスとの間で戦争が始まります。1954年、北緯17度線をさかいに、南北に分裂。その後、南ベトナムを支持するアメリカとベトナム戦争に突入します。1975年、南ベトナム解放民族戦線と北ベトナム軍がサイゴン（現在のホーチミン）を制圧し、ベトナム戦争は終了。南北ベトナムが統一されました。

【おもな産業】第一次産業に従事する人が労働人口の約46%をしめる農業国です。米の生産量は世界第5位（2014年）、コーヒー豆の生産量は世界第2位（2013年）です。鉱産資源も豊富で、石炭、原油、天然ガス、すず、亜鉛、金、クロムなどがとれます。近年、第二次産業、第三次産業ものび、なかでも観光業は急速にのびています。

【社会・文化】国民はキン族（ベト族）が約90%をしめ、ムオン族、モン族などの少数民族もふくめると54の民族が共存しています。アオザイという民族衣装があり、女性は結婚式やパーティーのときなどに着ます。伝統芸能では、昔から水上人形劇が演じられています。

【食べ物】主食は米で、細長くねばりけのない品種です。フォーというめん類もよく食べます。代表的な料理に生春巻きと揚げ春巻きがあります。小魚を塩漬けにして発酵させたヌクマムという調味料は欠かせません。ドリアンやマンゴスチン、マンゴーやパパイヤなど、熱帯のくだものがたくさんあります。

【スポーツ】もっとも人気のあるスポーツはサッカー。ほかにバドミントン、バレーボール、バスケットボールなど。ボビナム（空手に似ている護身用の武術）やテコンドー、ダーカウ（羽根を足でける伝統的なスポーツ）もさかんです。

夏季オリンピックまめ知識

- 参加回数：15回（1952年初参加）
- メダル獲得数：合計4個

1個　3個　0個

日本との関係

16〜17世紀に朱印船貿易がおこなわれ、ホイアンに日本町ができました。第二次世界大戦後、ベトナムに残って独立のために戦った日本兵もいます。1973年、両国は国交をむすび、日本は空港や橋の建設をはじめ、さまざまな支援をおこないました。日本語学習者や日本への留学生の数もふえています。

マレーシア

マレーシア　Malaysia（MAS）　首都／クアラルンプール

面積	約33万km²	日本の約9/10
人口（2016年）	約3075万人	日本の約24%
平均寿命（2015年）	男72.7歳　女77.3歳	日本より男7.8歳短い／女9.5歳短い
出生率（2014年）	約1.9人	日本より0.5人多い
おもな言語	マレー語	
通貨	リンギット	

【おもな産業】天然ゴム、カカオ豆、パーム油、木材などの生産がさかん。すず、鉄鉱石、金、原油、天然ガスなどの鉱産資源も豊富です。家電や自動車、IT関連の産業や観光産業ものびています。

【社会・文化】マレー系、中国系、インド系など多くの民族が共存しています。

【食べ物】ココナッツミルクで炊いたご飯ナシレマッ、ピリ辛の焼き飯ナシゴレン、豚のスペアリブを煮たバクテーなど。

【スポーツ】バドミントンが国民的スポーツ。サッカーもさかんです。

首都に建つペトロナスツインタワー（高さ452m）

【どんな国】東南アジアのマレー半島南部とカリマンタン島（ボルネオ島）北部、および周辺の島じまからなります。カリマンタン島には標高4095mのキナバル山がそびえ、山麓のキナバル国立公園（世界遺産）は世界最大の花ラフレシアが見られる熱帯植物の宝庫です。

【かんたんな歴史】1400年ごろ、マラッカ王国がおこり、貿易港としてさかえました。1511年にポルトガルが、1641年にはオランダがマラッカを占領。1824年にはイギリスがマレー半島を植民地にしました。アジア太平洋戦争のときに日本軍が占領。1957年、マラヤ連邦として独立し、1963年、ボルネオ島北部とともに連邦国家マレーシアとして独立しました。

夏季オリンピックまめ知識
- 参加回数：13回（1964年初参加）
- メダル獲得数：合計13個
  🥇0個　🥈7個　🥉6個

日本との関係　自動車や電子機器などの日本企業が進出。主要貿易相手国で、輸出先は日本が第3位、輸入先で第4位（2015年）です。

ミャンマー

ミャンマー連邦共和国　Republic of the Union of Myanmar（MYA）　首都／ネーピードー

面積	約67万7000km²	日本の約1.8倍
人口（2016年）	約5436万人	日本の43%
平均寿命（2015年）	男64.6歳　女68.5歳	日本より男15.9歳短い／女18.3歳短い
出生率（2014年）	約2.2人	日本より0.8人多い
おもな言語	ミャンマー語	
通貨	ミャンマー・チャット	

力が勝利し、新政権がスタートしました。

【おもな産業】農業が中心で、米や天然ゴム、チーク材などを輸出。近年、天然ガスが産出され、国の大きな収入源となっています。

【社会・文化】ビルマ人をはじめ130以上もの民族からなる多民族国家です。イスラム教徒のロヒンギャへの迫害が問題になっています。

【食べ物】主食は米で、お茶の葉を発酵させたラペソーをよく食べます。米の粉でつくった麺のモヒンガーも知られています。

ヤンゴンにある仏塔、シュエダゴンパゴダ

【どんな国】インドシナ半島の西のはしに位置する国で、西側はベンガル湾に、南側はアンダマン海に面しています。国土のほぼ中央を流れるエーヤワディー川が、流域に広い平野を、河口に大デルタ（三角州）地帯を形成しています。南部は熱帯雨林気候で、北部は温帯気候。

【かんたんな歴史】チベットからビルマ人が移住してきて、11世紀にパガン朝をおこしました。18世紀にコンバウン朝が全国を統一。イギリスとの戦争に敗れ、1886年、イギリスの植民地になります。アジア太平洋戦争のとき、一時、日本軍が侵攻しました。1948年、ビルマ連邦として独立。1989年、国名をミャンマーに変えました。2015年の総選挙で民主化勢

夏季オリンピックまめ知識
- 参加回数：17回（1948年初参加）
- メダル獲得数：合計0個
  🥇0個　🥈0個　🥉0個

日本との関係　日本は病院や橋の建設、留学生の受け入れなどをおこない、現在、ティラワ大規模工業団地の開発も支援しています。

モンゴル

アジア

モンゴル国
Mongolia (MGL)
首都／ウランバートル

面積		人口 (2016年)	
約156万4000km²	日本の約4.1倍	約301万人	日本の約2.4%

平均寿命 (2015年)		出生率 (2014年)	
男 64.7歳 / 女 73.2歳	日本より 男15.8歳短い 女13.6歳短い	約2.7人	日本より約1.3人多い

| おもな言語 | モンゴル語 | 通貨 | トグログ |

Сайн байна уу？

草原でひつじを追い遊牧をする人

【どんな国】ユーラシア大陸の東に位置する内陸の国で、海がありません。平均高度が約1600mの高原で、国土の大半が草原地帯です。南にはゴビ砂漠があります。乾燥気候で寒暖の差が大きく、1月のウランバートルの平均気温は-20℃以下になります。

【かんたんな歴史】古くから匈奴や突厥など騎馬遊牧民族が活躍。13世紀はじめ、チンギス・ハンが現れモンゴルを統一し、その子孫たちは南ロシアから中央アジア、中国など、アジア全体にまたがる大帝国をきずきました。中国を統一し元を建国した五代皇帝フビライ・ハンは、日本にも1274年と1281年の二度、兵をおくっています。17世紀、中国に清がおこると支配下におかれましたが、1924年、ソ連の影響をうけてモンゴル人民共和国が成立。社会主義の道を歩みました。1991年ソ連が解体すると、国名をモンゴル国にあらため新憲法を制定し、経済改革をすすめてきました。

【おもな産業】おもな産業は牧畜。羊、山羊、馬などの家畜を放牧し、乳製品や肉などの生産をはじめ、カシミヤの毛織物、革製品の加工などをおこなってきました。モリブデン、金、銅、鉄、石炭などの鉱産資源にもめぐまれ、鉱業がさかんです。近年は観光業にも力をいれています。

【社会・文化】ゲルというテントで生活をする遊牧民の生活様式がのこっています。ゲルには電気や電話が引かれていませんが、太陽電池で発電し、パラボラアンテナでテレビを見ることができます。7月にはモンゴル最大の祭りナーダムがあり、モンゴル相撲や競馬、弓の競技がおこなわれます。伝統的な音楽は、二弦の楽器馬頭琴でかなでる曲やホーミーという笛のような声をだすのど歌が有名です。

【食べ物】チーズ、ヨーグルト、バター、ミルクなどの乳製品や肉を食べることが多く、肉は骨付きのままゆでたり蒸し焼きにしたりして食べます。お客があると羊を1頭つぶしてふるまう習慣があります。ボーズという肉ギョウザもよく食べます。お茶に牛乳と塩をくわえたミルク茶もよく飲みます。

【スポーツ】昔からモンゴル相撲がさかんです。立ったままの組み手争いからはじまり、足をとってたおすか、投げるか、上にもちあげて落とすなどして、相手のひじやひざ、頭、背中などを地面につけると勝ちとなります。これできたえた若者は日本の大相撲の力士になったり、レスリングや柔道の道にすすんだりして活躍しています。最近ではバスケットボールやバレーボールもさかんです。

夏季オリンピックまめ知識
● 参加回数：13回（1964年初参加）
● メダル獲得数：合計26個
　2個　10個　14個

日本との関係：1972年に国交をむすびました。その後、日本の大相撲が人気となり、朝青龍や白鵬ら多くの力士を送りだし、日本の相撲界をもりあげています。日本からは乗用車を輸入、モンゴルからは銅鉱を輸出しています。

モルディブ

モルディブ共和国　Republic of Maldives（MDV）　首都／マレ

面積	日本の約1/1260	人口（2016年）	日本の約0.3%
約300km²		約37万人	

平均寿命（2015年）	日本より男4.7歳短い 女9.0歳短い	出生率（2014年）	日本より約0.7人多い
男75.8歳　女77.8歳		約2.1人	

| おもな言語 | ディベヒ語、英語 | 通貨 | ルフィア |

首都マレのローカルマーケット。
島ではバナナ、ココナッツ、タロイモなどがとれる

【どんな国】インドの南西のインド洋上にある約1192の島からなる国です。全部あわせても東京都23区の半分くらいの大きさ。もっとも高いところでも海抜約2.4mで、海面が1m上昇すると国土の80%が水没するといわれています。気候は高温多湿の熱帯雨林気候です。

【かんたんな歴史】1世紀ごろ、スリランカや南インドからシンハラ人が移住してきたといわれています。12世紀、アラブ人が来航し、イスラム教のスルタン（首長）が統治を開始。16世紀にはポルトガルの、17世紀にはオランダの支配下におかれ、1887年、イギリスの保護国となります。1965年、スルタンを元首とする君主国として独立。1968年、共和政に移行しました。

【おもな産業】漁業と観光業が中心。漁業はカツオ、マグロやその加工品が輸出のほとんどをしめています。美しいさんご礁の島には、世界各地から120万人の観光客が訪れています（2014年）。

【社会・文化】イスラム教が国教とされています。島ごとに「町の島」「空港の島」「観光の島」「ごみ処理場の島」などと機能を分けています。

【食べ物】主食は米。バナナ、ロシというパンや、魚のカレーのマスリーハなど。

夏季オリンピックまめ知識
- 参加回数：8回（1988年初参加）
- メダル獲得数：合計0個
  - 0個　0個　0個

日本との関係　1967年に外交関係を樹立。日本が建設したマレ島の防波堤は、2004年のインド洋津波から島を守りました。

ヨルダン

ヨルダン・ハシェミット王国　Hashemite Kingdom of Jordan（JOR）　首都／アンマン

面積	日本の約1/4	人口（2016年）	日本の約6%
約8万9000km²		約775万人	

平均寿命（2015年）	日本より男8.0歳短い 女10.9歳短い	出生率（2014年）	日本より約2.0人多い
男72.5歳　女75.9歳		約3.4人	

| おもな言語 | アラビア語 | 通貨 | ヨルダン・ディナール |

首都アンマンの町並みとローマ劇場

【どんな国】アラビア半島の北西部にある国。南のアカバ湾を通して紅海につながっています。面積は日本の北海道と同じくらいで、国土の大部分は砂漠。西の国境にはヨルダン渓谷が走り、そこには海面下約400mの死海があります。

【かんたんな歴史】紀元前1世紀ごろ、ナバテア王国が成立。ローマ帝国、ビザンツ帝国、イスラム帝国の支配をへて、16世紀、オスマン帝国の領土になります。1919年、イギリスの委任統治領となり、1923年、ハーシム家のアブドゥッラーをむかえてトランス・ヨルダン首長国を建国。1946年に独立しました。1967年、第三次中東戦争でイスラエルにヨルダン川西岸を占領され、多くのパレスチナ人難民が流入しました。

【おもな産業】農業は小麦、大麦、ぶどう、オリーブなどを栽培。輸出品の大半はりん鉱石やカリ塩がしめています。

【社会・文化】パレスチナ人難民やその子孫は324万人にたっし、シリア難民も60万人以上が流入しています（2016年）。

【食べ物】ご飯の上にヨーグルトソースで煮こんだラム肉をのせたマンサフ、ひよこ豆のペーストのホンモス、豆料理のフールなどをよく食べます。

【スポーツ】サッカーがさかんです。

夏季オリンピックまめ知識
- 参加回数：10回（1980年初参加）
- メダル獲得数：合計4個
  - 1個　0個　3個

日本との関係　日本はさまざまな支援をおこない、主要援助国の第2位（2014年）。アブドゥッラー国王は大の親日家です。

ラオス

ラオス人民民主共和国　Lao People's Democratic Republic（LAO）　首都／ビエンチャン

面積	日本の約3/5	人口（2016年）	日本の約5%
約23万7000km²		約692万人	
平均寿命（2015年）	日本より男16.4歳短い 女19.6歳短い	出生率（2014年）	日本より約1.6人多い
男64.1歳　女67.2歳		約3.0人	
おもな言語	ラオス語	通貨	キープ

ラオスの農村の田植え

【どんな国】東南アジアのインドシナ半島の北東部に位置する内陸国です。南北に細長く、面積は日本の本州くらい。国土の約70％は山地や高原で、メコン川の流域に平地が広がっています。南部は熱帯雨林気候で、北部は温帯気候。

【かんたんな歴史】14世紀、ランサン王国が全土を統一しました。18世紀に3王朝に分裂し、1899年、フランスの保護領となります。1953年、ラオス王国として独立しますが、右派、中立派、左派による内戦が続き、1975年、社会主義のラオス人民民主共和国が成立しました。

【おもな産業】農業国で米、とうもろこし、じゃがいも、たばこなどを栽培。林業もさかんでチーク材を輸出しています。水力発電事業もさかんで、電気をタイに輸出。世界遺産に登録されたランサン王国の首都ルアンパバーンやワット・プー寺院などへの観光客もふえています。

【社会・文化】国民の多くは上座部仏教を信仰。毎年1月か2月、仏教の祭りブン・パウェートがおこなわれます。

【食べ物】主食はもち米。チキンスープのトムカーガイや、きざんだ肉とハーブの炒め物ラープなどを食べます。

【スポーツ】バドミントンやサッカー、カーリングに似たペタンクがさかん。

夏季オリンピックまめ知識
- 参加回数：9回（1980年初参加）
- メダル獲得数：合計0個
  - 金0個　銀0個　銅0個

日本との関係：1955年に外交関係を樹立。1971年、ラオス最初の水力発電ダムをつくりました。日本は主要援助国の第1位（2013年）。

レバノン

レバノン共和国　Republic of Lebanon（LBN）　首都／ベイルート

面積	日本の約1/38	人口（2016年）	日本の約5%
約1万km²		約599万人	
平均寿命（2015年）	日本より男7.0歳短い 女10.3歳短い	出生率（2014年）	日本より約0.3人多い
男73.5歳　女76.5歳		約1.7人	
おもな言語	アラビア語	通貨	レバノン・ポンド

フェニキア人の都市、ビブロス遺跡（世界遺産）

【どんな国】西アジアの地中海東岸にある国です。南北に約200km、東西に約50kmの細長い国で、面積は日本の岐阜県くらい。国土の多くは地中海性気候で、冬は暖かく夏は高温で乾燥します。

【かんたんな歴史】紀元前12世紀ごろ、地中海各地に進出したフェニキア人が拠点にしました。その後、アッシリアをはじめローマ帝国などに支配され、7世紀にイスラム帝国の、16世紀にはオスマン帝国の支配下に入ります。1920年、シリアの一部としてフランスの委任統治領となり、1943年に独立しました。パレスチナ人がレバノンに流入してきたことから、1975年、内戦が勃発。さらにイスラエル軍が侵攻し、混乱のきわみに。1990年に停戦しましたが、政情は安定しません。

【おもな産業】農業はオレンジやレモン、ぶどう、オリーブ、小麦などを栽培。ワインやオリーブオイルなどの食品加工業がさかんです。内戦前は中東の金融センター、観光地として発展しましたが、現在はその立てなおしに努めています。

【社会・文化】国民はイスラム教徒（シーア派、スンナ派、ドゥールズ派ほか）、キリスト教徒（マロン派、ギリシャ正教ほか）などさまざま。大統領はマロン派のキリスト教徒から、首相はスンナ派のイスラム教徒からといったように宗派ごとに政治権力を配分しています。

【食べ物】ひよこ豆やそら豆でつくったコロッケのファラフェルなど。

夏季オリンピックまめ知識
- 参加回数：17回（1948年初参加）
- メダル獲得数：合計4個
  - 金0個　銀2個　銅2個

台湾
たいわん

台湾 Taiwan（TPE） 主都／台北

面積	約3万6000km²	日本の約1/11
人口（2016年）	約2352万人	日本の19%
平均寿命（2014年）	男 76.7歳　女 83.2歳	日本より男 3.8歳短い　女 3.6歳短い
出生率（2014年）	約1.2人	日本より約0.2人少ない
おもな言語	中国語、台湾語	
通貨	台湾元	

【どんな地域】中国南東部の福建省と海をへだてて向き合う、台湾本島、澎湖列島、金門島などの島じまからなります。台湾本島は約70%が山地で、南北に山脈が走り、中央に最高峰の玉山（標高約3950m）がそびえます。おもに亜熱帯性気候に属し、平地は高温で多湿。

【かんたんな歴史】15世紀ごろ大陸から漢族が移住し、1624年、オランダが南部を支配。1683年から中国（清朝）の統治下に入り、1895年、日清戦争で清に勝利した日本の統治下に。1949年、中国本土で中国共産党との内戦に敗れた蒋介石が台湾に逃れ、蒋は中国の正統政府であることを主張します。中国の国際社会への台頭とともに、1971年に国連から追放され、友好国の日本、アメリカとも断交。21か国が台湾を承認（2017年）。

夏季オリンピックまめ知識
- 参加回数：18回（1932年初参加）
- メダル獲得数：合計33個
  - 金 8個　銀 6個　銅 19個

※オリンピックにはチャイニーズ・タイペイの名で出場。

パレスチナ

パレスチナ自治政府 Palestinian Authority（PLE） 本部／ラマッラ

面積	約6020km²	日本の約1/62
人口（2016年）	約465万人	日本の約4%
平均寿命（2014年）	男 71.0歳　女 74.9歳	日本より男 9.5歳短い　女 11.9歳短い
出生率（2014年）	約4.2人	日本より約2.8人多い
おもな言語	アラビア語	
通貨	シェケル	

【どんな地域】西アジアの地中海東岸に面したガザ地区（約365km²）と、内陸の乾燥した丘陵地帯にあるヨルダン川西岸地区（約5655km²）からなります。

【かんたんな歴史】19世紀末からユダヤ人が入植し、第二次世界大戦中、ナチスドイツの迫害からのがれた大量のユダヤ人が移住。先住していたパレスチナ人（アラブ人）との対立がはげしくなったため、国連はこの地をアラブ国家とユダヤ国家に分割することを決定。1948年イスラエルが建国すると、反対するアラブ諸国との間で第一次中東戦争がおこりました。その後もイスラエルは領土を広げたため、四次にわたる中東戦争のほか空爆やテロがあいつぎ、多くの死者を出しました。2015年現在、パレスチナ人難民は559万人にのぼります。

夏季オリンピックまめ知識
- 参加回数：6回（1996年初参加）
- メダル獲得数：合計0個
  - 金 0個　銀 0個　銅 0個

香港
ホンコン

香港特別行政区 Hong Kong Special Administrative Region（HKG）

面積	約1100km²	日本の約1/344
人口（2016年）	約735万人	日本の約6%
平均寿命（2014年）	男 81.2歳　女 86.9歳	日本より男 0.7歳長い　女 0.1歳長い
出生率（2014年）	約1.2人	日本より約0.2人少ない
おもな言語	中国語、英語	
通貨	香港ドル	

【どんな地域】中国広東省の南部に位置する九龍半島と香港島、および周辺の約235の島じまからなる中国の特別行政区です。亜熱帯性気候で高温多湿、四季があります。

【かんたんな歴史】1840～1842年におこったアヘン戦争でイギリスに敗れた中国（清朝）は、香港島をイギリスにゆずりました。アジア太平洋戦争中に日本が占領しますが、戦後は自由貿易港として発展し、世界の金融センターとしての地位を確立。中国料理や観光でも人気をよびました。1997年、中国に返還され、「一国二制度のもと、高度な自治権」が保障されましたが、中国政府からの規制に対して民主化を求める声が高まり、2014年、2か月半にわたる抗議デモ（雨傘運動）がおこりました。

夏季オリンピックまめ知識
- 参加回数：16回（1952年初参加）
- メダル獲得数：合計3個
  - 金 1個　銀 1個　銅 1個

ヨーロッパ
EUROPE

ヨーロッパ

アイルランド

アイルランド
Ireland（IRL）
首都／ダブリン

- 面積 約7万km² 日本の約1/5
- 人口（2016年） 約471万人 日本の約4％
- 平均寿命（2015年） 男79.4歳 女83.4歳 日本より男1.1歳短い 女3.4歳短い
- 出生率（2014年） 約2.0人 日本より約0.6人多い
- おもな言語 アイルランド語 英語
- 通貨 ユーロ

ジェア グイッチ
Dia dhuit

西海岸のクリフトゥン湾近くの牧場

【どんな国】イギリスのグレートブリテン島の西にある、アイルランド島の6分の5をしめる国です。島の北東部の北アイルランドはプロテスタントが多く、イギリス領となっています。国土の約70％が中央低地とよばれる平地で、農業や牧畜に利用され、緑が多く「エメラルドの島」ともよばれています。暖流の北大西洋海流の影響で、緯度が北緯50度と高い割には冬でも比較的暖かです。

【かんたんな歴史】紀元前3世紀ごろ、ヨーロッパからケルト人が移住し、5世紀ごろキリスト教が伝わりました。12世紀、ノルマン人に征服されました。カトリック教徒が多く、プロテスタントの国イギリスからは差別的な支配をうけ、1800年、イギリス連合王国の一部に併合されました。1840年に大飢饉がおこり、100万人以上の死者をだすとともに、多くのアイルランド人が移民としてアメリカにわたりました。その子孫には、ケネディやレーガンなどアメリカの大統領になった人たちもいます。1922年、イギリス連邦の自治領としてアイルランド自由国が成立。1949年には共和政を宣言し、イギリス連邦から離れました。1973年、ヨーロッパ共同体（EC）に加盟しました。

【おもな産業】大麦や小麦、じゃがいもが栽培され、牛や羊の牧畜がさかんです。バターやチーズ、肉類を輸出しています。鉱産資源では鉛や亜鉛がとれます。工業では電子機器や医薬品の製造がさかんです。そのほか織物やクリスタルガラス、陶磁器などの手工業品も有名です。

【社会・文化】ケルト民族の伝統をうけた語りや音楽が発展しました。土地の伝承とむすびついたお話が多く伝えられ、現実の世界でも妖精たちが愛されています。『ガリバー旅行記』で知られるスウィフトや、『幸福の王子』のオスカー・ワイルドなど多くの作家を輩出。バーナード・ショーら、ノーベル賞作家は4人も出しています。ミュージシャンではエンヤやU2が世界的に有名です。

【食べ物】主食はパンとじゃがいも。肉は豚肉、羊肉、牛肉、魚はタラやシャケの料理が多いです。伝統料理はアイリッシュシチュー。羊肉をつかった肉じゃがのような料理です。

【スポーツ】アイルランド発祥の国民的スポーツにゲーリックフットボールがあります。手足を使って相手のゴールにボールを入れるゲームで、国中でおこなわれています。そのほか、サッカーやラグビー、競馬もさかんです。

夏季オリンピックまめ知識
- 参加回数：21回（1924年初参加）
- メダル獲得数：合計31個
  - 9個　10個　12個

日本との関係
1957年に外交関係を樹立。貿易額は少ないですが、日本からは機械や自動車などを輸入、日本へは医薬品、コンタクトレンズなどを輸出しています。日本からの企業誘致も積極的におこなっています。2013年、両国首脳による相互訪問が実現し、今後の関係の発展が期待されます。

アイスランド

アイスランド共和国　Republic of Iceland (ISL)　首都／レイキャビク

面積	日本の約1/4	人口 (2016年)	日本の約0.26%
約10万3000km²		約33万人	
平均寿命 (2015年)	日本より 男0.7歳長い 女2.7歳短い	出生率 (2014年)	日本より約0.5人多い
男81.2歳 女84.1歳		約1.9人	
おもな言語	アイスランド語	通貨	アイスランド・クローナ

首都レイキャビクの町並み

【どんな国】北大西洋の北極圏近くにある島国で、日本の北海道と四国をあわせたくらいの大きさ。海洋プレートが生まれる大西洋中央海嶺の上に位置し、多くの火山や温泉があります。北緯65度前後の高緯度にありますが、北大西洋海流の影響で、冬でも比較的温暖です。

【かんたんな歴史】9世紀ごろからノルウェー人が植民を始め、10世紀にアルシンギという民主議会が開かれました。13世紀にノルウェー領に、14世紀にデンマーク領になりました。1918年、デンマーク国王を元首とする連合国となり、1944年、アイスランド共和国として独立。

【おもな産業】タラやニシンの漁業と水産加工業がさかんです。水力発電と地熱発電を利用したアルミニウムの精錬業も活発に。化石燃料にたよらない水素エネルギー社会をめざしています。

【社会・文化】冬は夜が長い極夜になるので、読書をする人が多いです。文学では古ノルド語による物語「サガ」や北欧神話「エッダ」が有名です。

【食べ物】タラの干物のハルズフィスクール、子羊のくんせいのハンギキョートなどをよく食べます。

【スポーツ】ハンドボールとサッカーがさかん。

夏季オリンピックまめ知識
- 参加回数：20回（1912年初参加）
- メダル獲得数：合計4個
  - 金0個　銀2個　銅2個

日本との関係　日本との貿易は輸出入とも第5位（2016年）。日本は自動車や電気機器を輸出、シシャモなど水産物を輸入しています。

アルバニア

アルバニア共和国　Republic of Albania (ALB)　首都／ティラナ

面積	日本の約1/13	人口 (2016年)	日本の約2%
約2万9000km²		約290万人	
平均寿命 (2015年)	日本より 男5.4歳短い 女6.1歳短い	出生率 (2014年)	日本より約0.4人多い
男75.1歳 女80.7歳		約1.8人	
おもな言語	アルバニア語	通貨	レク

ベラト（世界遺産）の町並み

【どんな国】ヨーロッパ南東部のバルカン半島の西に位置し、西側はアドリア海に面しています。細長い国で、面積は日本の中国地方よりやや小さく、国土の約70%が山地。北部には2000m級の山がつらなります。沿岸部は地中海性気候で冬は温暖、夏は高温で乾燥しています。

【かんたんな歴史】紀元前2世紀ごろローマに支配され、その後ビザンツ帝国の一部となり、15世紀にオスマン帝国の支配下に。1912年に独立。1946年、アルバニア社会主義人民共和国が成立し、1991年、アルバニア共和国となりました。

【おもな産業】農業国で小麦やとうもろこし、ぶどう、オリーブなどを栽培しています。クロム、銅、ニッケルなどの鉱産資源を産出。電力はほとんど水力発電でまかなっています。古代ローマ遺跡のブトリントや、オスマン帝国時代の都市遺跡ベラトとギロカストラが世界遺産に登録され、観光客もふえています。

【社会・文化】イスラム教徒が約70%、カトリックが約10%、正教徒が約20%と、イスラム教徒が多くをしめています。

【食べ物】トルコやギリシャ、イタリアの影響をうけた料理が多く、ひき肉のだんごチョフテ、トマト風牛肉の煮込みタスチェバブなどがあります。

夏季オリンピックまめ知識
- 参加回数：8回（1972年初参加）
- メダル獲得数：合計0個
  - 金0個　銀0個　銅0個

日本との関係　1981年に外交関係を再開。2011年、アルバニアで初の日本文化紹介イベントを開催。東日本大震災の義捐金を提供。

イギリス

ヨーロッパ

グレートブリテン及び北アイルランド連合王国
United Kingdom of Great Britain and
Northern Ireland（GBR）　首都／ロンドン

面積	約24万2000km²	日本の約2/3
人口（2016年）	約6511万人	日本の約52%
平均寿命（2015年）	男79.4歳 女83.0歳	日本より 男1.1歳短い 女3.8歳短い
出生率（2014年）	約1.8人	日本より約0.4人多い
おもな言語	英語	
通貨	ポンド	

ロンドンのウェストミンスター宮殿。左はビッグベンとよばれる時計塔

【どんな国】グレートブリテン島のイングランド、北のスコットランド、南西のウェールズ、アイルランド北東部の北アイルランドのほか、マン島など周辺の島じまからなります。ほとんどが標高の低い丘陵地で、中央にはペニン山脈があり、南東にむけてテムズ川が流れています。

【かんたんな歴史】紀元前6世紀ごろ、ヨーロッパからケルト人が移住し、5世紀ごろにゲルマン民族のアングロ・サクソン人が侵入しました。1066年にノルマン人が征服し、いくつかの王朝が興亡した後、16世紀に英国国教会が成立。17世紀にはピューリタン革命と名誉革命をへて、立憲政治の基礎がきずかれました。18世紀後半から産業革命がはじまり、「世界の工場」とよばれる工業の先進国として発展。海外へも進出し世界各地に植民地をつくりました。20世紀には第一次と第二次世界大戦でともに戦勝国となりましたが、アフリカやアジアの植民地がつぎつぎに独立し、勢いは失速。1973年、ヨーロッパ共同体（EC）に加盟。2016年にはヨーロッパ連合（EU）からの離脱をきめました。

【おもな産業】農業は小麦、大麦などを栽培し、酪農や牧畜がさかんです。スコットランド沖の北海油田で原油や天然ガスを産出。工業ではエレクトロニクス、機械工業、化学工業、繊維工業、航空宇宙の分野で発展。1960年代以降、旧植民地からの移民がふえ、労働力の一部になっています。

【社会・文化】劇作家のシェークスピアをはじめ、科学者のニュートン、生物学者のダーウィンなど、多くの偉人を輩出。児童文学では『不思議の国のアリス』のルイス・キャロル、『指輪物語』のトールキン、『ハリー・ポッター』のローリング、『クマのプーさん』のミルンら多くの作家を生みだし、ビートルズやローリング・ストーンズなど、世界的な音楽家も輩出しています。

【食べ物】主食はパン。じゃがいもはいろいろな料理につけあわせます。朝食には、パンにジャムやバターをぬり、ベーコンや目玉焼き、煮豆などをつけます。代表的な料理はタラなどを揚げてポテトフライと食べるフィッシュ・アンド・チップス、牛肉のローストビーフなど。ふだんから紅茶をよく飲み、いっしょにサンドイッチやお菓子を食べます。

【スポーツ】サッカーが一番の人気。ほかにラグビー、国民的スポーツのクリケット、ウィンブルドンで有名なテニス、エリザベス女王も大ファンの競馬などがあげられます。

夏季オリンピックまめ知識
- 参加回数：28回（1896年初参加）
- メダル獲得数：合計843個
- 🥇261個　🥈293個　🥉289個

日本との関係
江戸時代、徳川家康につかえ外交顧問となったウィリアム・アダムス（三浦按針）がいます。明治時代には多くのイギリス人が来日、日本の近代化に貢献。1902年、日英同盟をむすびました。日本から自動車、電気機械などを輸入、日本へは医薬品、自動車、航空機エンジンなどを輸出しています。

イタリア

イタリア共和国
Italian Republic (ITA)
首都／ローマ

面積		人口 (2016年)	
約30万2000km²	日本の約 4/5	約5980万人	日本の約 47%

平均寿命 (2015年)		出生率 (2014年)	
男 80.5歳 女 84.8歳	男 日本と同じ 女 日本より2.0歳短い	約1.4人	日本と同じ

| おもな言語 | イタリア語 | 通貨 | ユーロ |

ボン ジョルノ
Buon giorno

古代ローマの遺跡、フォロ・ロマーノ（公共広場）

【どんな国】地中海のほぼ中央に位置し、長靴のような形をした半島とシチリアやサルデーニャなどの島じまからなります。温暖な地中海性気候で四季があり、雨は冬に多めで、夏は少ないです。日本と似て火山が多く、2017年にはエトナ山が噴火。地震も多く、2009年にはイタリア中部でラクイラ地震がおこり、300人以上もの死者を出しました。

【かんたんな歴史】1～2世紀ごろ、ローマ帝国は地中海沿岸から東西ヨーロッパ、トルコのアナトリア半島、北アフリカ、イギリスまでを領土とする大帝国をきずきました。15世紀ごろから古代ギリシャやローマ文明の文芸復興を意味するルネサンスが開花し、レオナルド・ダ・ビンチやボッティチェリ、ミケランジェロ、ラファエロらの芸術家が活躍しました。1861年、イタリアは統一され、イタリア王国が成立。第二次世界大戦ではドイツや日本と三国同盟をむすび、連合国側と戦い、1943年に降伏しました。1957年にはフランスやドイツなどとともにヨーロッパ経済共同体（EEC）を結成しました。

【おもな産業】農業は小麦、オリーブ、ぶどう、米の栽培がさかんで、ワインの生産量も多いです。酪農や畜産がさかんでチーズの種類も多く、ハムも有名です。工業は自動車産業がさかんで、フィアット、フェラーリなどのメーカーが知られています。繊維産業はベネトンやプラダ、アルマーニなどが有名で、靴やハンドバッグ、アクセサリーなどの有名ブランドもあります。

【社会・文化】カトリックの記念日に盛大なお祭りをします。謝肉祭では、中世の服装をした人たちが行進します。オペラやカンツォーネの発祥の地で、ロッシーニやベルディなど多くの作曲家が生まれています。古代ローマの遺跡やルネサンスのころの古い建物や街並みが多く、世界遺産の登録は53件（2017年）にものぼり、世界一です。

【食べ物】主食はパンやさまざまな種類のパスタ、リゾット（米）などで、ピッツァもよく食べます。メイン料理は魚や肉などでこちらも多彩な調理法があり、人びとは食事を楽しんでいます。

【スポーツ】もっとも人気のあるスポーツはサッカー。各都市を代表するプロリーグがあります。そのほか、自転車のイタリア一周ロードレース「ジーロ・ディターリア」が人気。バレーボールやバスケットボールなどもさかんです。

夏季オリンピックまめ知識

- 参加回数：27回（1896年初参加）
- メダル獲得数：合計584個

 206個　 180個　198個

日本との関係

マルコ・ポーロが『東方見聞録』で黄金の国ジパングを紹介したのがはじまり。戦国時代にはイエズス会の宣教師オルガンティノらが日本をおとずれています。幕末の1866年、日伊修好通商条約をむすび、現在、日本から自動車や一般機械を輸入、バッグや衣類、医薬品などを輸出しています。

ヨーロッパ

ウクライナ

ウクライナ
Ukraine（UKR）
首都／キエフ

面積	人口(2016年)
約60万4000km² 日本の約1.6倍	約4462万人 日本の約35%

平均寿命(2015年)	出生率(2014年)
男66.3歳 女76.1歳 日本より男14.2歳短い 女10.7歳短い	約1.5人 日本より約0.1人多い

おもな言語	通貨
ウクライナ語 ロシア語	フリブニャ

Добрий день（ドーブリイ デーニ）

首都キエフのソフィア広場と聖ミハイール修道院

【どんな国】東はロシア、南は黒海、西はポーランドやハンガリーなど、北はベラルーシと接しています。中央部にドニエプル川が流れ、肥沃な黒土地帯が広がっています。北部は冷帯の大陸性気候で雨は多いですが、冬は寒さがきびしいです。南部は乾燥したステップ気候で気温は高めです。

【かんたんな歴史】9世紀にスラブ系の一族がキエフ公国を建設。989年、ウラジーミル1世がギリシャ正教を国教としました。13世紀にモンゴルの侵入をうけ、16世紀にポーランド領に、18世紀後半、ロシア領となりました。1922年、ソビエト連邦にくわわり、ソ連邦を構成する共和国のひとつになりました。1991年、ソ連の解体にともない独立を宣言。この間の1986年、キエフの北約100kmにあるチェルノブイリ原子力発電所で事故がおこり、大きな被害をもたらしました。

【おもな産業】国土のほとんどが農地や牧草地で、小麦、大麦、じゃがいも、てんさい、ひまわりなどが栽培され、豚や牛、羊の牧畜もさかんです。じゃがいもの生産量は世界第4位（2014年）です。鉱産資源は石炭、鉄、マンガンなどにめぐまれ、鉄鋼、機械、金属などの工業も発展しました。

【社会・文化】人種はウクライナ人が約8割をしめ、ロシア人は2割弱です。クリミア半島や東部の一部にロシア人が多い地域があり、親欧米派と親ロシア派がはげしく対立。2010年に親ロシア派の大統領が就任し、ロシア寄りの政治をはじめると、2014年、大規模デモがおこり大統領は逃亡。いっぽうクリミア半島では住民投票がおこなわれ、ロシアに編入されましたが、欧米諸国はこれをみとめておらず、東部の親ロシア独立派が武装蜂起し内戦に突入しました。

【食べ物】主食はパン。小麦、らい麦、えんばくなどを原料とした発酵パンです。代表的な料理は、ウクライナ風のギョウザのバレーヌィク、伝統料理とされるピクルスが入ったすっぱいスープのサリャンカ、ボルシチなど。ボルシチはビーツ（赤い根菜）やたまねぎ、にんじん、キャベツと牛肉をいためて煮込んだ料理です。とり肉にバターをはさんで揚げたキエフ風カツレツもよく食べます。

【スポーツ】サッカー、テニス、バスケットボール、バレーボールなどがさかんです。オリンピックではレスリング、陸上、体操などで多くのメダルをとっています。リオデジャネイロ大会では、体操男子の種目別平行棒でベルニャエフが金メダルを、個人総合でも銀メダルを獲得しました。

夏季オリンピックまめ知識
● 参加回数：6回（1996年初参加）
● メダル獲得数：合計125個
金36個　銀30個　銅59個

【日本との関係】1992年に外交関係を樹立。チェルノブイリと福島で学んだ教訓をふまえての協力推進をはじめ、科学技術分野における協定をむすびました。日本は自動車、機械などを輸出、鉱石、たばこ、穀物などを輸入しています。京都市とキエフ、横浜市とオデッサが姉妹都市関係をむすび交流しています。

アンドラ

アンドラ公国　Principality of Andorra（AND）　首都／アンドラ・ラ・ベリャ

面積	日本の約1/756	人口（2016年）	日本の約0.06%
約500km²		約7万人	
平均寿命（2013年）	日本より 男1.5歳短い 女0.8歳短い	出生率（2010年）	日本より約0.1人少ない
男79.0歳 女86.0歳		約1.3人	
おもな言語	カタルーニャ語	通貨	ユーロ

首都アンドラ・ラ・ベリャのショッピング街

面積は日本の屋久島と同じくらいです。国土のほとんどが山地で、最高峰はコマ・ペドローザ山（標高2946m）。気候は地中海性気候で温暖ですが、冬は雪が多く降ります。

【かんたんな歴史】10世紀、ウルヘル司教とフォア伯爵の間で統治権をめぐって争いが発生し、1278年、共同統治に。フォア伯爵の権限は、のちにフランス国王に受けつがれました。1993年主権国家として独立。フランス大統領とウルヘル司教が共同元首です。

【どんな国】フランスとスペインの国境を走るピレネー山脈の南東部にある国。

【おもな産業】観光業が中心。関税をかけないので外国から多くの買物客が訪れます。世界遺産に登録されたマドリウ・ペラフィタ・クラロ渓谷の伝統集落などが観光地になっています。農業はたばこ、じゃがいも、とうもろこしなどを栽培し、牛や羊の牧畜もさかんです。

【食べ物】キャベツ入りマッシュポテトのトリンチャット、マッシュルームのオムレツのトルイデス・デ・カレロールズなど。

【スポーツ】冬はスキーやスノーボード、夏はトレッキングや自転車競技など。

夏季オリンピックまめ知識
・参加回数：11回（1976年初参加）
・メダル獲得数：合計0個
金0個　銀0個　銅0個

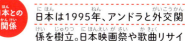
日本との関係：日本は1995年、アンドラと外交関係を樹立。日本映画祭や歌曲リサイタルなど日本文化紹介イベントを開催。

エストニア

エストニア共和国　Republic of Estonia（EST）　首都／タリン

面積	日本の約1/8	人口（2016年）	日本の約1%
約4万5000km²		約131万人	
平均寿命（2015年）	日本より 男7.8歳短い 女4.8歳短い	出生率（2014年）	日本より約0.1人多い
男72.7歳 女82.0歳		約1.5人	
おもな言語	エストニア語	通貨	ユーロ

首都タリンの市街地

国土は平坦で最高地点は海抜約317m。森林や湖や湿原が多く、気候は冬が寒くて長い冷帯気候です。

【かんたんな歴史】13世紀、デンマークが進出しタリンを建設。14世紀、ドイツ騎士団が領有し、タリンはハンザ同盟の都市として栄えました。17世紀からスウェーデン領に、18世紀にはロシア領となり、1918年に独立。1940年ソ連の共和国として併合され、1991年ソ連から独立。2004年にはヨーロッパ連合（EU）に加盟。

【どんな国】ヨーロッパ北東部のバルト海に面した三国のうち、いちばん北にある国で、九州の1.2倍ほどの大きさです。

【おもな産業】農業は小麦やじゃがいもの栽培、牛や豚の畜産がさかんです。オイルシェールを産出し、おもに発電用に使用。近年IT産業の誘致や育成に力を入れています。

【社会・文化】国民はエストニア人が約70%、ロシア人が約25%。

【食べ物】主食はライ麦パン。料理は豚の煮こごりのスルトゥ、ベーコンや豆のスープのヘルネ・スップなど。

【スポーツ】レスリングや柔道、相撲などがさかん。大相撲の元大関、把瑠都はこの国の出身です。

夏季オリンピックまめ知識
・参加回数：12回（1920年初参加）
・メダル獲得数：合計34個
金9個　銀9個　銅16個

日本との関係：1991年に外交関係を樹立。日本は自動車を輸出し、木材や魚のかんづめなどを輸入しています。

オーストリア

オーストリア共和国
Republic of Austria（AUT）
首都／ウィーン

面積	人口（2016年）
約8万4000km² （日本の約1/5）	約857万人 （日本の約7％）

平均寿命（2015年）	出生率（2014年）
男 79.0歳 女 83.9歳 （日本より 男1.5歳短い 女2.9歳短い）	約1.4人 （日本と同じ）

おもな言語	通貨
ドイツ語	ユーロ

Guten Tag
グーテン ターク

ウィーンにあるシェーンブルン宮殿。ハプスブルク家の離宮として建てられた

【どんな国】ヨーロッパ大陸のほぼ中央に位置し、国土の3分の2は山地です。西部から中部にかけてアルプス山脈が走り、北東部をドナウ川が流れ、流域にウィーン盆地が開けています。気候は温帯気候ですが、アルプス地方は高山気候で夏は短く、冬は寒さがきびしいです。

【かんたんな歴史】8世紀末、カール大帝が征服し、以後ドイツ民族が支配し、13世紀末、ハプスブルク家の領地となります。15世紀、ハプスブルク家が神聖ローマ帝国の帝位につき、その位を世襲。16世紀にはスペイン、オランダ、イタリアなどにも領地を得て、ヨーロッパの政治に大きな影響をあたえました。1914年、皇太子がセルビアのサラエボで暗殺されたことで第一次世界大戦が勃発。1918年、敗れて帝国は解体し共和政となります。1938年、ナチスドイツに併合され、第二次世界大戦後、米英仏ソの4か国が占領。1955年、独立し、戦争に介入しない永世中立国になることを宣言。1995年、ヨーロッパ連合（EU）に加盟しました。

【おもな産業】農業は小麦、大麦、じゃがいも、ぶどうなどを栽培し、山岳地帯では酪農がさかん。鉱産資源は原油、天然ガス、鉄鉱石などがとれます。工業ではドイツ系の企業が多く、自動車、電子機器、鉄鋼、ガラス細工、木材などを生産

し、輸出しています。水力発電が電力需要の6割以上をしめています。ウィーンやザルツブルク、アルプスのチロルなど観光地が多く、観光業もさかんです。

【社会・文化】音楽の都ウィーンには、ハイドン、モーツァルト、ベートーベン、シューベルト、ヨハン・シュトラウスら多くの音楽家が集いました。今もウィーン少年合唱団やウィーンフィルハーモニー管弦楽団などが活躍。モーツァルトの生地ザルツブルクでは毎年夏、音楽祭が開かれています。

【食べ物】牛肉や豚肉、じゃがいもを使った料理が多いです。牛肉をうすくのばして揚げたウィンナー・シュニッツェル、牛肉を煮込んだターフェルシュピッツなどが知られています。チョコレートケーキのザッハトルテも有名です。

【スポーツ】ウィンタースポーツがさかんで、スキーはアルペン（滑降、回転など）、ノルディック（距離競争、ジャンプ、複合など）の強豪国とされています。サッカーの人気は高く、オーストリア・ブンデスリーガ（連邦リーグ）からスペインやイタリアのチームに移籍する選手も多いです。アイスホッケーや卓球、柔道など屋内でできるスポーツもさかんです。

夏季オリンピックまめ知識
● 参加回数：27回（1896年初参加）
● メダル獲得数：合計88個
  金18個　銀33個　銅37個

日本との関係　1869年、オーストリア・ハンガリー二重帝国の時代に修好通商航海条約をむすびました。日本は重要な貿易相手国で、輸送用機器、電気機器、木材などを輸出、日本からは自動車、一般機械、化学製品などを輸入しています。マイクロフォンなど音響機器メーカーのAKG（アーカーゲー）は有名です。

オランダ

オランダ王国
Kingdom of the Netherlands (NED)
首都／アムステルダム

面積 約3万7000km²　日本の約1/10

人口（2016年） 約1698万人　日本の約13%

平均寿命（2015年） 男80.0歳／女83.6歳　男0.5歳短い／女3.2歳短い

出生率（2014年） 約1.7人　日本より約0.3人多い

おもな言語 オランダ語

通貨 ユーロ

Goedemiddag（フッデミダッハ）

オランダのチーズ市。夏のシーズンになると町の広場で開かれる

【どんな国】国名がネーデルランド（低い土地）というように、国土の約4分の1が海面より低く、いちばん高い丘でも海抜321mです。面積は日本の九州と同じくらい。南部をライン川が流れ、暖流の北大西洋海流の影響で、気候は温暖です。よく見られる風車は、低地の水をくみあげて排水したり、小麦をひいて粉にするために使われていました。

【かんたんな歴史】ローマ帝国、ついでフランク王国の支配を受け、11世紀ごろから海外貿易によって都市が発展しました。16世紀、スペインの支配下に入ると、オラニエ公ウィレムを指揮官にして抵抗運動がおこり、1648年に独立を達成。いっぽう、1602年にオランダ東インド会社を設立し、インドや東南アジアに進出。香辛料の貿易を独占し繁栄しました。第一次世界大戦では中立をたもちましたが、第二次世界大戦中はドイツに併合されました。1957年、ヨーロッパ共同体（EC）の設立に参加しました。

【おもな産業】農業は小麦、じゃがいもの栽培、チューリップなどの園芸、バターやチーズ、肉などの酪農・畜産がさかん。北海油田から原油や天然ガスを産出。工業は造船、機械、鉄鋼、石油化学、食品加工などが発達しました。石油会社のロイヤル・ダッチ・シェルをはじめ、洗剤のユニリーバ、家電製品のフィリップスなどは世界中に知られています。

【社会・文化】1km²当たりの人口密度が455人（日本は333人、2016年）と、世界でも高い国で、昔から土地の有効利用をはかってきました。社会制度はゆるやかで、安楽死や同性婚がみとめられています。自転車の利用者が多く、いたるところに自転車専用道路が整備されています。うさぎのミッフィーの作者ディック・ブルーナや、画家のレンブラント、フェルメール、ゴッホらが知られています。

【食べ物】肉やじゃがいもの料理が多く、チーズやドライソーセージ、ニシンなどもよく食べます。チーズは直径35cmもあるゴーダ・チーズが有名。酢づけしたニシンにたまねぎのみじん切りをのせたハーリング、タラのてんぷらキベリング、青豆をすりつぶしたエルテンスープなどが知られています。お菓子ではパンケーキのパンネクックが有名。

【スポーツ】もっともさかんなのはサッカー。ワールドカップや欧州カップでも上位にくいこんでいます。ほかにバレーボール、野球、柔道、スケート、アイスホッケー、乗馬、セーリングなど、多方面にわたっています。

夏季オリンピックまめ知識
- 参加回数：26回（1900年初参加）
- メダル獲得数：合計288個
  - 金86個　銀93個　銅109個

日本との関係 1600年、オランダ船リーフデ号が漂着し、日本との交渉がはじまり、幕末まで長崎の出島を拠点に日本との交易を独占しました。第二次世界大戦ではインドネシアを占領していたオランダ軍と戦い、反日感情がおこりましたが、今は友好関係が復活。日系企業は362社（2015年）が進出しています。

ギリシャ

ヨーロッパ

ギリシャ共和国
Hellenic Republic (GRE)
首都／アテネ

面積 約13万2000km² 日本の約1/3

人口（2016年） 約1092万人 日本の約9%

平均寿命（2015年） 男78.3歳 女83.6歳 日本より男2.2歳短い 女3.2歳短い

出生率（2014年） 約1.3人 日本より約0.1人少ない

おもな言語 ギリシャ語

通貨 ユーロ

カリメーラ Καλημέρα

パルテノン神殿。柱の中ほどにつけられたエンタシスというふくらみは、法隆寺の金堂の柱にもとりいれられた

【どんな国】バルカン半島の先につきでた本土と、ペロポネソス半島、クレタ島をはじめとする3000以上もの島からなります。国土の約80％は山地や丘陵地で、北には最高峰のオリンポス山（標高2917m）があります。気候は地中海性気候で、冬は雨が多くあたたかく、夏は乾燥して暑いです。

【かんたんな歴史】紀元前8〜前4世紀にかけて、アテネやコリントス、スパルタなどの都市国家（ポリス）がさかえました。アテネのアクロポリスやパルテノン神殿が建てられ、民主主義の制度がつくられ、学問や文学、芸術が花開き、ヨーロッパ文明発祥の地となりました。その後、マケドニア、ローマ、ビザンツ、オスマン帝国などに支配され、1829年に独立しギリシャ王国が成立。1974年、王政を廃して共和政に移り、1981年、ヨーロッパ共同体（EC）に加盟。2010年、財政危機により、EUから金融支援をうけました。財政再建、シリア難民への対応など、難問をかかえています。

【おもな産業】農業は小麦やオリーブ、ぶどうなどの栽培、羊や山羊の放牧がさかんです。ボーキサイト、鉄鉱石、石炭、アルミニウム、大理石などの鉱産資源も産出します。工業はオリーブ油、ワイン、肉類、チーズなどの食品加工をはじめ、衣類や革製品、肥料、造船などがさかんです。海運国として知られ、登録されている商船の数も多いです。古代ギリシャの遺跡や美しい地中海の景色など観光資源も豊富です。

【社会・文化】オリンピック発祥の地として知られ、オリンピアではオリンピックが開催される年に聖火の採火式がおこなわれ、開催地に運ばれます。古代ギリシャ時代に世界の中心とされたデルフォイには、太陽神アポロンの神殿をはじめ、劇場や競技場など、いたるところで古代ギリシャの遺跡をみることができます。

【食べ物】トマトなどの野菜や、羊の肉、チーズ、イカ、タコなどの魚介類をよく使います。代表的な料理は、タラマ（ボラなど魚の卵）とにんにく、じゃがいもなどを練り合わせたタラモサラタ、米やひき肉をぶどうの葉でくるんで蒸したドルマなど。復活祭のときには羊の丸焼きを食べます。

【スポーツ】バスケットボールとサッカーが人気です。国際バスケット連盟創立国のひとつで、欧州選手権でも優勝しています。サッカーも、欧州サッカー連盟のUEFAヨーロッパリーグに出場する強豪国。ほかにバレーボール、陸上競技、セーリングなどがあげられます。

夏季オリンピックまめ知識
- 参加回数：28回（1896年初参加）
- メダル獲得数：合計116個
  🥇33個 🥈43個 🥉40個

日本との関係 両国の交流は1899年の修好通商条約にはじまります。第二次世界大戦でいったん途絶えましたが友好関係はつづき、日本企業約20社が進出（2016年）。ギリシャでは日本語をはじめ、日本文化やスポーツへの関心が高まっています。姉妹都市は、香川県の小豆島とミロス島など9つがむすんでいます。

クロアチア

クロアチア共和国　Republic of Croatia(CRO)　首都／ザグレブ

面積 約5万7000km² （日本の約1/6）	人口（2016年） 約423万人 （日本の約3%）
平均寿命（2015年） 男74.7歳 女81.2歳 （日本より男5.8歳短い 女5.6歳短い）	出生率（2014年） 約1.5人 （日本より0.1人多い）
おもな言語　クロアチア語	通貨　クーナ

「アドリア海の真珠」と呼ばれるドブロブニク

【どんな国】バルカン半島の北西部にある国。西側はアドリア海に面し、ドナウ川支流のサバ川とドラバ川流域に平野が開けています。アドリア海沿岸は温暖な地中海性気候です。

【かんたんな歴史】7世紀ごろ、スラブ民族のクロアチア人が定住し、カトリックが普及。12世紀以降ハンガリー、オスマン帝国、オーストリアの支配をへて、1918年、セルビア人・クロアチア人・スロベニア人王国に参加。1945年、6つの共和国からなるユーゴスラビア社会主義連邦共和国を設立。1991年に連邦からの分離独立を宣言すると、連邦軍が介入して内戦に突入。1995年に停戦し、2013年ヨーロッパ連合（EU）に加盟しました。

【おもな産業】農業は小麦、オリーブ、ぶどうなどを栽培。石油化学、造船、食品加工や観光業が中心です。

【社会・文化】中世の海洋都市ドブロブニクやローマ帝国のディオクレティアヌス宮殿など多くの史跡があります。

【食べ物】沿岸のシーフードを使った料理からトルコやハンガリー、オーストリアの影響をうけた料理までさまざま。

【スポーツ】サッカー、バスケットボール、テニスなどが人気です。

夏季オリンピックまめ知識
● 参加回数：7回（1992年初参加）
● メダル獲得数：合計33個
🥇11個　🥈10個　🥉12個

日本との関係　1993年に外交関係を樹立。日本はマグロや木材を輸入。多くの日本人が観光でクロアチアをおとずれています。

コソボ

コソボ共和国　Republic of Kosovo（KOS）　首都／プリシュティナ

面積 約1万1000km² （日本の約1/34）	人口（2016年） 約185万人 （日本の約1%）
平均寿命（2014年） 男69.0歳 女73.3歳 （日本より男11.5歳短い 女13.5歳短い）	出生率（2014年） 約2.1人 （日本より0.7人多い）
おもな言語　アルバニア語	通貨　ユーロ

古都プリズレンの町並み。南部にある歴史的な都市

【どんな国】バルカン半島中部にある内陸国。面積は岐阜県くらいで、東部のコソボ地方は標高1000mをこす山地です。西部のメトヒヤ地方は標高500mほどの豊かな盆地が開けています。

【かんたんな歴史】12世紀にスラブ民族のセルビア人が王国を建設。1389年、コソボの戦いでオスマン軍に敗れ、支配下におかれました。18世紀、イスラム教徒に改宗したアルバニア人が大量に移住。1913年、セルビアがバルカン戦争でオスマン帝国を破りコソボを奪還。1990年代にはアルバニア人による分離運動が高まり、セルビア政府とアルバニア人武装組織の間で衝突が続き、数十万のアルバニア人が国外に脱出。1999年、北大西洋条約機構（NATO）軍が介入し和平に。2008年、コソボは独立を宣言しましたが、セルビアをはじめ中国、ロシア、スペインなどは承認していません。

【おもな産業】亜鉛や石炭、銀、鉄など鉱産資源に富んでいますが、未開発です。

【社会・文化】国民の90％以上がアルバニア人でイスラム教徒です。

【スポーツ】オリンピックは2016年のリオデジャネイロ大会で初出場。女子柔道でケルメンディが金メダルを獲得。

夏季オリンピックまめ知識
● 参加回数：1回（2016年初参加）
● メダル獲得数：合計1個
🥇1個　🥈0個　🥉0個

日本との関係　2008年に日本は国家として承認。交響楽団に楽器を提供。きのこの生産に投資している日本企業もあります。

サンマリノ

サンマリノ共和国　Republic of San Marino (SMR)　首都／サンマリノ

面積	約60km²	日本の約1/6300
人口(2016年)	約3万2000人	日本の約0.025%
平均寿命(2011年)	男80.5歳　女86.3歳	日本と同じ／日本より0.5歳短い
出生率(2012年)	約1.3人	日本より約0.1人少ない
おもな言語	イタリア語	
通貨	ユーロ	

11世紀に建てられた城砦グアイタ

【どんな国】イタリア半島の中東部にある内陸国です。まわりをイタリアに囲まれ、日本の八丈島と同じくらいの世界で5番目に小さな国です。標高749mのティターノ山の斜面にあり、20kmほどはなれたアドリア海をのぞむことができます。冬も温暖な地中海性気候です。

【かんたんな歴史】4世紀ごろ、キリスト教徒の石工マリノがローマ皇帝による迫害をのがれティターノ山にこもったのが、国のはじまりとされています。1631年にローマ教皇から独立を認められ、世界最古の共和国に。1862年にはイタリア王国と友好条約をむすび独立を維持。1992年に国連に加盟しますが、国防や外交はイタリアに依存しています。

【おもな産業】観光業や金融、繊維などがおもな産業で、石材やワインを輸出。郵便切手やコインの発行も重要な収入源になっています。

【社会・文化】サンマリノの歴史地区とティターノ山は世界遺産。消費税がないので買物をかねた観光客が多いです。

【食べ物】イタリア中部の料理と同じで、トマト風味のスープパスタは有名。

【スポーツ】野球がさかん。欧州チャンピオンカップで優勝しています。

夏季オリンピックまめ知識
● 参加回数：14回（1960年初参加）
● メダル獲得数：合計0個
　 0個　 0個　 0個

日本との関係：1996年に外交関係を開設。東日本大震災の犠牲者を追悼して、サンマリノ神社が建てられました。

スロバキア

スロバキア共和国　Slovak Republic (SVK)　首都／ブラチスラバ

面積	約4万9000km²	日本の約1/8
人口(2016年)	約543万人	日本の約4%
平均寿命(2015年)	男72.9歳　女80.2歳	日本より男7.6歳短い／女6.6歳短い
出生率(2014年)	約1.3人	日本より約0.1人少ない
おもな言語	スロバキア語	
通貨	ユーロ	

首都ブラチスラバの町並み

【どんな国】ヨーロッパのほぼ中央にある内陸の国。大半が山地で、南部のハンガリーとの国境にはドナウ川が流れ、流域に平野が広がっています。西部と中部は温帯気候、東部は寒暖の差が大きい大陸性気候です。

【かんたんな歴史】5～6世紀ごろ、スロバキア人が定住をはじめ、9世紀、大モラビア王国が成立。10世紀以後、約1000年間ハンガリーやオーストリアの支配下に入り、1918年、チェコスロバキア共和国として独立。1948年共産党政権が成立し、1960年、国名をチェコスロバキア社会主義共和国に。1993年にチェコと分離して単独のスロバキア共和国となり、2004年にヨーロッパ連合(EU)に加盟しました。

【おもな産業】農業国で小麦や大麦、とうもろこし、ぶどうなどを栽培。山地では牧畜や林業もさかんです。マグネシウムなど鉱産資源にめぐまれ、自動車や電子機器の産業ものびています。

【食べ物】すりおろしたじゃがいもと小麦粉をまぜてゆで、羊のチーズやベーコンとあえたハルシュキが有名。

【スポーツ】サッカーやスキーがさかん。カヌーの強豪国で、日本の羽根田卓也が練習の拠点にしています。

夏季オリンピックまめ知識
● 参加回数：6回（1996年初参加）
● メダル獲得数：合計28個
　 9個　 11個　 8個

日本との関係：1993年、外交関係を開始。自動車や電気関係などの日系企業53社が進出(2017年)。文化面での交流も活発です。

スイス

スイス連邦
Swiss Confederation (SUI)
首都／ベルン

ヨーロッパ

面積	人口 (2016年)
約4万1000km² （日本の約1/9）	約838万人 （日本の約7%）

平均寿命 (2015年)	出生率 (2014年)
男 81.3歳 女 85.3歳 （日本より男0.8歳長い、女1.5歳短い）	約1.5人 （日本より約0.1人多い）

おもな言語	通貨
ドイツ語、フランス語、イタリア語、ロマンシュ語	スイス・フラン

Guten Tag（グーテン タ－ク）

マッターホルン（標高4478m）。イタリアとの国境にある

【どんな国】ヨーロッパ中央部に位置し、国土の約70%を山地がしめています。標高4634mのモンテローザをはじめ、マッターホルンやユングフラウなどのアルプス山脈がつらなり、中央平原には農地や都市が集中しています。気候は西の海洋性気候、南の地中海性気候、東の大陸性気候、高い地域の高山気候など、地域によってことなります。

【かんたんな歴史】神聖ローマ帝国の支配下にあった13世紀末、ウリ、シュビーツ、ウンターバルデンの3つの州が誓約同盟をむすび、以後、この同盟にくわわる州がふえ、1648年、独立。国名のスイスはシュビーツのフランス語読みです。1815年、ウィーン会議で永世中立がみとめられ、第一次、第二次世界大戦ともに中立を守って亡命者の保護や負傷者の治療にあたりました。戦後、長らく国連に加盟しませんでしたが、2002年に加盟しました。

【おもな産業】農地で小麦やじゃがいもを栽培、山の斜面では牛や豚の畜産・酪農がさかん。チーズの生産で知られています。工業では時計などの精密機械や薬品の製造がさかんで、世界的に有名な時計のロレックスやスウォッチ、薬品のノバルティスなどの会社があります。チューリヒは世界的な金融センターとしても有名。観光業もさかんです。

【社会・文化】26の州と準州からなる連邦制の国で、それぞれが独自の法律をもっています。国民が直接政治に参加できる直接民主制をとり、永世中立の立場をとっています。ただし国民皆兵制で、軍人約4000人、予備役約21万人からなる軍隊をもっています。国連の機関をはじめ国際機関もおかれ、ルツェルン音楽祭やロカルノ国際映画祭などの国際イベントもさかん。高音で歌う民謡のヨーデルも知られています。赤十字を設立したアンリ・デュナンや、『アルプスの少女ハイジ』を書いたヨハンナ・シュピリもこの国の出身です。

【食べ物】チーズやじゃがいもを使った料理が多いです。なべで溶かしたチーズにパンをつけて食べるチーズフォンデュや、溶かしたチーズをじゃがいもなどゆでた野菜にのせて食べるラクレットが有名です。

【スポーツ】サッカーとアイスホッケーが人気で、アルペンスキーもトップクラス。テニスではヒンギス、フェデラー、ワウリンカらが知られています。ローザンヌには国際オリンピック委員会（IOC）、チューリヒには国際サッカー連盟（FIFA）の本部があります。

夏季オリンピックまめ知識
- 参加回数：28回（1896年初参加）
- メダル獲得数：合計192個
- 🥇50個　🥈75個　🥉67個

日本との関係
1864年、修好通商条約をむすび国交を樹立。1870年には岩倉使節団がスイスを訪れました。1945年、広島に原爆が投下された直後、マルセル・ジュノー医師が広島に入り医療物資の提供と治療にあたりました。戦後は時計産業をはじめ貿易が発展、関係を深めています。

スウェーデン

スウェーデン王国
Kingdom of Sweden (SWE)
首都／ストックホルム

面積	約45万km²	日本の約1.2倍	人口(2016年)	約985万人	日本の約8%
平均寿命(2015年)	男 80.7歳 女 84.0歳	日本より 男 0.2歳長い 女 2.8歳短い	出生率(2014年)	約1.9人	日本より約0.5人多い
おもな言語	スウェーデン語		通貨	スウェーデン・クローナ	

God dag（グダー）

ストックホルムの旧市街ガムラスタン。ここには世界遺産に登録されたドロットニングホルム宮殿もある

【どんな国】スカンディナビア半島の東側をしめ、南北に細長い国です。ノルウェーとの国境をはしる山脈のふもとには、針葉樹林と河川が広がり、湖が点在することから「森と湖の国」とよばれています。南部は北大西洋海流のおかげで冬でも温暖です。北部のラップランドは北極圏で寒さはきびしいですが、冬はオーロラが見られます。この地には、先住民族のサーミ人が住んでいます。

【かんたんな歴史】9～11世紀ごろ、ノルマン人の別称であるバイキングが定住し農耕をいとなむいっぽう、ヨーロッパ諸国に遠征。14世紀末、デンマークとノルウェーとともにカルマル同盟をむすび、デンマークの支配下に入りますが、16世紀にバーサ朝がおこり独立。17世紀にはドイツの三十年戦争に介入し、バルト海沿岸地域を支配する強国となりました。19世紀初め、デンマークと戦いノルウェーを併合。これが最後の戦いで、以後、スウェーデンは中立政策をとり、第一次、第二次世界大戦とも中立を保ちました。1995年、ヨーロッパ連合(EU)に参加しました。

【おもな産業】農業は南東部で小麦、大麦、じゃがいもなどを栽培。食用穀物は100％自給しています(2011年)。鉄鉱石にめぐまれ、水力発電による機械工業や化学工業、林業がさかんです。自動車のボルボ、家具のイケア、ファッションのエイチアンドエムなどが世界的に知られています。

【社会・文化】一人当たり国民所得は高く、社会福祉などが充実しています。女性の社会進出もさかんで、国会議員349人のうち女性は152人をしめています(2014年)。ノーベル賞を創設したアルフレッド・ノーベルをはじめ、『長くつ下のピッピ』の作者リンドグレーン、『ニルスの不思議な旅』の作者ラーゲルレーフらの出身国です。

【食べ物】じゃがいもやベリー類(木いちご、こけもも、ブルーベリーなど)、きのこ、魚類(サケ、タラ、ニシンなど)を使った料理が多く、日本でも有名なバイキング(スモーガスボード)ではいろいろな料理を好きなだけとって食べます。代表的な料理に、こけもものジャムをつけて食べるミートボール(ショットブラール)があげられます。

【スポーツ】サッカーがさかんで、1994年のワールドカップでは3位入賞。同様に人気なのはアイスホッケーで、2006年の冬季オリンピック・トリノ大会では金メダルを獲得。テニスではビョン・ボルグが有名です。

夏季オリンピックまめ知識
- 参加回数：27回(1896年初参加)
- メダル獲得数：合計497個
- 🥇148個 🥈170個 🥉179個

日本との関係
江戸時代中期の1775年、ツンベルクがオランダ商館医として来日。帰国後『日本植物誌』をあらわしました。1868年に国交を樹立。1912年、ストックホルムでおこなわれたオリンピックに日本は初参加しました。2018年、国交樹立150周年をむかえ、関係がいっそう深まることが期待されます。

スペイン

スペイン王国
Kingdom of Spain (ESP)
首都／マドリード

面積	約50万6000km²	日本の約1.3倍
人口(2016年)	約4607万人	日本の約36%
平均寿命(2015年)	男80.1歳 女85.5歳	日本より男0.4歳短い 女1.3歳短い
出生率(2014年)	約1.3人	日本より約0.1人少ない
おもな言語	スペイン語	
通貨	ユーロ	

Buenas tardes（ブエナス タルデス）

バルセロナにある大聖堂サグラダ・ファミリア（世界遺産）

【どんな国】ヨーロッパの南西部に位置し、イベリア半島の5分の4をしめる王国です。ほかに地中海のバレアレス諸島、大西洋のカナリア諸島などもふくみます。国土の大半は標高600～700mの高原で、東部と南部の川の流域に平野が開けています。

【かんたんな歴史】紀元前3世紀末、ローマの属州となり、5世紀に西ゴート王国が建てられました。8世紀にイスラム教徒がイベリア半島を征服。15世紀、キリスト教徒が国土回復運動（レコンキスタ）をおこし、1492年に半島からイスラム勢力を追いだしました。同じころ、コロンブスが西インド諸島に到達。以後、大航海時代がはじまり、スペインは中南米の諸国を植民地にして黄金時代をむかえますが、1588年、スペインの無敵艦隊がイギリスに敗れてからは後退しました。1936年にはスペイン内乱がおこり、フランコ将軍の独裁がはじまります。1975年、王政が復古。1986年にはヨーロッパ共同体（EC）に加盟しました。

【おもな産業】農業がさかんで、小麦、オリーブ、ぶどう、オレンジなどを栽培。オリーブの生産は世界一（2014年）。工業は自動車、食品加工、化学工業などがさかんです。再生可能エネルギーの開発にも力をいれ、総電力量の20%近くを風力発電がしめます（2013年）。観光収入も大きく、アメリカ、フランスにつぐ世界第3位（2016年）です。

【社会・文化】旧石器時代のアルタミラの洞窟、イスラム建築のアルハンブラ宮殿、大聖堂サグラダ・ファミリアなど、46件が世界遺産に登録されています（2017年）。作家では『ドン・キホーテ』の作者セルバンテス、画家ではゴヤ、ダリ、ミロ、ピカソなどを輩出しています。ギターの伴奏で足をふみならしながら踊る民族舞踊フラメンコが有名です。

【食べ物】エビやイカ、タコ、ムール貝など魚介類をよく使います。料理にはオリーブオイルが欠かせません。塩漬けにしたオリーブの実、生ハム、ソーセージもよく食べます。おもな料理として、野菜やとり肉、魚介類を炒めて、米をくわえて炊いたパエリアがあげられます。じゃがいものオムレツのトルティーヤも人気があります。

【スポーツ】サッカーが一番人気。国内リーグには世界中の有力選手があつめられ、とくにFCバルセロナ対レアル・マドリード戦は注目されます。ほかにバスケットボール、自転車のロードレースがさかん。テニスではナダルが有名です。

夏季オリンピックまめ知識

- 参加回数：22回（1900年初参加）
- メダル獲得数：合計161個
  - 金47個　銀67個　銅47個

日本との関係

1549年、宣教師ザビエルがキリスト教の布教のため来日。1613年には仙台藩の伊達政宗が支倉常長をスペインに派遣（慶長遣欧使節団）。1868年、修好通商航海条約をむすび国交を樹立。2013～2014年には交流400周年を記念したさまざまな行事がおこなわれ、関係を深めました。

スロベニア

スロベニア共和国　Republic of Slovenia (SLO)　首都／リュブリャナ

面積	約2万km² （日本の約1/20）	人口（2016年）	約207万人 （日本の約1.6%）
平均寿命（2015年）	男77.9歳 女83.7歳 （日本より男2.6歳短い 女3.1歳短い）	出生率（2014年）	約1.6人 （日本より約0.2人多い）
おもな言語	スロベニア語	通貨	ユーロ

ブレッド湖にうかぶ聖マリア教会

【どんな国】バルカン半島の北西部にある国で、港町コペルがアドリア海に面しています。日本の四国よりも少し大きく、北部にアルプス山脈がはしり、ドナウ川支流のサバ川とドラバ川流域に平野が開けています。南西部は石灰岩のカルスト台地がひろがり、ポストイナをはじめ鍾乳洞が有名です。

【かんたんな歴史】6世紀ごろスラブ族のスロベニア人が定住をはじめ、8世紀にフランク王国支配のもとカトリックを受けいれました。13世紀にはオーストリアの支配下に。1918年セルビア人・クロアチア人・スロベニア人王国が成立。1945年、ユーゴスラビア社会主義連邦共和国を結成。1991年連邦からの分離独立を宣言し、2004年、ヨーロッパ連合（EU）に参加しました。

【おもな産業】自動車、電気機器、医薬品、金属加工業などがさかん。農業は小麦やとうもろこし、ホップ、ぶどうなどを栽培、ワインの製造もさかんです。

【食べ物】塩バターの入ったそばがきのジガンツィー、じゃがいもなど野菜を煮たチュースパイスなどがあります。

【スポーツ】サッカーは2002年と2010年のワールドカップに出場。バスケットボールも強豪国です。

夏季オリンピックまめ知識
● 参加回数：7回（1992年初参加）
● メダル獲得数：合計23個
　金5個　銀8個　銅10個

日本との関係
1992年に外交関係を樹立。トヨタ自動車や産業用ロボットの安川電機、塗料の関西ペイントなどが進出しています。

セルビア

セルビア共和国　Republic of Serbia (SRB)　首都／ベオグラード

面積	約7万7000km² （日本の約1/5）	人口（2016年）	約710万人 （日本の約6%）
平均寿命（2015年）	男72.9歳 女78.4歳 （日本より男7.6歳短い 女8.4歳短い）	出生率（2014年）	約1.4人 （日本と同じ）
おもな言語	セルビア語	通貨	セルビア・ディナール

ベオグラード要塞。ローマ、スラブ、オスマン時代の特徴が見られる

【どんな国】ヨーロッパ南東部、バルカン半島の中央にある内陸国。北部に流れるドナウ川流域には平野が開かれ、南部は山地が多く、冬は雪が多いです。

【かんたんな歴史】12世紀にセルビア王国が成立し、14世紀にはバルカン半島最大の王国に。1389年、オスマン帝国軍に敗れ、以後その支配下におかれます。19世紀後半オスマン帝国から独立し、1918年、セルビア人・クロアチア人・スロベニア人王国を結成。1945年には6つの共和国からなるユーゴスラビア社会主義連邦共和国が成立。1991～1992年にかけて連邦は解体しモンテネグロとユーゴスラビア連邦を形成しますが、2006年にモンテネグロが、2008年にコソボが独立を宣言しました。

【おもな産業】小麦、果実、じゃがいもなどを栽培。褐炭や銅、鉛、ボーキサイトなどの鉱産資源にめぐまれ、鉄鋼、機械、自動車産業などが発展しました。

【社会・文化】キリスト教のセルビア正教徒が約86%をしめています。

【スポーツ】サッカーやバスケットボール、バレーボール、水球は国際大会で上位をしめています。世界的なテニスプレーヤー、ジョコビッチの母国です。

夏季オリンピックまめ知識
● 参加回数：4回（1912年初参加）
● メダル獲得数：合計15個
　金3個　銀6個　銅6個

日本との関係
日本はバスや楽器、教材などをおくり支援しています。日本たばこやパナソニックなどの企業も進出。

チェコ

チェコ共和国
Czech Republic (CZE)
首都／プラハ

面積	人口(2016年)
約7万9000km² （日本の約1/5）	約1055万人 （日本の約8％）

平均寿命(2015年)	出生率(2014年)
男75.9歳 女81.7歳 （日本より男4.6歳短い 女5.1歳短い）	約1.5人 （日本より約0.1人多い）

おもな言語	通貨
チェコ語	チェコ・コルナ

Dobrý den

プラハのカレル橋（左下）とプラハ城（右上）。手前はブルタバ川

【どんな国】ヨーロッパ中央にある内陸の国で、東西に長い魚のような形をしています。北東にズデーティ山脈、西にエルツ山脈、南西にボヘミアの森など山地にかこまれ、中西部にボヘミア盆地、東部にモラビア低地が広がっています。気候は温和な大陸性気候です。

【かんたんな歴史】9世紀前半、スラブ人が大モラビア王国をおこし、10世紀初めにマジャール人が侵入、ハンガリーの支配下におかれます。12世紀にボヘミア王国がおこり、プラハを中心に繁栄し、16世紀、ハプスブルク家の支配下に入ります。1918年、スロバキアとともにチェコスロバキア共和国を建国。第二次世界大戦後は社会主義共和国としてスタート。1968年、民主化運動（プラハの春）がおこると、ソ連が武力介入します。1989年、ビロード革命により社会主義体制が崩壊したのち、1993年、スロバキアと分離し独立。2004年、ヨーロッパ連合（EU）に加盟しました。

【おもな産業】肥沃な土地にめぐまれたボヘミア地方では農業がさかんで、小麦やてんさいを栽培。ビールの醸造もさかんで、一人当たりのビール消費量は世界一です。機械工業や化学工業が発達し、近年ではドイツの自動車メーカーやオランダの通信会社などが資本参加し工業化がすすんでいます。プラハやチェスキー・クルムロフなど古い街並をおとずれる観光客も多く、観光業ものびています。

【社会・文化】古くから人形劇がさかん。作家では『変身』のカフカ、SF小説『ロボット』で知られるチャペック、音楽家では『交響曲第九番 新世界より』のドボルザーク、画家ではアールヌーボーを代表するミュシャら多くの芸術家を出しています。伝統工芸のボヘミアガラスも有名。

【食べ物】料理の中心は肉で、豚肉、牛肉、とり肉のほか、野生のしかやうさぎなどもよく食べます。魚は淡水魚のコイやマスなど。ゆでた円筒形のパンのクネドリーキは定番です。おもな料理では、ビーフシチューのグラーシュ、ローストポークなどがあげられます。

【スポーツ】一番人気はアイスホッケー。クラブチームは100年もの歴史があり、1998年の冬季オリンピック長野大会では金メダルを獲得。サッカーも人気で、FIFAランキングの上位にランクインしたことも。テニスではナブラチロワが有名。1964年のオリンピック・東京大会で活躍した体操のチャスラフスカも広く知られています。

夏季オリンピックまめ知識
- 参加回数：6回（1996年初参加）
- メダル獲得数：合計55個
  - 金15個 銀17個 銅23個

日本との関係
1993年の独立後に両国は急速に接近し、トヨタ自動車をはじめ日系企業約250社が進出（2017年）。プルゼニュ市と高崎市、プラハ市と京都市などが姉妹都市協定をむすんでいます。国交回復60周年の2017年、ミュシャの絵画作品『スラブ叙事詩』が日本で初公開されました。

デンマーク

デンマーク王国
Kingdom of Denmark (DEN)
首都／コペンハーゲン

面積	人口 (2016年)
約4万3000km² 日本の約1/9	約569万人 日本の約5%

平均寿命 (2015年)	出生率 (2014年)
男 78.6歳 女 82.5歳 日本より男1.9歳短い 女4.3歳短い	約1.7人 日本より約0.3人多い

おもな言語	通貨
デンマーク語	デンマーク・クローネ

God dag

首都コペンハーゲンのニューハウン。17世紀に開かれた港町

【どんな国】北海とバルト海につきだしたユーラン半島と、シェラン島、フュン島、ローラン島など約480の島からなります。首都のコペンハーゲンはシェラン島にあります。ほかに自治領としてフェロー諸島や、世界最大の島グリーンランドがあります。全土は氷河によってはこばれた堆積物でつくられた平坦な低地からなり、最高地点でも海抜173mです。気候は北大西洋海流の影響をうけ温暖です。

【かんたんな歴史】8～9世紀、バイキング（ノルマン人）が建国しました。14世紀、スウェーデン、ノルウェーなどを支配下におくカルマル同盟をむすび、北ヨーロッパの大国として君臨。16世紀、スウェーデンが独立し、三十年戦争に敗れるなどして、以後は平和政策をとりました。第一次世界大戦では中立をたもちますが、第二次世界大戦のときはドイツ軍が占領。1944年、アイスランドが分離独立しました。1973年、ヨーロッパ共同体（EC）に加盟。国連の平和維持活動（PKO）に積極的に参加しています。

【おもな産業】国土の約60％が農地で、大麦や小麦、てんさい、じゃがいもなどを栽培。豚や牛、にわとりを飼育し、チーズやバター、肉類、ベーコンなどを生産・輸出しています。水産業もさかんです。北海では原油や天然ガスを採掘。工業では造船業、機械工業、医薬品、家具製造などがさかんです。風力発電の導入にも積極的で、総発電量の約32％を風力でまかなっています（2013年）。陶磁器のロイヤル・コペンハーゲン、靴メーカーのエコー、おもちゃのレゴなどの企業は、世界的に知られています。

【社会・文化】医療や教育の無料化など社会保障がととのっていて、女性の社会参加率も高く、国連の世界幸福度ランキングは2位（2017年）。『人魚姫』『マッチ売りの少女』の作者として知られるアンデルセンの母国です。

【食べ物】おもな食材は魚介類、肉、じゃがいもなどがあげられます。肉は豚肉が多く、ハムやベーコンも有名です。チーズも種類が多いです。魚介類はタラ、ニシン、サーモンなど。パンはライ麦パンが多く、これにうすく切った肉やソーセージ、チーズ、ゆで卵などをはさんだオープンサンドイッチをよく食べます。

【スポーツ】サッカーがさかんで、1992年の欧州選手権では優勝。ほかに自転車のロードレースやハンドボール、アイスホッケー、セーリングやカヌーが人気です。

夏季オリンピックまめ知識
● 参加回数：27回（1896年初参加）
● メダル獲得数：合計198個
金47個 銀75個 銅76個

日本との関係
1867年、修好通商航海条約をむすび国交を樹立。日本は重要な貿易相手国で、豚肉や医薬品などを輸出。1957年、機関長のヨハネス・クヌッセンが和歌山県沖で日本の船員を助けようとして亡くなり、和歌山県美浜町には顕彰碑が建てられて両国の友好の象徴として伝えられています。

ドイツ

ドイツ連邦共和国
Federal Republic of Germany（GER）
首都／ベルリン

面積 約35万7000km² 日本の約9/10

人口（2016年）約8068万人 日本の約64％

平均寿命（2015年）男78.7歳 女83.4歳 日本より男1.8歳短い 女3.4歳短い

出生率（2014年）約1.4人 日本と同じ

おもな言語 ドイツ語

通貨 ユーロ

Guten Tag（グーテン タ―ク）

ケルンの大聖堂（世界遺産）。1248年に起工し、完成は1880年

【どんな国】ヨーロッパのほぼ中央に位置し、北部は標高約50mの北ドイツ平原、中部は標高600〜700mの丘陵地帯、南部はアルプスにつらなる山岳地帯です。国内をライン川、エルベ川、ドナウ川が流れ、南西部には「黒い森」とよばれる森林地帯があります。国土の大半は温帯に属し、北大西洋海流の影響で気候は比較的おだやかです。

【かんたんな歴史】4世紀ごろ、ゲルマン人が移動してきて定住します。10世紀に神聖ローマ帝国が成立。13世紀ごろ、諸侯が自立して領地をおさめました。18世紀にプロイセンが力をのばし、1871年、ドイツ帝国が成立。1918年、第一次世界大戦に敗れ、ワイマール共和国が生まれますが、1933年、ヒトラーが政権をにぎり、1939年、第二次世界大戦に突入。1945年、戦争は終結しますが、1949年、自由主義のドイツ連邦共和国（西ドイツ）と社会主義のドイツ民主共和国（東ドイツ）に分断されます。1989年、民主化運動がおこり東西の壁がなくなり、翌年、ドイツは統一されました。

【おもな産業】国土の約半分は農地で、大麦、ライ麦、じゃがいも、てんさいなどが栽培され、畜産もさかんです。ソーセージやハム、チーズ、ビールやワインが生産されています。工業は自動車、電子工学、医薬品、食料品などが発達。酸性雨により森林が枯れる被害をうけたことから、環境分野でも先端の技術を開発しています。2022年までに原子力発電所の廃止を決定。風力や太陽光などによる再生可能エネルギーにも力を入れています。

【社会・文化】バッハやベートーベン、ブラームスら、多くの作曲家を生みだしています。作家では『グリム童話』のグリム兄弟、『モモ』のエンデ、『エーミールと探偵たち』のケストナーらが知られています。世界遺産もケルン大聖堂やノイシュバンシュタイン城など、42件が登録（2017年）。

【食べ物】豚肉、ソーセージ（ブルスト）、じゃがいも、野菜の酢漬けなどが知られています。塩漬けした豚のすね肉を煮こんだアイスバインは有名です。ソーセージは1500種類もあるといわれ、なかでもソーセージにカレー味のケチャップをかけたカレー・ブルストはよく食べます。

【スポーツ】サッカーは世界を代表する強豪国で、ワールドカップでは4度優勝しています。ほかにアイスホッケー、バスケットボール、卓球、ハンドボール、自転車競技などがさかんです。

夏季オリンピックまめ知識
- 参加回数：16回（1896年初参加）
- メダル獲得数：合計618個
- 金194個 銀193個 銅231個

※東西分裂時代をのぞく

日本との関係 江戸時代に医師のケンペルやシーボルトが来日。明治時代に大日本帝国憲法の起草にあたり、ドイツ（当時のプロイセン）憲法を参考にしました。近年は貿易や投資の相手国として、互いに重要な位置をしめています。姉妹都市関係は東京とベルリン、京都とケルンなど約50の都市がむすんでいます。

ヨーロッパ

ノルウェー

ノルウェー王国
Kingdom of Norway（NOR）
首都／オスロ

面積	人口 (2016年)
約32万4000km² 日本の約9/10	約527万人 日本の約4%

平均寿命 (2015年)	出生率 (2014年)
男79.8歳 女83.7歳 日本より 男0.7歳短い 女3.1歳短い	約1.8人 日本より約0.4人多い

おもな言語	通貨
ノルウェー語	ノルウェー・クローネ

グダーグ
God dag

ノルウェーのオーロラ。冬の10月〜3月ごろ、北部でよく見られる

【どんな国】ヨーロッパ北部のスカンジナビア半島の西岸をしめ、おたまじゃくしのような南北に細長い形をしています。このほか北方にスバールバル諸島、北西の大西洋上にヤンマイエン島などがあります。夏は夜でもうす明るい白夜が、冬は昼でもくらい極夜が何日も続き、冬はオーロラが楽しめます。海岸線は氷河によってけずられ複雑にいりくんだ「フィヨルド」が続いています。気候は南部と西部の沿岸は、北大西洋海流の影響で比較的おだやかですが、北部や内陸部は乾燥していて、冬の寒さはきびしいです。

【かんたんな歴史】すぐれた造船技術をもったバイキング（ノルマン人）が、9世紀に建国し、アイスランド、グリーンランド、スコットランドなどへ進出しました。14世紀、デンマークと同君連合をむすび、その支配下に、19世紀にはスウェーデンの支配下に入ります。1905年、デンマークから王子をむかえて王国として独立。第二次世界大戦中、ドイツに占領され、戦後は北大西洋条約機構（NATO）に加盟しました。

【おもな産業】漁業がさかんで、サーモンやタラ、サバ、ニシンなどがとれます。水産物の輸出額は中国についで世界第2位（2014年）。1970年代から北海油田の採掘がはじまり、原油や天然ガスを輸出しています。水力発電が総発電量の約96％をしめ（2013年）、それを利用したアルミ精錬や製紙、パルプ、化学工業などがさかんです。

【社会・文化】教育や医療など福祉制度がととのい、世界でももっとも男女平等がすすんでいる国とされています。作家では『人形の家』のイプセン、『スプーンおばさん』のプリョイセン、画家では『叫び』などで有名なムンク、音楽家では『ペール・ギュント』のグリーグらの出身国です。

【食べ物】魚介類が多く、タラの天日ぼしやスモークサーモン（サケの燻製）が有名。夏には野外でカニを食べるクラッベラグというパーティをよく見ます。肉は羊のほか、トナカイやへらじか、かもなどのジビエ（野生の鳥獣）を食べ、なかでもトナカイのステーキは有名です。いちごやブルーベリーなども、ジャムにしてよく食べます。

【スポーツ】スキーやスケートなど、ウィンタースポーツがさかん。冬季オリンピックのメダル獲得数は世界一で、1924年のシャモニー大会以来、金メダル118個、なかでもクロスカントリースキーは40個を獲得（2016年まで）。南極点に到達したアムンゼンをはじめ、多くの探検家を生んでいます。

夏季オリンピックまめ知識
- 参加回数：24回（1900年初参加）
- メダル獲得数：合計152個
  - 🥇56個　🥈49個　🥉47個

日本との関係
1905年に外交関係を樹立。国交樹立100周年の2005年には天皇・皇后が公式訪問をするなど、さまざまな記念行事をおこないました。日本から自動車などを輸入、サーモンやサバなどの魚介類を輸出しています。日本のポップカルチャーへの関心がたかまり、日本語学習者もふえています。

ハンガリー

ハンガリー
Hungary（HUN）
首都／ブダペスト

面積	約9万3000km²	日本の約1/4
人口（2016年）	約982万人	日本の約8%
平均寿命（2015年）	男 72.3歳 / 女 79.1歳	日本より 男 8.2歳短い / 女 7.7歳短い
出生率（2014年）	約1.4人	日本と同じ
おもな言語	ハンガリー語	
通貨	フォリント	

Jó napot kívánok（ヨー ナポト キバーノク）

首都ブダペストにある国会議事堂。間を流れるのはドナウ川

【どんな国】ヨーロッパのほぼ中央に位置する国で、国土の大半が海抜200m以下の平原と丘陵です。中央をドナウ川が流れています。気候は温帯の大陸性気候で寒暖の差が大きく、雨量は東京の3分の1くらい。いたるところで温泉が出て、古代ローマの時代から湯治に利用されていました。

【かんたんな歴史】9世紀末、中央アジアの遊牧民マジャール人がこの地に住みつき、1000年、イシュトバーン1世が建国。15世紀後半、マーチャーシュ1世のもとでルネサンス文化が開花しました。16世紀、オスマン帝国に支配され、つづいてオーストリアのハプスブルク家の支配下に入ります。1867年、オーストリア・ハンガリー二重帝国が成立。産業が発展し、国立オペラ劇場や国会議事堂が建てられ、地下鉄が開通しました。第一次世界大戦に敗れ領土の3分の2を失い、第二次世界大戦ではドイツ側について敗れました。戦後は社会主義のハンガリー人民共和国として出発。1989年、共産党政権がたおれ、ハンガリー共和国が成立。2004年、ヨーロッパ連合（EU）に加盟しました。

【おもな産業】国土の大半をしめる農地では、小麦、とうもろこし、てんさい、じゃがいも、ぶどうなどが栽培され、豚や牛の畜産もさかんです。トカイ地方のワインやフォアグラも輸出されています。工業は電気通信機器、発電機、自動車、製薬などがさかんです。

【社会・文化】名前は姓・名の順で記すなど、日本をはじめ東アジアの国と共通しています。音楽や踊りがさかんで、お祭りのときは民族色ゆたかな歌やダンスをひろうします。『ハンガリー狂詩曲』などを作曲したリスト、ハンガリー民謡の旋律をとりいれて作曲したバルトーク、民謡の収集から音楽の教育理論を打ちたてたコダーイらを生み出しています。ルービックキューブは、ルービックが発明したおもちゃです。

【食べ物】パプリカやサワークリームをつかった料理が多く、牛肉と野菜を粉パプリカで煮こんだグヤーシュ、パプリカに米やたまねぎ、ひき肉などをつめたトゥルトゥット・パプリカなどがあげられます。

【スポーツ】もっとも人気があるのはサッカー。オリンピック東京大会（1964年）とメキシコ大会（1968年）では続けて金メダルに輝きました。水球や競泳もさかんで、多くのメダルを獲得。ほかに、陸上、乗馬、フェンシング、カヌー、柔道、自転車のロードレースなどが人気です。

夏季オリンピックまめ知識
- 参加回数：26回（1896年初参加）
- メダル獲得数：合計494個
  - 🥇177個 🥈147個 🥉170個

日本との関係
1959年に国交を回復し、2009年に50周年をむかえました。1989年以降交流が活発になり、自動車のスズキは「マジャールスズキ」を創立、ヨーロッパの自動車の生産拠点となっています。日本文学やアニメをはじめ、伝統文化、空手や柔道、剣道などへの関心が高まっています。

ヨーロッパ

フィンランド

フィンランド共和国
Republic of Finland (FIN)
首都／ヘルシンキ

面積	人口 (2016年)
約33万8000km² 日本の約9/10	約552万人 日本の約4%

平均寿命 (2015年)	出生率 (2014年)
男 78.3歳 / 女 83.3歳 日本より 男2.2歳短い 女3.5歳短い	約1.8人 日本より約0.4人多い

おもな言語	通貨
フィンランド語 スウェーデン語	ユーロ

パイヴァー
Päivää

ラップランドではサーミ人がトナカイを家畜として使っている

【どんな国】北ヨーロッパのスカンディナビア半島の付け根にある国です。国土の約70％が森林で、氷河によってけずられてできた湖が約19万個あり、まさに「森と湖の国」です。北緯60〜70度の高緯度にあり、国土の約4分の1が北極圏。南部は北大西洋海流のおかげで、比較的あたたかですが、冬は寒くていたるところ凍りつきます。

【かんたんな歴史】古くからサーミ人が住んでいたといわれています。紀元前500年ごろ、ウラル山脈付近からフィン人が移動してきました。12世紀末から500年ほど、スウェーデンがこの地を支配。19世紀はじめにロシアの支配下に入り、1906年、国会が開かれて女性にも選挙権と被選挙権があたえられました。1917年、独立を宣言。第二次世界大戦中はソ連と戦い、カレリア地方の一部を失いました。戦後は中立的立場をとり、経済や貿易が発展し、1995年、ヨーロッパ連合（EU）に加盟しました。

【おもな産業】製材や製紙業が発達し、紙、木材、パルプなどの輸出がさかんでしたが、近年では金属や機械製造業がのび、情報通信機器のノキアなど世界的に有名な企業も登場。北欧デザインで知られる食器類のイッタラ、衣類のマリメッコ、家具のアルテックなどが知られています。

【社会・文化】世界にさきがけて女性選挙権をみとめたフィンランドでは、公共部門ではたらく男女の数も同数。社会福祉や学校教育制度も充実しています。教育費は無料、少人数制で個性をたいせつにする教育がおこなわれています。19世紀に、神話を集めた民族叙事詩『カレワラ』が編纂され、その影響をうけた音楽家のシベリウスは交響詩『フィンランディア』を作曲し、フィンランドの独立に貢献しました。『ムーミン』で知られる童話作家トーベ・ヤンソンも有名です。サウナ風呂でくつろぐ習慣があります。

【食べ物】料理の素材は魚、肉、じゃがいも、ベリー類、きのこが多いです。パンはライ麦パン。おもな料理として、トナカイの料理、ニシンの酢漬け、サーモンと野菜をミルクで煮込んだスープなどが知られています。ケーキやパイ、クッキーなどもよく食べます。

【スポーツ】ウィンタースポーツがさかん。冬季オリンピックではクロスカントリースキーやスキージャンプ、スピードスケートなどで多くのメダルを獲得しています。アイスホッケーやサッカー、フィンランド野球のペサパッロが人気です。

夏季オリンピックまめ知識
- 参加回数：25回（1908年初参加）
- メダル獲得数：合計304個
  - 金101個　銀84個　銅119個

日本との関係
1792年、ロシアの使節として来日したラクスマンはフィンランド人です。1919年に日本はフィンランドの独立を承認し、外交関係を樹立。日本にもっとも近いヨーロッパの国で、2013年直行便が就航。進出する日系企業は192社（2016年）。埼玉県新座市とユバスキュラなどが姉妹都市関係をむすんでいます。

フランス

フランス共和国
French Republic (FRA)
首都／パリ

面積 約55万2000km²　日本の約1.5倍

人口（2016年） 約6467万人　日本の約51％

平均寿命（2015年） 男79.4歳／女85.4歳　日本より男1.1歳短い／女1.4歳短い

出生率（2014年） 約2.0人　日本より約0.6人多い

おもな言語 フランス語

通貨 ユーロ

Bonjour

首都パリのシャンゼリゼ通り。にぎやかな高級ショッピング街

【どんな国】ヨーロッパの西に位置し、イタリア・スイス国境にはアルプス山脈、スペイン国境にはピレネー山脈がはしり、そのほかは全体に平地が多いです。気候は地中海沿岸の地中海性気候、大西洋沿岸の西岸海洋性気候、内陸部の大陸性気候、山岳地帯の高山気候と、変化にとんでいます。

【かんたんな歴史】5世紀、フランク族がメロビング朝を建国。800年にカール大帝が西ローマ皇帝の座につき、西ヨーロッパを支配しました。14〜15世紀、イギリスとの百年戦争をへて国土を統一。17世紀、ルイ14世のもとで絶対王政を確立しました。18世紀末、フランス革命がおこり共和政に。1804年、ナポレオンが皇帝となり、その後、王政、共和政、帝政をへて、1870年、第三共和政が成立。第二次世界大戦では、ドイツに占領されますが、1967年、ドイツなどとヨーロッパ共同体（EC）を結成、のちにEUへと発展させました。

【おもな産業】農業国で、食用穀物の自給率は約167％（2014年）にたっしています。ぶどうの栽培もさかんで、ワインの生産量は世界一（2013年）。酪農や畜産もさかんで、チーズやソーセージの種類も多いです。工業はTGVに代表される高速鉄道、エアバスやロケットなどの航空・宇宙産業、総電力の約74％をまかなう原子力発電（2013年）など。

観光客の数も世界一です（2016年）。ファッションの発信地で、シャネルなど多くのブランドが知られています。

【社会・文化】ルーブル美術館やオルセー美術館、ベルサイユ宮殿やカトリックの大聖堂など、歴史的建造物も多いです。画家ではミレーやモネ、セザンヌ、ルノアールら、作家では『レ・ミゼラブル』のビクトル・ユゴーや、『星の王子さま』のサン・テグジュペリが有名です。

【食べ物】パンが主食で、細長いバゲットやクロワッサンなど、いろいろあります。料理は旨味や香りゆたかなソースが特長で、肉は牛や羊の内臓や、野生のしかやかもなども食べます。地方の食材をいかした郷土料理では、プロバンス地方のブイヤベース、ラングドック地方のフォアグラやがちょう料理などがあげられます。

【スポーツ】サッカーの強豪国で、ワールドカップでは優勝（1998年）、準優勝（2006年）経験も。柔道もさかんでオリンピックでは多くのメダルをとっています。ほかにバスケットボール、ラグビー、自転車のロードレース（とくにツール・ド・フランス）が人気です。

夏季オリンピックまめ知識
- 参加回数：28回（1896年初参加）
- メダル獲得数：合計729個
- 🥇214個　🥈245個　🥉270個

日本との関係
1858年、修好通商条約をむすんで以来、明治初期に富岡製糸場の開設につくしたポール・ブリュナをはじめ、多くのフランス人がさまざまな分野で日本の近代化に貢献。現在約490の日本企業が進出し経済関係を深めています（2016年）。毎年7月にはパリで日本文化紹介行事がおこなわれています。

ブルガリア

ブルガリア共和国
Republic of Bulgaria（BUL）
首都／ソフィア

面積	人口（2016年）
約11万1000km² 日本の約3/10	約710万人 日本の約6%

平均寿命（2015年）	出生率（2014年）
男 71.1歳 / 女 78.0歳（日本より 男9.4歳短い・女8.8歳短い）	約1.5人（日本より約0.1人多い）

おもな言語	通貨
ブルガリア語	レフ

ドーバル デン
Добър ден

カザンラクのバラ祭り。バラの女王は広島県福山市に招待される

【どんな国】バルカン半島の北東部にある国。東は黒海に面し、中央部をスターラ（バルカン）山脈がはしり、ルーマニアとの国境をドナウ川が流れています。西のリラ山脈には、最高峰のムサラ山（2925m）がそびえています。スターラ山脈の北にはドナウ平野が、南にはトラキア平野がひらけています。南部は地中海性気候で温暖ですが、北に向かうにつれ大陸性気候になり、寒暖の差が大きくなります。

【かんたんな歴史】7世紀に成立した第一次ブルガリア帝国は、11世紀にビザンツ帝国領になります。12世紀に第二次ブルガリア帝国が成立。14世紀末、オスマン帝国が侵入し、約500年間、その支配下に入ります。1908年、独立を宣言。第一次世界大戦ではドイツ側について敗れ、領土を縮小。第二次世界大戦でもドイツ側についたため、ソ連軍が侵入し、1946年、社会主義のブルガリア人民共和国が成立。1990年、大統領制に変わり、国名もブルガリア共和国に改め、2007年、ヨーロッパ連合（EU）に加盟しました。

【おもな産業】国土の約半分を農地がしめ、小麦、大麦、とうもろこし、ひまわり、ぶどう、ばらなどの栽培がさかんです。ばらの精油は香水の原料としてフランスなどに輸出。畜産もさかんで、ヨーグルトやチーズの生産量も多いです。工業は石油化学、食品加工などが発達しています。

【社会・文化】国民の約80%がギリシャ正教の系統をひくブルガリア正教を信仰しています。カザンラクにある紀元前4世紀ごろにさかえたトラキア人の遺跡や、ブルガリア正教の信仰のシンボルとされてきたリラ修道院、ドナウ川流域のスレバルナ自然保護区などが世界遺産として登録。スレバルナでは絶滅危惧種のペリカンが巣づくりをしています。毎年6月にカザンラクで開かれるバラ祭りも有名です。

【食べ物】野菜やハーブ、ヨーグルトやチーズをつかった料理が多いです。スープの種類も多く、トマトやレンズ豆のスープ、冷やしたヨーグルトスープのタラトール、子羊の臓物のスープであるシュケンベチョルバなどが知られています。トマトとじゃがいもやたまねぎ、マッシュルーム、豚肉などを土鍋で煮こむカバルマも有名です。

【スポーツ】もっとも人気があるのはサッカー。バレーボールではヨーロッパの強豪とされています。レスリングや陸上、新体操でも有名選手を出しています。大相撲の琴欧州や碧山の活躍で、相撲もさかんです。

夏季オリンピックまめ知識
- 参加回数：20回（1896年初参加）
- メダル獲得数：合計217個
  - 51個　86個　80個

日本との関係
1990年代から両国の交流は活発になり、ブルガリアから留学生や研修生を招き、ブルガリアには青年海外協力隊を派遣してきました。近年、自動車部品や風力発電事業への投資をおこなっています。岡山市とプロブディフが姉妹都市協定をむすんでいます。

ベルギー

ベルギー王国
Kingdom of Belgium (BEL)
首都／ブリュッセル

面積 約3万1000km² （日本の約1/12）

人口（2016年） 約1137万人 （日本の約9%）

平均寿命（2015年） 男78.6歳 女83.5歳 （日本より男1.9歳短い、女3.3歳短い）

出生率（2014年） 約1.8人 （日本より約0.4人多い）

おもな言語 オランダ語、フランス語、ドイツ語

通貨 ユーロ

Goedemiddag（フーイエミダッハ）

ブルッヘ（ブリュージュ）は13〜14世紀、毛織物工業の中心都市としてさかえた

【どんな国】ヨーロッパの北西部にある立憲君主国です。南東部には標高約500mの山地があり、中部や北西部には平野や丘陵が広がっています。海岸沿いには海面下の湿地もあります。気候は北大西洋海流の影響で比較的温暖です。

【かんたんな歴史】中世の時代、フランドル伯領などいくつかの領土に分かれて治められていました。12世紀ごろから北西部のフランドル地方は毛織物工業の中心地としてさかえ、ブルッヘ（ブリュージュ）は「北欧のベネツィア」とよばれる大商業都市でした。14世紀以降、フランスのブルゴーニュ公、神聖ローマ帝国、つづいてスペインの支配下におかれ、18世紀末にはフランスの統治下におかれます。19世紀はじめに産業革命が進展し、1830年、独立を宣言。永世中立を保障されました。翌年にはドイツのザクセン・コーブルク家から国王をむかえ、立憲君主国としてスタート、経済発展をとげました。1951年、欧州石炭鉄鋼共同体に参加、以後ヨーロッパ共同体（EC）、ヨーロッパ連合（EU）など、ヨーロッパ統合の中心的な役割をはたしました。現在、首都ブリュッセルには、EUの本部やその主要機関がおかれています。

【おもな産業】農業は小麦、大麦、てんさいなどが栽培され、酪農もさかんです。以前から繊維産業や石炭産業など先進工業地帯でしたが、近年では石油化学、宇宙・航空、ナノテクノロジーなどの加工業が中心となっています。ビールやチョコレート、ワッフルなどの生産でも知られています。

【社会・文化】北部のオランダ語を話すゲルマン系のフラマン人（約58%）と、南部のフランス語を話すラテン系のワロン人（約32%）の間で、古くから対立（言語戦争）があり、最近オランダ語圏で分離独立をもとめる声が高まっています。画家ルーベンスを生んだ国で、ブリュッセルには多くの美術館があります。また毎年、エリザベート王妃国際音楽コンクールが開かれ、多くの音楽家を送り出しています。漫画家エルジェの「タンタンの冒険」シリーズも広く知られています。

【食べ物】美食の国といわれ、肉や魚介類、ハムやソーセージ、チーズ、野菜など食材も多く、料理のメニューも豊富です。おもな料理として、ムール貝にフライドポテトをそえたムール・フリットや、舌平目のムニエルなどがあげられます。

【スポーツ】サッカーがさかん。ベルギー代表はワールドカップに12度出場しています（2014年まで）。柔道や剣道、合気道など、日本の武道の愛好家も多いです。

夏季オリンピックまめ知識
- 参加回数：26回（1900年初参加）
- メダル獲得数：合計148個
  - 金41個 銀53個 銅54個

日本との関係
1866年、修好通商航海条約をむすび、19世紀後半、日本政府はベルギーに視察団を派遣しています。第二次世界大戦後も1962年に日本の自動車会社が工場を開設したのをはじめ、約230の企業が進出（2016年）。2016年は国交樹立150周年をむかえ、さまざまな行事が開かれました。

ポーランド

ポーランド共和国
Republic of Poland (POL)
首都／ワルシャワ

面積 約31万2000km² 日本の約4/5

人口（2016年） 約3859万人 日本の約31%

平均寿命（2015年） 男73.6歳 女81.3歳 日本より男6.9歳短い 女5.5歳短い

出生率（2014年） 約1.3人 日本より約0.1人少ない

おもな言語 ポーランド語

通貨 ズロチ（ズウォティ）

ジェイン ドーブリ
Dzień dobry

ワルシャワの旧市街広場。第二次世界大戦中、ドイツ軍により破壊された市街を、以前のとおりに復旧した（世界遺産）

【どんな国】ヨーロッパのほぼ中央に位置する国です。国名が「畑や草地」を意味するように、国土のほとんどが標高100m前後の平原で、南部にはカルパチア山脈がはしっています。気候はバルト海沿岸が西岸海洋性気候で温暖、内陸が大陸性気候で寒暖の差が大きく、南部の山岳地帯は寒さがきびしいです。

【かんたんな歴史】500年ごろからスラブ人が住みはじめ、10世紀に王国の形ができ、国王はキリスト教の洗礼を受けました。14世紀、リトアニアと連合しヤギェウォ朝が成立、やがて東ヨーロッパの大国となりました。18世紀末、ロシア、プロイセン、オーストリアの3国により分割され王国は消滅。1918年に独立しますが、1939年、ドイツに攻められ、第二次世界大戦が始まります。戦争中、ドイツ軍は各地に強制収容所をつくり多くのユダヤ人を虐殺しました。戦後はソ連の支援をうけて、社会主義のポーランド人民共和国が成立。1980年、労働者たちが自主管理労働組合「連帯」を結成して民主化運動をすすめ、1989年、ポーランド共和国が成立。2004年、ヨーロッパ連合（EU）に加盟しました。

【おもな産業】国土の約半分が農地で、小麦やライ麦、じゃがいも、てんさいなどを栽培し、牛や豚の畜産もさかんです。鉱産資源は石炭、鉄、銅、天然ガス、ウランなどが産出されます。シェールガスの埋蔵も確認されています。工業は自動車や鉄道車両、コンピュータなどのエレクトロニクス関連、食品加工などがさかんです。

【社会・文化】マズルカやポロネーズはポーランドの民族舞曲で、それらをもとにショパンは多くのピアノ曲を作曲しました。ワルシャワでは5年に1度、ショパン国際ピアノコンクールを開いています。地動説をとなえたコペルニクス、ラジウムを発見したマリー・キュリー、ローマ教皇ヨハネ・パウロ2世らが、この国の出身です。

【食べ物】肉やじゃがいも、季節の野菜、きのこ、ベリー類、フレッシュチーズなどをよく使います。おもな料理は、きざんだキャベツと肉、ソーセージ、きのこを入れて煮こんだビゴス、ギョウザに似たピエロギ、じゃがいもをすりおろして油で焼いたプラツキなどがあげられます。

【スポーツ】バレーボールやサッカーの人気が高く、ほかに体操や水泳、アイスホッケーやスキージャンプなど。空手や柔道、合気道など日本の武道もブームになっています。

夏季オリンピックまめ知識
● 参加回数：22回（1924年初参加）
● メダル獲得数：合計283個
🥇66個 🥈85個 🥉132個

日本との関係 1919年、国交を樹立。1920年代に日本はシベリアで親を亡くしたポーランドの孤児765人を保護し、本国へ帰還させました。1994年、クラクフに日本美術技術博物館が完成。日本に親しみをもつ人が多く、日本語学習者も多いです。トヨタをはじめ、287の日系企業が進出しています（2016年）。

ベラルーシ

ベラルーシ共和国　Republic of Belarus（BLR）　首都／ミンスク

面積	約20万8000km²	日本の約3/5

人口（2016年）	約948万人	日本の約8%

平均寿命（2015年）	男66.5歳　女78.0歳	日本より男14.0歳短い　女8.8歳短い

出生率（2014年）	約1.6人	日本より約0.2人多い

おもな言語	ベラルーシ語、ロシア語

通貨	ベラルーシ・ルーブル

リトアニア公国時代に建てられたミール城（世界遺産）

【どんな国】ヨーロッパの東部にある内陸国です。国土のほとんどが低地で、最高地点は海抜345m。約40％が森でおおわれています。北部には約4000もの湖沼があり、南部は湿地が広がり、東部にはドニエプル川が流れています。気候は寒暖の差が大きい冷帯気候。

【かんたんな歴史】10世紀ごろにキエフ公国の、13世紀にリトアニア公国の支配をうけ、18世紀末にロシア領にくみこまれました。1919年、ベラルーシ・ソビエト社会主義共和国が成立し、のちにソ連邦に参加。1986年、ウクライナのチェルノブイリ原子力発電所の事故で大きな被害を受けました。1991年、独立を宣言し、翌年国名をベラルーシに改めました。

【おもな産業】農業ではライ麦や大麦、じゃがいも、てんさいなどを栽培。牛や豚、羊の畜産や林業もさかんで、羊皮や材木を輸出しています。工業は大型自動車、繊維、化学肥料などが発展。

【社会・文化】社会主義体制が色濃くのこり、体制への批判はきびしく弾圧され、デモや集会は規制されています。

【食べ物】ライ麦パンが主食。えん麦のおかゆカーシャ、じゃがいものパンケーキのドラニキなどをよく食べます。

【スポーツ】アイスホッケーがさかん。

夏季オリンピックまめ知識
- 参加回数：6回（1996年初参加）
- メダル獲得数：合計77個
  - 金12個　銀26個　銅39個

日本との関係
1992年に外交関係を開始。日本は通信機器や工作機械などを輸出、カリウム肥料やアルミ合金、乳製品などを輸入。

ボスニア・ヘルツェゴビナ

ボスニア・ヘルツェゴビナ　Bosnia and Herzegovina（BIH）　首都／サラエボ

面積	約5万1000km²	日本の約1/7

人口（2016年）	約380万人	日本の約3%

平均寿命（2015年）	男75.0歳　女79.7歳	日本より男5.5歳短い　女7.1歳短い

出生率（2014年）	約1.3人	日本より約0.1人少ない

おもな言語	ボスニア語、クロアチア語、セルビア語

通貨	マルカ

オスマン帝国時代に建てられた、モスタルのスタリ・モスト（古い橋）（世界遺産）

【どんな国】ヨーロッパ南東部のバルカン半島の北西部にある国で、アドリア海に20kmほど面しています。国土のほとんどが山地で、北部のクロアチアとの国境にはサバ川が流れています。南西部は地中海性気候で冬は温暖、内陸部は大陸性気候で冬は寒いです。

【かんたんな歴史】15世紀、オスマン帝国に支配されてイスラム教が広まりました。1908年、オーストリア・ハンガリー帝国に併合されると、スラブ民族の独立をもとめる運動が高まり、1914年、サラエボでオーストリア皇太子が暗殺されます。これをきっかけに第一次世界大戦がおこりました。1945年、ユーゴスラビア社会主義連邦共和国に参加。1992年、連邦からの独立を宣言すると、独立に反対するセルビア人と、独立をのぞむボシュニャク人（イスラム教徒）とクロアチア人が対立し、死者20万人、難民200万人をだす内戦に。1995年和平協定をむすび、ボスニア・ヘルツェゴビナ連邦とスルプスカ共和国からなる連合国家が成立しました。

【おもな産業】木材加工や鉱業（大理石、鉄鉱石など）、繊維業（衣類）など。

【スポーツ】サッカーがさかんで、元日本代表監督オシムやハリルホジッチの母国。2016年のキリン杯で日本に勝利。

夏季オリンピックまめ知識
- 参加回数：7回（1992年初参加）
- メダル獲得数：合計0個
  - 金0個　銀0個　銅0個

日本との関係
元サッカー日本代表の宮本恒靖は、モスタルを拠点にサッカーを通じて、民族融和をめざすスポーツアカデミーを立ち上げました。

ポルトガル

ポルトガル共和国
Portuguese Republic (POR)
首都／リスボン

面積 約9万2000km² 日本の約1/4
人口（2016年） 約1030万人 日本の約8%
平均寿命（2015年） 男78.2歳 女83.9歳 日本より 男2.3歳短い 女2.9歳短い
出生率（2014年） 約1.2人 日本より約0.2人少ない
おもな言語 ポルトガル語
通貨 ユーロ

ボア タルジ
Boa tarde

首都リスボンの町並み。古くからテージョ川河口の港町としてさかえた

【どんな国】ヨーロッパ大陸の南西のはし、イベリア半島の西に位置しています。大西洋沖にあるマデイラ諸島とアゾレス諸島も領土にふくんでいます。東部のスペインとの国境近くは山地で、西部の海岸側に平野が開けています。国のほとんどは温暖な地中海性気候です。

【かんたんな歴史】紀元前2世紀ごろローマの属州となり、8世紀にイスラム教徒に支配されました。12世紀にポルトガル王国が独立し、イスラム教徒を相手に国土回復運動（レコンキスタ）をすすめます。15世紀末、バスコ・ダ・ガマがアフリカの南端をまわってアジアに向かう航路を「発見」。以後、アジアやアフリカ、南アメリカのブラジルなどに進出し、各地に植民地を開きました。1910年の革命で王政から共和政に移りました。1932年、サラザール首相による独裁政権が始まり、1974年、クーデターにより独裁は終わり民主国家としての歩みはじめました。1986年、ヨーロッパ連合（EU）の前身であるヨーロッパ共同体（EC）に参加する一方、ブラジルやアフリカの旧植民地との関係を強化しています。

【おもな産業】農業は小麦、じゃがいも、とうもろこしなどのほか、ぶどう、オリーブ、オレンジなどを栽培しています。羊や豚、牛などの畜産、イワシやタラなどの漁業もさかん。ワインのびんのふたに使うコルクがしの生産量も多いです。鉄鉱石などの鉱産資源も産出。工業では衣類や機械類、くつの製造、食品加工業がさかんです。観光収入や国外へ出かせぎに行った人からの送金も大きな収入源です。

【社会・文化】国民のほとんどがキリスト教のカトリックを信仰しています。リスボンの北約120kmにある町ファティマは聖母マリアが出現した地として、世界中から巡礼者がやってきます。民族音楽のファドは、歌手のアマリア・ロドリゲスにより世界に知られるようになりました。コア渓谷の先史時代の岩絵遺跡をはじめ、ポルト歴史地区や、キリスト教の修道院など多くの史跡が世界遺産に登録されています。

【食べ物】イワシやサバなどの魚介類や米をよく使います。おもな料理として、豆などの野菜と豚肉、腸づめなどを煮こんだコジード・ア・ポルトゲーザや、野菜のスープのカルド・ベルデなどがあります。

【スポーツ】サッカーやバレーボールがさかんです。サッカーのポルトガル代表は、ワールドカップに6度出場（2014年まで）。クリスティアーノ・ロナウドら有名選手を出しています。

夏季オリンピックまめ知識
● 参加回数：24回（1912年初参加）
● メダル獲得数：合計24個
金4個 銀8個 銅12個

日本との関係
1543年、ポルトガル人が種子島に漂着し日本に鉄砲を伝えました。その後、キリスト教とともにヨーロッパの学問や文化も伝来。1860年に修好通商条約をむすび、外交関係が樹立。2010年に修好150周年をむかえました。77の日系企業が進出（2016年）、7組の都市が姉妹都市関係をむすんでいます。

マケドニア

マケドニア旧ユーゴスラビア共和国
Former Yugoslav Republic of Macedonia (MKD)　首都／スコピエ

面積	約2万6000km²	日本の約1/14

人口 (2016年)	約208万人	日本の約2%

平均寿命 (2015年)	男73.5歳　女77.8歳	日本より 男7.0歳短い　女9.0歳短い

出生率 (2014年)	約1.5人	日本より0.1人多い

おもな言語	マケドニア語

通貨	マケドニア・ディナール

古代湖のオフリド湖（世界遺産）

【どんな国】ヨーロッパ南東部のバルカン半島の中央にある内陸国です。国土のほとんどが標高500〜1500mの山地や高原で、中央を流れるバルダル川が急な谷をつくっています。アルバニア国境には、10万年前にできたという古代湖のオフリド湖やプレスパ湖があります。

【かんたんな歴史】6世紀ごろからスラブ人が定住。その後、ビザンツ帝国、ブルガリア、セルビアなどの支配をへて、15世紀、オスマン帝国の支配下へ。1918年、セルビア人・クロアチア人・スロベニア人王国の一部に、1945年にユーゴスラビア社会主義連邦共和国を構成する国になり、1991年に連邦からの独立を宣言。1993年、今の国名に改めました。

【おもな産業】農業がおもで小麦、とうもろこし、ぶどう、葉たばこなどを栽培。工業は鉄鋼や繊維、食品加工など。

【社会・文化】国民はマケドニア人が約64%、アルバニア人が約25%で、2001年にアルバニア系の過激派による武装蜂起がおこりました。ノーベル平和賞を受賞したマザー・テレサの母国です。

【食べ物】ムサカ（なすとじゃがいも、とり肉などをオーブンで焼いたもの）やブレック（パイ生地にチーズやひき肉をはさんで焼いたもの）など。

夏季オリンピックまめ知識
● 参加回数：6回（1996年初参加）
● メダル獲得数：合計1個
金0個　銀0個　銅1個

日本との関係：1994年より外交関係。日本は主要援助国の第3位（2012年）で、医療機材や食糧増産、水利用に関する開発などを支援。

マルタ

マルタ共和国　Republic of Malta (MLT)　首都／バレッタ

面積	約300km²	日本の1/1260

人口 (2016年)	約42万人	日本の0.3%

平均寿命 (2014年)	男79.6歳　女84.0歳	日本より 男0.9歳短い　女2.8歳短い

出生率 (2014年)	約1.4人	日本と同じ

おもな言語	マルタ語、英語

通貨	ユーロ

首都バレッタ。港を見おろす丘の上に建てられた

【どんな国】地中海のほぼ中央にあるシチリア島の南、約93kmに位置する国。マルタ島、ゴゾ島、コミノ島からなり、面積は東京23区の半分くらいです。島全体が石灰岩の丘陵で、最高地点でも海抜約250mです。

【かんたんな歴史】紀元前1000年ごろから、フェニキア人、カルタゴ人、ローマ人などの交易の中継地としてさかえました。その後ビザンツ帝国やアラブなどの支配ののち、1530年、聖ヨハネ騎士団（のちのマルタ騎士団）が領有。1800年、イギリス軍が占領し、以後、イギリス海軍の基地に。1964年、イギリス連邦内の国として独立し、2004年にヨーロッパ連合（EU）に加盟しました。

【おもな産業】産業の中心は観光業。造船のほか、食品加工や半導体、繊維産業などがのびています。

【社会・文化】紀元前4500年ごろの巨石神殿群、紀元前2500年ごろの地下墳墓、16世紀以来のバレッタの建造物群などが世界遺産に登録されています。

【食べ物】トマトと米が入った魚介のスープのアリオッタが国民食です。

【スポーツ】マリンスポーツがさかん。マルタ国際マラソン大会や、ゴゾのトレイルレースなどを開催しています。

夏季オリンピックまめ知識
● 参加回数：16回（1928年初参加）
● メダル獲得数：合計0個
金0個　銀0個　銅0個

日本との関係：1965年より外交関係を樹立。東日本大震災の被災者支援のため、チャリティーコンサートを開催しました。

モナコ

モナコ公国　Principality of Monaco（MON）　首都／モナコ

面積 約2km²	日本の 約1/189000	人口（2016年） 約3万8000人	日本の 約0.03%
平均寿命（2013年） 男79.0歳 女85.0歳	日本より 男1.5歳短い 女1.8歳短い	出生率（2015年） 約2.6人	日本より 約1.2人多い
おもな言語	フランス語	通貨	ユーロ

モンテカルロ。カジノやホテルが立ち並ぶ

【どんな国】フランス南東部の地中海に面したコートダジュールにある、世界で2番目に小さい国。幅200～500m、長さ約3kmです。温和な気候で景色がよく、リゾート地として発展しました。国はモナコ市街区（政府や王宮、聖堂など）、港湾地区（ビジネスセンターなどの商業地区）、行楽地区（カジノやホテル）、新興地区（薬や香水の工場）からなります。

【かんたんな歴史】13世紀末、ジェノバの富豪のグリマルディが支配を開始。1793年、フランスに併合され、1815年、サルデーニャ王国の保護下におかれました。1861年、公国として独立。1911年に憲法を公布、立憲君主国に。1993年、国連に加盟。軍事力はもたず、フランスが領土の防衛を約束しています。

【おもな産業】中心は観光業。公認賭博場のカジノや切手発行も重要な財源。

【社会・文化】住民の80％以上が外国籍。所得税がなく、富裕層が多いです。

【食べ物】魚介類の寄せ鍋料理ブイヤベースや、野菜やチーズを小麦粉の皮でまいて油であげたバルバジュアンなど。

【スポーツ】F1のモナコグランプリや、ラリー・モンテカルロなどカーレースがさかん。サッカーも人気で、ASモナコはフランスリーグの強豪です。

夏季オリンピックまめ知識
- 参加回数：20回（1920年初参加）
- メダル獲得数：合計0個
  0個　0個　0個

日本との関係
2006年、正式に国交をむすびました。日本は肉類や衣類を輸出し、化粧品類を輸入しています。

モルドバ

モルドバ共和国　Republic of Moldova（MDA）　首都／キシナウ（キシニョフ）

面積 約3万4000km²	日本の 約1/11	人口（2016年） 約406万人	日本の 約3%
平均寿命（2015年） 男67.9歳 女76.2歳	日本より 男12.6歳短い 女10.6歳短い	出生率（2014年） 約1.3人	日本より 約0.1人少ない
おもな言語	モルドバ語、ロシア語	通貨	モルドバ・レイ

首都キシナウ（キシニョフ）の中心部にある大聖堂

【どんな国】東ヨーロッパ南東部にある内陸国。日本の九州より少し小さく、細長い靴のような形をしています。西側にはプルト川、東側にはドニエストル川が流れ、国土の大半はその間にはさまれた肥沃な丘陵地。南部は温帯気候ですが、大部分は大陸性気候。寒暖の差が大きく、夏にしばしば雹が降り、農作物に大きな影響を与えます。

【かんたんな歴史】14世紀にモルダビア公国が成立。16世紀、オスマン帝国の支配下に入り、1812年、ロシアに編入されました。1924年、ソ連に占領されてモルダビア自治共和国が成立、のちにソビエト連邦を構成する国のひとつになります。1991年、モルドバ共和国として独立を宣言しました。

【おもな産業】農業が中心で、小麦、とうもろこし、ぶどう、じゃがいもなどを栽培。牛や豚、羊などの畜産業もさかんです。品質の高いワインが有名。

【社会・文化】ロシア人が多く住む東部では、独立を主張し内戦がおこり、トルコ系のガガウズ人が多く住む南部でも、独立運動がおこりました。

【食べ物】チョルバというルーマニア風の野菜スープや、ボルシュというロシア風のスープなどがあります。

夏季オリンピックまめ知識
- 参加回数：6回（1996年初参加）
- メダル獲得数：合計6個
  0個　2個　4個

日本との関係
日本は農業再生、太陽光利用、バイオマスボイラーによる暖房システムなどを支援しています。

モンテネグロ

モンテネグロ　Montenegro（MNE）　首都／ポドゴリツァ

面積	日本の約1/27	人口（2016年）	日本の約0.5%
約1万4000km²		約63万人	
平均寿命（2015年）	日本より男6.4歳短い 女8.7歳短い	出生率（2014年）	日本より約0.3人多い
男74.1歳　女78.1歳		約1.7人	
おもな言語	モンテネグロ語	通貨	ユーロ

中世の港湾都市コトル（世界遺産）

【どんな国】ヨーロッパの南東部のバルカン半島西部にある国で、南側がアドリア海に面しています。面積は福島県と同じくらいで、ほとんどが高原地帯。標高で最高地点は2522mのドゥルミトル山中には、アルプス造山運動のときの海底堆積物が残っています。アドリア海沿岸部は温暖な地中海性気候ですが、内陸は冬の寒さがきびしいです。

【かんたんな歴史】6〜7世紀、スラブ民族のモンテネグロ人が定住をはじめ、11世紀ごろ、セルビア王国の一部に。やがて正教会の主教による神政政治が確立。15世紀にオスマン帝国の領域に入りますが国を存続させ、1878年、独立を承認されました。1918年、セルビアに編入され、1945年、ユーゴスラビア社会主義連邦共和国というひとつの国となりました。1992年、セルビアとともにユーゴスラビア連邦共和国を発足、2006年、独立を宣言しました。

【おもな産業】農業はオリーブやぶどうの栽培、牧羊などがさかん。工業はアルミニウムや鉄鋼、木材や食品加工など。

【食べ物】豚肉とザワークラウト（キャベツの酢漬け）をオーブンで焼いたポドバラクが知られています。

【スポーツ】水球がさかんです。

夏季オリンピックまめ知識
● 参加回数：3回（2008年初参加）
● メダル獲得数：合計1個
金0個　銀1個　銅0個

日本との関係　2006年より外交関係を樹立。自動車用ベアリング工場の建設や、海底送電ケーブルの敷設などに日本企業が進出。

ラトビア

ラトビア共和国　Republic of Latvia（LAT）　首都／リガ

面積	日本の約1/6	人口（2016年）	日本の約1.6%
約6万5000km²		約196万人	
平均寿命（2015年）	日本より男10.9歳短い 女7.6歳短い	出生率（2014年）	日本より約0.1人多い
男69.6歳　女79.2歳		約1.5人	
おもな言語	ラトビア語	通貨	ユーロ

バルト海の真珠といわれるリガの町

【どんな国】ヨーロッパの北東部、バルト三国のうち中央にある国。西側がバルト海に面し、国土のほとんどが平らな低地で最高地点は海抜約310m。湖が多く、森林が約半分をしめています。バルト海沿岸は温和な西岸海洋性気候。

【かんたんな歴史】13世紀にドイツ騎士団が入植し、その後、リトアニア・ポーランド領、スウェーデン領をへて、18世紀にロシア領に。1918年に独立しますが、1940年、ソ連に編入されてソ連邦を構成する国になりました。1990年、独立を宣言。2004年にヨーロッパ連合（EU）に加盟しました。

【おもな産業】大麦やライ麦、じゃがいもなどを栽培、畜産や酪農もさかんです。木材や加工品を輸出しています。工業は鉄鋼や食品加工、通信機器など。

【社会・文化】国民の約27%をしめるロシア系住民との対立が表面化しています。リガの旧市街が世界遺産に登録され、観光客が多くおとずれます。

【食べ物】じゃがいも入りのパンケーキや、魚のスープのルィビヌイなどが知られてします。

【スポーツ】バスケットボールがさかん。ボブスレーやリュージュも人気です。

夏季オリンピックまめ知識
● 参加回数：10回（1924年初参加）
● メダル獲得数：合計19個
金3個　銀11個　銅5個

日本との関係　1991年より外交関係を樹立。日本は自動車やタイヤなどを輸出し、木材や家具などを輸入。神戸市とリガ市は姉妹都市。

ヨーロッパ

リトアニア

リトアニア共和国　Republic of Lithuania（LTU）　首都／ビリニュス

面積	日本の約1/6	人口（2016年）	日本の約2%
約6万5000km²		約285万人	

平均寿命（2015年）	日本より 男12.4歳短い 女7.7歳短い	出生率（2014年）	日本より約0.2人多い
男68.1歳　女79.1歳		約1.6人	

おもな言語	リトアニア語	通貨	ユーロ

首都ビリニュスの旧市街（世界遺産）

【どんな国】ヨーロッパの北東部のバルト三国のうち一番南に位置する国です。国土のほとんどがなだらかな平地で、最高地点でも海抜約300m以下。多くの湖や湿地があります。バルト海沿岸は、暖流の影響で温和な西岸海洋性気候ですが、内陸部は寒暖の差が大きいです。

【かんたんな歴史】13世紀、リトアニア大公国が成立。14世紀にリトアニア・ポーランド同君連合王国を形成し、16世紀にはポーランドに吸収されました。18世紀末にロシア領となり、1918年に独立しましたが、1940年、ソビエト連邦に併合され、ソ連邦を構成する国に。1990年に独立を宣言し、2004年、ヨーロッパ連合（EU）に加盟しました。

【おもな産業】農業は小麦や大麦、てんさい、じゃがいもなどを栽培し、牛や豚の畜産や酪農もさかん。工業は石油精製や、食品加工、エレクトロニクスなど。

【社会・文化】ビリニュス歴史地区が世界遺産に登録されています。

【食べ物】ピンク色の冷製ボルシチのシャルティバルシュチ、バウムクーヘンに似たお祝いのケーキのシャコティスなど。

【スポーツ】バスケットボールやアイスホッケーがさかんです。

夏季オリンピックまめ知識
● 参加回数：9回（1924年初参加）
● メダル獲得数：合計25個
金6個　銀6個　銅13個

日本との関係　第二次世界大戦中、ナチス・ドイツの迫害からのがれてきたユダヤ人にビザを発行して約6000人の命を救った日本人、杉原千畝の記念公園がビリニュスにあります。

リヒテンシュタイン

リヒテンシュタイン公国　Principality of Liechtenstein（LIE）　首都／ファドーツ

面積	日本の約1/2360	人口（2016年）	日本の約0.03%
約160km²		約3万8000人	

平均寿命（2014年）	日本より 男0.2歳長い 女2.9歳短い	出生率（2014年）	日本より約0.1人多い
男80.7歳　女83.9歳		約1.5人	

おもな言語	ドイツ語	通貨	スイス・フラン

リヒテンシュタイン城。1837年に建てられた

【どんな国】ヨーロッパの中央に位置するアルプス山脈の、スイスとオーストリアにはさまれた南北約25km、東西約6kmの小さな国です。日本の小豆島と同じくらいの大きさで、南部は高地部（オーバーラント）、北部は低地部（ウンターラント）とよばれています。全体に山がちで、最高地点は標高2599m。

【かんたんな歴史】1719年、神聖ローマ帝国皇帝がリヒテンシュタイン家にこの地の統治権をあたえました。19世紀初め、ドイツ連邦に入り、1866年に独立。翌67年に永世中立を宣言し、軍隊を廃止しました。1990年、国連に加盟。外交は一部をのぞいてスイスに委任。

【おもな産業】観光業や銀行業が中心で、精密機器や医療機器の製造もさかん。美しい切手の発行も重要な収入源です。法人税が安いので、多くの外国企業が進出し、その税収も大きいです。

【社会・文化】立憲君主制で、元首はリヒテンシュタイン家の当主による男子世襲制です。議会は一院制で全25議席、政府は首相をふくめて5人。国民の所得税はなく、一人当たり国民所得は世界ではトップクラスです。

【食べ物】とうもろこしの粉を牛乳で煮たレブル、小麦粉の団子状のパスタのカスノーフルなど。

【スポーツ】アルペンスキーがさかん。2年に1度、人口100万人未満の国による欧州小国競技大会に参加しています。

夏季オリンピックまめ知識
● 参加回数：17回（1936年初参加）
● メダル獲得数：合計0個
金0個　銀0個　銅0個

ルーマニア

ルーマニア
Romania（ROU）
首都／ブカレスト

面積	人口 (2016年)
約23万8000km² 日本の約2/3	約1937万人 日本の約15%

平均寿命 (2015年)	出生率 (2014年)
男71.4歳 女78.8歳 日本より男9.1歳短い 女8.0歳短い	約1.4人 日本と同じ

おもな言語	通貨
ルーマニア語	レイ

トランシルバニア地方。中世の城が多く見られる

【どんな国】ヨーロッパの南東部にあり、東部は黒海に面し、南部のブルガリア国境にはドナウ川が流れています。国土の中央部を北から南東にカルパチア山脈、東から西へトランシルバニア山脈がはしり、この2つの山脈の北西にトランシルバニア平原、カルパチア山脈の東にモルドバ、トランシルバニア山脈の南にワラキアのルーマニア平原が広がっています。南部は温暖な地中海性気候ですが、内陸部は寒暖の差が大きく、冬は寒さがきびしいです。

【かんたんな歴史】106年ごろ、ローマ帝国の属領となり、3世紀にゴート人が侵入。その後、遊牧民のフン族、ブルガール人などが支配し、14世紀はじめ、ワラキア公国、モルダビア公国が成立。15世紀末、オスマン帝国の支配下に入り、1878年に独立し、その後ルーマニア王国となりました。1947年、社会主義の国ルーマニア人民共和国となり、1965年にはルーマニア社会主義共和国とあらためました。このころからチャウシェスク政権による独裁体制がはじまりましたが、1989年、反政府デモにより独裁政権はたおされ、民主化への道を歩みはじめました。1990年、国名をルーマニアにあらため、2007年、ヨーロッパ連合（EU）に加盟しました。

【おもな産業】農業がさかんで、小麦、米、とうもろこし、ひまわり、じゃがいも、ぶどうなどを栽培。高品質のワインを生産しています。林業もさかんで材木や木工品を輸出。石炭、原油、天然ガス、鉄などの資源も豊富です。工業は鉄鋼、機械機器、アルミニウム、食品加工などがさかん。

【社会・文化】人種はラテン系のルーマニア人が約89％、ハンガリー人が約6％。キリスト教正教会系のルーマニア正教徒がほとんどです。ウィッチクラフトという魔女文化の歴史があり、占い師やまじない師が多いです。ワラキア公国のブラン城は、ブラム・ストーカーの小説『吸血鬼ドラキュラ』のモデルで有名。民族音楽や踊りもさかんです。

【食べ物】とうもろこしを粉にして、おかゆのように煮て、牛乳などをまぜるママリガはよく食べます。これにスメタナ（サワークリーム）やチーズをそえたり、豚肉やソーセージをあわせたりします。肉料理はひき肉とたまねぎを混ぜ合わせ、キャベツの漬物でまいて煮こんだサルマーレが有名。

【スポーツ】サッカーがさかん。体操女子ではコマネチをはじめ、多くのオリンピックメダリストを出しています。ラグビーもワールドカップは第1回から連続出場しています。

夏季オリンピックまめ知識

- 参加回数：21回（1900年初参加）
- メダル獲得数：合計306個
  - 🥇89個 🥈95個 🥉122個

日本との関係

1902年に外交関係を樹立。1959年に国交を回復し、良好な関係を続けています。日本からは自動車、自動車部品、電気回路機器などを輸出、ルーマニアからは衣類や木材などを輸入しています。日系企業の投資も活発です。日本への関心は高く、日本語学習者はふえています。

ロシア

ロシア連邦
Russian Federation (RUS)
首都／モスクワ

面積 約1709万8000km² 日本の約45倍

人口（2016年） 約1億4344万人 日本の約114%

平均寿命（2015年） 男64.7歳 女76.3歳 日本より男15.8歳短い 女10.5歳短い

出生率（2014年） 約1.7人 日本より約0.3人多い

おもな言語 ロシア語

通貨 ルーブル

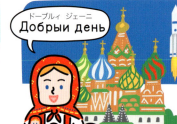
Добрый день

首都モスクワのクレムリン（城寨）。今も政治の中心として機能している

【どんな国】ユーラシア大陸の北半分をしめる世界一の面積をもつ国です。時差は国内だけで10時間あります。ウラル山脈の西は広大な東ヨーロッパ平原、東は西シベリア低地、中央シベリア高原、さらに極東には山脈がつらなっています。北極海沿岸は雪と氷におおわれたツンドラ気候で、その南側の針葉樹林帯は冷帯気候、さらに乾燥した平原のステップ気候、黒海周辺の温暖湿潤気候などがみられます。

【かんたんな歴史】9世紀にノブゴロド公国、ついでキエフ公国がおこり、10世紀にはビザンツ帝国からギリシャ正教をとりいれました。13世紀にモンゴルの支配下におかれます。1480年、モスクワ大公国が成立し、18世紀初め、ピョートル大帝はロシア帝国を建国して領土を極東まで広げました。1917年、ロシア革命がおこり、世界初の社会主義国家ソビエト社会主義共和国連邦（ソ連）を形成しました。ソ連はすべての産業を国有化し、計画にそって生産する方式のもとで発展しました。第二次世界大戦後は、アメリカをはじめとする自由主義国と対立しました。1991年、ソ連は解体し、ロシア連邦として新しい国づくりを開始しました。

【おもな産業】農業は小麦や大麦、ライ麦、じゃがいもなどを栽培。林業や水産業もさかんです。原油や天然ガス、石炭、鉄鉱石などの天然資源にもめぐまれています。宇宙産業は世界の先端をはしっています。

【社会・文化】ロシア人が約80%、ほかにタタール人、ウクライナ人、バシキール人など、100以上もの民族からなります。チェチェンの分離・独立問題をはじめ、クリミアやウクライナなど、独立や領土をめぐる問題をかかえています。音楽やバレエがさかんで、たくさんの劇場があり、チャイコフスキーの『白鳥の湖』や『くるみ割り人形』などが演じられています。

【食べ物】ザクースカとよばれる前菜には、ニシンやイワシの酢漬け、サケのマリネ、きのこや野菜のサラダなどがあります。スープの代表は、ビーツ（赤い根菜）のスープのボルシチ。パンは白パンと、ライ麦の黒パンがあります。カーシャというおかゆもよく食べます。ほかにロシア風のパイのピロシキや水ギョウザのペリメニなどがあります。

【スポーツ】サッカーとアイスホッケーが人気。ほかに体操、テニス、バスケットボール、バレーボール、ボクシング、スキー、フィギュアスケートなどがあります。空手や柔道、テコンドーなどの武道もさかんです。

夏季オリンピックまめ知識

- 参加回数：6回（1996年初参加）
- メダル獲得数：合計435個
  - 149個　128個　158個

※ロシア連邦成立後の成績です

日本との関係

1855年、和親条約をむすんで国交を樹立。1904年には日露戦争がおこりました。第二次世界大戦末期、ソ連軍が樺太や千島に攻め入り占領。1956年、日ソ共同宣言に調印し、国交が回復しましたが、北方四島の領土問題は未解決です。日本への関心は高く、日本語学習者の数はふえています。

ルクセンブルク

ルクセンブルク大公国　Grand Duchy of Luxembourg（LUX）　首都／ルクセンブルク

面積	人口（2016年）
約2600km² （日本の約1/145）	約58万人（日本の0.5%）

平均寿命（2014年）	出生率（2014年）
男80.5歳　女84.0歳（日本と同じ、日本より2.8歳短い）	約1.6人（日本より0.2人多い）

おもな言語	通貨
ルクセンブルク語、フランス語、ドイツ語	ユーロ

首都ルクセンブルクの町並み

【どんな国】ヨーロッパ北西部にある内陸国で神奈川県くらいの広さ。国土の大半が低い丘や山地で、東のドイツ国境にはモーゼル川が流れています。内陸国ですが海洋の影響をうけて温和な気候です。

【かんたんな歴史】10世紀、神聖ローマ帝国の要塞が築かれてから発展し、14世紀にルクセンブルク公国となりました。その後ブルゴーニュ公国をはじめ、スペインのハプスブルク家やオーストリア、フランスの支配をへて、1815年、オランダ国王を大公とする大公国に。1867年、フランスとプロイセン王国の緩衝のため永世中立国となりますが、第一次、第二次世界大戦でドイツ軍に侵入され、1949年、北大西洋条約機構（NATO）に参加、永世中立を放棄。1957年、ヨーロッパ経済共同体（EEC）の設立に参加し、以後ヨーロッパの統合に積極的です。

【おもな産業】鉄鋼業が中心でしたが、近年は金融やハイテク産業、医療品の製造がのび、スカイプやアップル社など外国企業が本社機能を移しています。

【社会・文化】立憲君主制で元首はナッサウ・バイルブルク家が世襲。議会は一院制で60議席。一人当たりの国民所得は世界トップレベルで社会保障も整備されています。

夏季オリンピックまめ知識
- 参加回数：24回（1900年初参加）
- メダル獲得数：合計2個
  - 金1個　銀1個　銅0個

日本との関係　ファナックや楽天など日本企業の23社が進出、ルクセンブルクからは12社が日本に進出（2016年）。

バチカン

バチカン市国　Vatican City State　首都／バチカン

面積	人口（2016年）
約0.4km²（日本の約1/945000）	約800人（日本の0.0006%）

おもな言語	通貨
ラテン語、フランス語、イタリア語	ユーロ

バチカンのサン・ピエトロ広場

【どんな国】イタリアの首都ローマ市内のテベレ川の右岸、バチカンの丘の上にある世界でもっとも小さい国です。キリスト教カトリックの教皇庁がおかれ、総本山であるサン・ピエトロ大聖堂をはじめ、バチカン宮殿、システィナ礼拝堂、バチカン美術館、図書館、銀行や放送局、裁判所、出版印刷局などがあります。ミケランジェロ、ラファエロ、ベルニーニら巨匠たちの作品が数多くあり、国全体が世界遺産に登録されています。

【かんたんな歴史】64年ごろ、ローマで殉教したキリスト十二使徒のペテロが、バチカンの丘にほうむられました。349年、ローマ皇帝コンスタンティヌス1世によって、ペテロ（初代ローマ教皇）の墓の上に聖堂が建てられました。この聖堂はやがてカトリックの中心となり、16世紀、ルネサンスの壮大な様式のサン・ピエトロ大聖堂が再建。1870年にイタリア王国領となりましたが、1929年、イタリア政府とのラテラノ条約により、バチカン市国が誕生。東ヨーロッパ諸国やイスラエルをはじめ、現在約180の国や地域と関係をむすんでいます。

【財政】資産の運用や各国教会からの献金のほか、切手やコインの販売、美術館の入館料などでまかなっています。

【社会・文化】教皇が国家元首。教皇は枢機卿たちの選挙（コンクラーベ）によりえらばれます。住民は教皇をはじめ、教皇庁につとめる聖職者やバチカンを守るスイスの衛兵ら。

日本との関係　日本は1585年、伊東マンショら天正遣欧少年使節を送り、1615年には支倉常長ら慶長遣欧使節を送りました。1942年に外交関係をむすびます。1981年に教皇ヨハネ・パウロ2世が来日し、広島と長崎をおとずれて核兵器の廃絶をうったえました。

※バチカンはオリンピックに参加していません。

アフリカ

アルジェリア

アルジェリア民主人民共和国　People's Democratic Republic of Algeria (ALG)　首都／アルジェ

面積	約238万2000km²	日本の約6.3倍
人口 (2016年)	約4038万人	日本の約32%
平均寿命 (2015年)	男73.8歳　女77.5歳	日本より男6.7歳短い　女9.3歳短い
出生率 (2014年)	約2.9人	日本より約1.5人多い
おもな言語	アラビア語、ベルベル語、フランス語	
通貨	アルジェリアン・ディナール	

地中海に面した首都アルジェの町並み

【どんな国】アフリカ北西部の、地中海に面した国です。国土はアフリカ最大ですが、ほとんどがサハラ砂漠におおわれています。地中海沿岸はアトラス山脈によって砂漠とへだてられているため温暖で、国民の9割以上が住み、小麦やオリーブ、ぶどうなどが栽培されています。

【かんたんな歴史】ローマ帝国に支配されたのち、8世紀にアラブ人が侵入してイスラム文化が定着。16世紀にはオスマン帝国の支配下に入り、1830年にフランスが侵入して、その植民地となります。1954年、独立戦争がおこり、1962年に独立。1989年の憲法改正で民主化がすすめられましたが、政府軍と急進的なイスラム勢力が対立し、テロがひんぱんに起こるようになりました。

【おもな産業】原油や天然ガスが豊富にとれ、国の経済を支えています。

【社会・文化】国民のほとんどがイスラム教徒。タッシリナジェールの先史時代の岩絵や、ローマ時代の遺跡、カスバとよばれるアルジェの旧市街などが、世界遺産に登録されています。

【食べ物】ショルバというスープと、クスクスが代表的です。

【スポーツ】サッカーがさかんで、ワールドカップには4度出場しました。

夏季オリンピックまめ知識
● 参加回数：13回（1964年初参加）
● メダル獲得数：合計17個
金5個　銀4個　銅8個

日本との関係　1962年に国交を樹立。2013年、天然ガスプラントへの襲撃事件で多くの日本人が亡くなりました。

アンゴラ

アンゴラ共和国　Republic of Angola (ANG)　首都／ルアンダ

面積	約124万7000km²	日本の約3.3倍
人口 (2016年)	約2583万人	日本の約20%
平均寿命 (2015年)	男50.9歳　女54.0歳	日本より男29.6歳短い　女32.8歳短い
出生率 (2014年)	約6.1人	日本より約4.7人多い
おもな言語	ポルトガル語	
通貨	クワンザ	

南西部の高原の町ルバンゴ

【どんな国】アフリカ南西部の国で、西側は大西洋に面しています。国土のほとんどが海抜1000m以上の高原で、平地はわずかです。沿岸部は寒流の影響をうけて温暖な気候ですが、南部は砂漠気候で乾燥。内陸部は熱帯雨林気候で、3～4月は雨が多いです。

【かんたんな歴史】15世紀末にポルトガル人が到来し、やがてブラジルへの奴隷貿易の中心地となっていきます。1951年、ポルトガルの海外州となりますが、独立運動がさかんになり、1975年に独立。その後、はげしい内戦がつづき、2002年、ようやく完全な和平が成立しました。

【おもな産業】原油や天然ガス、ダイヤモンドなどの鉱産資源が豊富で、輸出のほとんどをしめています。

【社会・文化】宗教や言語などでポルトガル文化の影響が強いです。伝統音楽のセンバは、ブラジルのサンバのもとになりました。

【食べ物】キャッサバやとうもろこしの粉をお湯でといて、もちのようにしたフンジが主食です。

【スポーツ】バスケットボールとサッカーがさかん。サッカーは、2006年のワールドカップに初出場しました。

夏季オリンピックまめ知識
● 参加回数：9回（1980年初参加）
● メダル獲得数：合計0個
金0個　銀0個　銅0個

日本との関係　1992年、日本初のPKO活動として選挙監視員が派遣されました。日本は機械類などを輸出。

ウガンダ

ウガンダ共和国　Republic of Uganda（UGA）　首都／カンパラ

面積	約24万2000km²	日本の約3/5

人口（2016年）	約4032万人	日本の約32%

平均寿命（2015年）	男60.3歳　女64.3歳	日本より男20.2歳短い　女22.5歳短い

出生率（2014年）	約5.8人	日本より約4.4人多い

おもな言語	英語、スワヒリ語、ルガンダ語

通貨	ウガンダ・シリング

ウガンダに生息する野生のマウンテンゴリラ

【どんな国】アフリカ東部の内陸にある赤道直下の国です。平均標高が1200mの高原にあるため、気候は温暖で、季節による変化もほとんどありません。南部にあるアフリカ最大のビクトリア湖は、ナイル川の源流のひとつ。水の豊かな国で、マウンテンゴリラの生息地としても有名です。

【かんたんな歴史】17世紀にはブガンダ王国などが乱立していましたが、1896年にイギリスの植民地となりました。1962年に独立をはたし、翌年には共和政に移行。1971年、軍事クーデターでアミンの独裁政権が誕生し、約30万人の反対派が殺されたといわれます。1979年、タンザニア軍の支援によってアミン大統領は国外に追放されました。

【おもな産業】農業国で、コーヒー豆、茶、たばこ、綿花などの栽培がさかんです。

【社会・文化】大半がキリスト教徒ですが、土着宗教も信仰されています。英語とスワヒリ語が公用語ですが、もっとも広く使われているのはルガンダ語。

【食べ物】バナナをむしたマトケ、とうもろこしの粉をねったポショなどが主食。

【スポーツ】男性にはサッカーやクリケット、女性にはバスケットボールを改良したネットボールが人気です。

夏季オリンピックまめ知識
● 参加回数：15回（1956年初参加）
● メダル獲得数：合計7個
　金2個　銀3個　銅2個

日本との関係
国内のほとんどの自動車が日本車です。日本はおもにコーヒー豆やごまなどを輸入しています。

エリトリア

エリトリア国　State of Eritrea（ERI）　首都／アスマラ

面積	約11万8000km²	日本の約3/10

人口（2016年）	約535万人	日本の約4%

平均寿命（2015年）	男62.4歳　女67.0歳	日本より男18.1歳短い　女19.8歳短い

出生率（2014年）	約4.3人	日本より約2.9人多い

おもな言語	ティグリニャ語、アラビア語

通貨	ナクファ

【どんな国】アフリカの北東部、紅海に面した国です。細長い海岸平野と高原地帯からなり、海岸部や南東部の低地は、年間の平均気温が30℃をこす、世界でもっとも暑い地域といわれています。いっぽう高原地帯は、冬には気温が0℃近くまで下がることがあります。

【かんたんな歴史】古くから紅海の交易地としてさかえました。16世紀にオスマン帝国に支配されたあと、エジプトやエチオピア領の一部となり、1890年にイタリアの植民地に。第二次世界大戦中にイギリス領となったのち、1952年にエチオピアと連邦関係をむすびます。しかしエチオピアに一方的に併合されたため、約30年にわたる独立運動がおこり、1993年に独立をはたしました。

【おもな産業】農牧業が中心。小麦やソルガム（もろこし）などを栽培しますが、干ばつの被害を受けやすく、食料の大半を輸入や援助にたよっています。

【社会・文化】イスラム教徒（おもにスンナ派）のほかエリトリア正教などのキリスト教徒が多く、各地に古い教会や修道院がのこっています。

【食べ物】テフという穀物でつくるクレープのインジェラが主食です。

【スポーツ】自転車競技がさかんで、ロードレースの国際大会も開かれます。

夏季オリンピックまめ知識
● 参加回数：5回（2000年初参加）
● メダル獲得数：合計1個
　金0個　銀0個　銅1個

日本との関係
日本はおもに機械類や自動車、タイヤなどを輸出しています。

アフリカ

アフリカ

エジプト

エジプト・アラブ共和国
Arab Republic of Egypt (EGY)
首都／カイロ

面積	日本の約2.7倍	人口(2016年)	日本の約74%
約100万2000km²		約9338万人	

平均寿命(2015年)		出生率(2014年)	
男 68.8歳 女 73.2歳	日本より 男11.7歳短い 女13.6歳短い	約3.3人	日本より約1.9人多い

| おもな言語 | アラビア語 | 通貨 | エジプト・ポンド |

アッサラーム アライクム
السلام عليكم

ギザのピラミッド。クフ王のピラミッドともよばれる。高さ約140m

【どんな国】アフリカ大陸の北東のはしにあり、北は地中海、東は紅海に面しています。世界最長のナイル川が南から北に流れて、古代から流域に大きなめぐみをもたらしてきました。この川の流域をのぞく国土の約90％が砂漠です。地中海沿岸は冬に雨が降りおだやかな気候ですが、そのほかの地域は高温で乾燥している砂漠気候です。

【かんたんな歴史】世界の四大文明発祥の地のひとつで、紀元前3000年ごろには古代王朝が成立。紀元前332年、アレクサンドロス大王が征服し、その後、プトレマイオス王朝が開かれました。紀元前1世紀、女王クレオパトラがローマと戦ってやぶれ、その支配下に。4世紀にはビザンツ帝国領となり、キリスト教のコプト教が広まりました。7世紀にアラブ軍が侵入し、イスラム教が伝えられます。16世紀初め、オスマン帝国に支配され、19世紀にはイギリスの支配下におかれます。1869年、紅海と地中海をむすぶスエズ運河が開通。1922年にエジプト王国として独立しますが、イギリスの支配下にありました。1952年、クーデターがおこり国王が追放され、エジプト共和国が成立しました。2011年、民衆の反政府運動が広がり、大統領が辞任し、以後、イスラム勢力とリベラルの世俗勢力が対立し、混乱がつづいています。

【おもな産業】農業はエジプト綿で知られる綿花がおもで、ほかに小麦、米、なつめやし、オリーブなどを栽培。りん鉱石や鉄鉱石、原油、天然ガスなどが採掘されています。アスワン・ハイダムの水力発電により、鉄鋼、石油製品、化学肥料などの工業も発展しました。観光業もさかんです。

【社会・文化】宗教はイスラム教のスンナ派が約85％、キリスト教のコプト教が約10％をしめています。クフ王の巨大ピラミッドやルクソールのアブ・シンベル神殿、古代都市テーベ、シナイ半島のコプト教の聖カタリナ修道院などが世界遺産に登録されています。

【食べ物】パンと米が主食で、モロヘイヤや煮豆のスープなどをよく食べます。肉料理では羊のひき肉をかためて焼いたコフタ、羊の角切りと野菜の串焼きのケバブ、はとに米をつめて焼いたハマム・マッハシなどが有名です。

【スポーツ】一番人気があるのはサッカーで、ほかにバレーボール、ハンドボール、テニス、バスケットボール、スカッシュなど。スピードボールはエジプトが発祥とされています。柔道や空手などの武道もさかんです。

夏季オリンピックまめ知識
● 参加回数：22回（1912年初参加）
● メダル獲得数：合計32個
金7個　銀10個　銅15個

日本との関係
1922年に外交関係を樹立。日本は近年、小児病院、スエズ運河のムバラク平和橋、カイロの地下鉄建設などを支援しています。2010年、エジプト日本科学技術大学を開校しました。日本はバスやトラック、自動車、機械、電気機器などを輸出し、揮発油、野菜、果実などを輸入しています。

エチオピア

エチオピア連邦民主共和国
Federal Democratic Republic of Ethiopia (ETH)
首都／アディスアベバ

面積	約110万4000km²	日本の約3倍	人口（2016年）	約1億185万人	日本の約81%
平均寿命（2015年）	男62.8歳 女66.8歳	日本より男17.7歳短い 女20.0歳短い	出生率（2014年）	約4.4人	日本より約3.0人多い
おもな言語	アムハラ語、英語		通貨	ブル	

テナイストゥリン

農作業を手つだうエチオピアの少女たち

【どんな国】アフリカ大陸の北東部の内陸に位置し、中央部に標高2000～3000mのエチオピア高原が広がっています。最高地点はラスダシャン山で標高4533m。南北をプレート境界のアフリカ大地溝帯がはしり、大きな谷と火山が見られます。高地はすずしくてしのぎやすい高山気候ですが、まわりの低地は熱帯雨林気候で気温は高く、6～8月が雨季です。

【かんたんな歴史】1世紀ごろアクスム王国が成立し、4世紀には最盛期をむかえ、キリスト教のコプト教（のちのエチオピア正教）を国教にしました。その後、諸侯が分立する時代をへて、19世紀なかば、テオドロス2世が統一国家を形成。19世紀末、イタリアの侵攻をしりぞけ、独立をたもちました。1931年、ハイレ・セラシエ皇帝が憲法を制定し、立憲国家の道を歩もうとしますが、1936～41年にはイタリアに併合されました。1973年、東部のソマリア人の反政府運動がおこり、干ばつによる餓死者が出るなどして、クーデターが起こり、社会主義をかかげる軍事政権が成立。1975年からティグライ人の反政府運動も活発化し内戦に突入。多くの難民が国外にのがれました。1991年、独裁政権はたおされ、1995年にエチオピア連邦民主共和国が発足しました。

【おもな産業】農業が主要産業で、コーヒー豆、とうもろこし、大麦、小麦、綿花、イネ科の穀物テフなどを栽培しています。とくにコーヒー豆や切り花などは、重要な輸出品です。鉱業は金、銀、塩などが採掘されています。工業は小規模ですが繊維や革製品、食品加工などが見られます。

【社会・文化】オロモ人、アムハラ人、ティグライ人など、約80の民族からなる多民族国家です。公用語はアムハラ語とされていますが、民族語による教育を認めています。宗教はエチオピア正教、イスラム教など。約250万年前のホモ・ハビリスが使った石器や多くの化石人骨が出土しているオモ川下流域や、ラリベラの岩窟教会群などが世界遺産に登録されています。

【食べ物】主食はテフの粉を水でといて発酵させ、クレープのようにうすく焼いたインジェラ。料理はラム肉やたまねぎ、豆などを煮こんだワットが知られています。とうがらしで味つけするので、からい料理が多いです。

【スポーツ】人気が高いのはサッカーですが、強いスポーツはマラソンなどの長距離走です。オリンピックでは、アベベをはじめ多くの金メダリストを出しています。

夏季オリンピックまめ知識
● 参加回数：13回（1956年初参加）
● メダル獲得数：合計53個
22個　10個　21個

日本との関係
1930年に修好通商条約をむすび、以後エチオピアは親日国として友好を深めてきました。日本はバス、トラック、乗用車、機械、鉄鋼などを輸出、エチオピアからコーヒー豆、ごま、皮革などを輸入。2015年からはエチオピア航空が成田空港に直行便を出しています。

ガーナ

ガーナ共和国　Republic of Ghana (GHA)　首都／アクラ

面積	日本の約3/5	人口（2016年）	日本の約22%
約23万9000km²		約2803万人	

平均寿命（2015年）	日本より男19.5歳短い 女22.9歳短い	出生率（2014年）	日本より約2.8人多い
男61.0歳　女63.9歳		約4.2人	

| おもな言語 | 英語、アカン語など | 通貨 | ガーナセディ |

カカオ農園ではたらく人

【どんな国】アフリカの西部、ギニア湾に面した国です。中央をボルタ川が流れ、国土の大半がその流域の低地です。南部は熱帯雨林気候で暑くて雨が多く、北に行くにしたがって乾燥していきます。水力発電のため、1965年にボルタ川をダムでせきとめたことで、世界最大級の人造湖ボルタ湖が生まれました。

【かんたんな歴史】15世紀にポルトガル人が来て、奴隷貿易の拠点にしました。その後、内陸部で金が発見されると、ギニア湾岸地域は「黄金海岸」とよばれ、ヨーロッパ各国が侵入。20世紀初めにイギリスの植民地となり、1957年に独立。アフリカの独立ラッシュのさきがけとなりました。1992年には、複数政党制をふくむ新憲法が、国民投票でみとめられました。

【おもな産業】農業国で、チョコレートの原料となるカカオ豆の産地として有名。金やダイヤモンドなどの産出量も多く、近年は油田も開発されています。

【社会・文化】国民の7割近くがキリスト教徒です。

【食べ物】いも類をつぶしてもちのようにしたフフなどが主食です。

【スポーツ】サッカーがさかん。2010年のワールドカップ南アフリカ大会ではベスト8に進出しました。

夏季オリンピックまめ知識
- 参加回数：14回（1952年初参加）
- メダル獲得数：合計4個
- 金0個　銀1個　銅3個

日本との関係　細菌学者の野口英世が黄熱病の研究のために渡航した地です。日本にはカカオ豆を輸出しています。

カーボベルデ

カーボベルデ共和国　Republic of Cabo Verde (CPV)　首都／プライア

面積	日本の約1/100	人口（2016年）	日本の約0.4%
約4000km²		約52万7000人	

平均寿命（2015年）	日本より男9.2歳短い 女11.8歳短い	出生率（2014年）	日本より約0.9人多い
男71.3歳　女75.0歳		約2.3人	

| おもな言語 | ポルトガル語、クレオール語 | 通貨 | カーボベルデ・エスクード |

【どんな国】アフリカ西部、セネガルの沖合にうかぶ15の島からなる国。山がちで平地はわずかです。高温で一年中乾燥し、11〜3月にはサハラ砂漠から砂嵐がふきつけるため、さらに乾燥がすすみ、飲料水も不足します。国名は、アフリカ大陸の西端にあるセネガルの岬の名前、カーボベルデ（ポルトガル語で緑の岬）からとられたもので、この岬の沖合にある島じまという意味です。

【かんたんな歴史】もともと無人島でしたが、15世紀にポルトガル人が発見し、その後ポルトガルの植民地に。1950年代から独立運動がおこり、1975年に独立しました。その後、一党独裁がつづきますが、1991年にはじめて民主的な総選挙がおこなわれました。

【おもな産業】主食のとうもろこしなどが栽培されていますが、乾燥のため農業はふるわず、マグロやロブスターの漁業がおこなわれています。海外移住者からの送金や、援助が大きな収入源です。

【社会・文化】ポルトガル音楽の影響をうけたモルナという大衆音楽が有名。国民のほとんどがキリスト教徒です。

【食べ物】とうもろこしや豆、野菜、肉を煮こんだカシューパが国民食です。

夏季オリンピックまめ知識
- 参加回数：6回（1996年初参加）
- メダル獲得数：合計0個
- 金0個　銀0個　銅0個

日本との関係　日本は水道や発電・送電施設の整備、食料の援助などの資金協力をおこなっています。

ガボン

ガボン共和国　Gabonese Republic（GAB）　首都／リーブルビル

面積	日本の約2/3	人口（2016年）	日本の約1%
約26万8000km²		約176万人	

平均寿命（2015年）	日本より男15.8歳短い 女19.6歳短い	出生率（2014年）	日本より約2.5人多い
男64.7歳　女67.2歳		約3.9人	

| おもな言語 | フランス語、ファン語 | 通貨 | CFAフラン |

【どんな国】アフリカ中部、ギニア湾に面した赤道直下の国。国土の約85%が熱帯雨林におおわれ、一年中暑く、赤道に近い北部ほど雨が多くなります。国立公園の面積が約10%をしめ、国も自然環境の保護に力を入れています。

【かんたんな歴史】バンツー系の民族がくらしていましたが、15世紀にポルトガル人が渡来し、奴隷貿易の拠点となります。その後、イギリス、オランダ、フランスも進出。19世紀にはフランスの保護領、ついで植民地となりますが、1960年に独立をはたしました。その後の政情は、比較的安定しています。

【おもな産業】森林資源が豊富ですが、農業はふるいません。サハラ砂漠以南のアフリカでは有数の産油国で、輸出の大半は原油です。マンガンなどの鉱産資源にもめぐまれ、アフリカではとくに国民所得の高い国です。

【社会・文化】カトリックの布教の歴史は古く、国民の約7割がキリスト教徒。西部の町ランバレネには、シュバイツァーがたてた病院がのこっています。

【食べ物】キャッサバをつぶして発酵させたマニョックが有名です。

【スポーツ】オリンピックで銀メダルをとったテコンドーなど、武道がさかん。

夏季オリンピックまめ知識
● 参加回数：10回（1972年初参加）
● メダル獲得数：合計1個
　金0個　銀1個　銅0個

日本との関係　日本は、漁業施設の建設や、自然環境保護などについての経済協力をおこなっています。

ガンビア

ガンビア共和国　Republic of The Gambia（GAM）　首都／バンジュール

面積	日本の約3/100	人口（2016年）	日本の約2%
約1万1000km²		約206万人	

平均寿命（2015年）	日本より男20.7歳短い 女24.3歳短い	出生率（2014年）	日本より約4.3人多い
男59.8歳　女62.5歳		約5.7人	

| おもな言語 | 英語、マンディンカ語など | 通貨 | ダラシ |

国の中心を流れるガンビア川

【どんな国】アフリカの西のはしにある国で、西側は大西洋に面し、あとの三方はセネガルに囲まれています。国の真ん中を流れるガンビア川の両側が国土という細長い地形で、面積は岐阜県と同じくらいです。河口に近い地域は高温多湿で、とくに7〜10月の雨季には大量の雨が降ります。

【かんたんな歴史】15世紀にポルトガル人がガンビア川の河口に来航しますが、16世紀後半にはイギリス商人の勢力下に入り、奴隷貿易や象牙貿易の拠点となります。1783年にイギリスの植民地となり、1965年、英連邦内の王国として独立。1970年に共和国となりました。1982年、セネガルとともにセネガンビア連邦を結成しますが、7年後に連邦は解体しました。

【おもな産業】農業が中心で、落花生や米の栽培がさかん。漁業にも力を入れるほか、ガンビア川の沿岸の自然を利用した観光業も大きな収入源になっています。

【社会・文化】大半がイスラム教徒。ガンビア川にうかぶクンタ・キンテ島には奴隷貿易時代の遺跡がのこっています（世界遺産）。

【食べ物】ベナチンとよばれる炊きこみご飯などが主食です。

【スポーツ】サッカーがさかんです。

夏季オリンピックまめ知識
● 参加回数：9回（1984年初参加）
● メダル獲得数：合計0個
　金0個　銀0個　銅0個

日本との関係　かつて日本は、タコやエビなどの水産物を輸入していました。現在はわずかですが木材を輸入しています。

カメルーン

アフリカ

カメルーン共和国
Republic of Cameroon (CMR)
首都／ヤウンデ

面積	人口 (2016年)
約47万6000km² 日本の約1.3倍	約2392万人 日本の約19％

平均寿命 (2015年)	出生率 (2014年)
男55.9歳 女58.6歳 / 日本より男24.6歳短い 女28.2歳短い	約4.7人 日本より約3.3人多い

おもな言語	通貨
フランス語、英語、ファン語など	CFAフラン

Bonjour ボンジュール

北西部の町フンバン。かつてバムン族の王都だった

【どんな国】西アフリカのギニア湾に面した国です。国土の大半が熱帯雨林。南部は高温多湿で北へ行くほど乾燥し、サバナ気候、ステップ気候となり、チャド湖付近は砂漠が見られます。最高峰は標高4095mのカメルーン山。首都のヤウンデは標高650〜1000mにあり、気候はおだやかです。南部のジャー動物保護区はチンパンジーやゴリラが生息していて世界遺産に登録されています。

【かんたんな歴史】9世紀ごろ、北のチャド湖付近にカネム・ボルヌ王国が成立しました。南部には15世紀ごろ、小さな王国がいくつも生まれました。15世紀末、ポルトガル人が来航し、沿岸でエビを見つけ「リオ・ドス・カマラウン（小エビの川）」といったことから、カメルーンと名づけられたそうです。やがてポルトガル人は、アフリカ人を奴隷として売り買いする奴隷貿易をはじめ、オランダ、イギリスも進出し、キリスト教の布教とともに、奴隷貿易をおこないました。1884年にドイツの保護領となり、第一次世界大戦後は東がフランスの、西がイギリスの委任統治領となりました。1960年、フランス領カメルーンが独立し、翌年イギリス領の南部を併合し、1984年、国名をカメルーン共和国に改めました。

【おもな産業】農業がさかんで、カカオ豆やコーヒー豆、バナナ、綿花などを栽培。畜産や林業もさかんです。原油やボーキサイト、金、ダイヤモンドなども採掘されています。水力発電で総電力量の約70％をまかなっています（2013年）。

【社会・文化】民族は250以上もあり、フランス語と英語が公用語とされていますが、各民族が使っている言語が200以上もあります。宗教はキリスト教カトリックが約27％、プロテスタントが約20％、イスラム教が約20％、伝統宗教が約22％で、南部はキリスト教、北部はイスラム教が多数をしめています。中部から南部の熱帯雨林には、ピグミー系の狩猟採集民族が住んでいます。

【食べ物】キャッサバ（タピオカ）や、さといもに似たマカボ、米のご飯などが主食です。これに、キャッサバの若葉をこまかくくだいて、ピーナッツソースで煮たスープのパプをつけて食べます。南部では、なまずをバナナの葉にくるんで蒸したあと、トマトソースで煮こんだンドンパがごちそうです。

【スポーツ】サッカーやバスケットボールがさかん。サッカー代表はワールドカップに7度出場（2014年まで）。ヨーロッパをはじめ世界のクラブチームで活躍する選手も多いです。

夏季オリンピックまめ知識
● 参加回数：14回（1964年初参加）
● メダル獲得数：合計5個
🥇 3個　🥈 1個　🥉 1個

日本との関係
1960年以来、日本はさまざまな経済協力をおこなっています。日本は人造繊維や一般機械、自動車などを輸出し、木材、カカオ豆、コーヒー豆、アルミニウムなどを輸入。2002年のサッカーワールドカップで、カメルーン代表は大分県の中津江村でキャンプをし、以後交流を続けています。

ギニア

ギニア共和国　Republic of Guinea（GUI）　首都／コナクリ

面積	日本の約2/3
約24万6000km²	

人口（2016年）	日本の約10%
約1295万人	

平均寿命（2015年）	日本より 男22.3歳短い 女27.0歳短い
男58.2歳　女59.8歳	

出生率（2014年）	日本より約3.6人多い
約5.0人	

おもな言語	フランス語、フラ語など

通貨	ギニア・フラン

野生のホロホロチョウが生息している

【どんな国】アフリカの西のはしにある大西洋に面した国です。西側の海岸にそった平地は、高温多湿の熱帯雨林気候で、水が豊かなため「西アフリカの水がめ」とよばれ、首都のコナクリは世界一雨の量が多い首都といわれます。東側の内陸部は高地で乾燥しています。

【かんたんな歴史】16世紀はじめ、ヨーロッパ人が奴隷貿易のために入植。19世紀末にはフランスの植民地になります。1958年に独立。一党独裁による社会主義国家をめざし、一時は国名も変えますが、1984年に無血クーデターがおこり、自由主義体制に方向を変えました。1990年には、複数政党制などをもりこんだ新しい憲法が、国民投票でみとめられました。

【おもな産業】農業人口が約8割をしめ、米やキャッサバなどを栽培。貿易の中心はボーキサイトやダイヤモンド、金などの鉱産資源です。ボーキサイトの埋蔵量は世界の3分の1をしめます。

【社会・文化】国民の大半がイスラム教徒。ジャンベという打楽器をもちいた伝統音楽がさかんです。

【食べ物】主食はキャッサバやヤムイモ。トマトピューレでたいたご飯のジョロフライスをよく食べます。

【スポーツ】サッカーがさかんです。

夏季オリンピックまめ知識
● 参加回数：11回（1968年初参加）
● メダル獲得数：合計0個
　金0個　銀0個　銅0個

日本との関係：日本の開発援助によって、乾燥や害虫に強く収穫量の多い米を開発。穀物の自給率が高まりました。

ギニアビサウ

ギニアビサウ共和国　Republic of Guinea-Bissau（GBS）　首都／ビサウ

面積	日本の約1/10
約3万6000km²	

人口（2016年）	日本の約1%
約189万人	

平均寿命（2015年）	日本より 男23.3歳短い 女26.3歳短い
男57.2歳　女60.5歳	

出生率（2014年）	日本より約3.4人多い
約4.8人	

おもな言語	ポルトガル語、クレオール語

通貨	CFAフラン

【どんな国】アフリカの西のはしにある大西洋に面した国です。東部にある海抜約300mの台地のほかは、大半が0mに近い低地で、海岸部は湿地。雨季と乾季があり、12～5月の乾季には、サハラ砂漠からハルマッタンとよばれる乾いた熱風がふきます。

【かんたんな歴史】15世紀のなかば、ポルトガル人が到来。やがて奴隷貿易の拠点としてさかえました。その後、ポルトガルは土地の領有をめぐってイギリスやフランスと争い、1879年にこの地を植民地にします。1956年、独立戦争がおこり、1973年に独立を宣言。翌年、ポルトガルも独立をみとめました。独立後、カーボベルデとの統一をはかりますが、1980年のクーデターにより失敗します。

【おもな産業】農業が中心で、米、落花生、カシューナッツの栽培がさかん。しかし、内戦や干ばつの影響で食料の大半を輸入しており、世界でもっとも貧しい国のひとつです。

【社会・文化】ポルトガル語と現地語がまじったクレオール語が広く使われます。

【食べ物】キャッサバでつくったフフや、ご飯にスープをかけて食べるのが一般的。

【スポーツ】サッカーがさかんで、スポーツでは唯一のプロリーグがあります。

夏季オリンピックまめ知識
● 参加回数：6回（1996年初参加）
● メダル獲得数：合計0個
　金0個　銀0個　銅0個

日本との関係：風土病や感染症が多いため、日本から殺虫剤や殺菌剤などの薬品を輸入しています。

アフリカ

ケニア

ケニア共和国
Republic of Kenya (KEN)
首都／ナイロビ

面積	人口（2016年）
約59万2000km² 日本の約1.6倍	約4725万人 日本の約37％

平均寿命（2015年）	出生率（2014年）
男61.1歳 女65.8歳 日本より男19.4歳短い 女21.0歳短い	約4.3人 日本より約2.9人多い

おもな言語	通貨
スワヒリ語、英語	ケニア・シリング

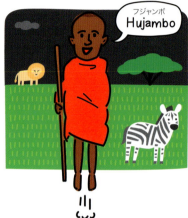
フジャンボ
Hujambo

キリマンジャロ山とアフリカゾウ

【どんな国】アフリカ大陸東部の赤道直下にあります。東はインド洋に面しており、この海岸沿いの平地をのぞくとほとんどが1100〜1800mの高原で、中央にはアフリカで2番目に高い標高5199mのケニア山が、西の国境にはビクトリア湖があります。海岸地方は高温多湿の熱帯気候ですが、中央の平原地帯は乾燥していて過ごしやすいです。北部は半乾燥地帯。
【かんたんな歴史】8世紀ごろ、アラブ人が渡来し交易を始め、港町モンバサなどが栄えました。15世紀末、バスコ・ダ・ガマが渡航して以来、ポルトガル人が進出しました。19世紀には支配権をめぐってイギリスとドイツが争い、1895年、イギリスの保護領となりました。第二次世界大戦後、独立運動がおこり、1963年、独立を達成。翌年、ケニヤッタがケニア共和国の初代大統領となり、工業化をすすめました。2007年の選挙をめぐって与野党がはげしく対立、各地で暴動がおこり、1000人をこえる死者がでました。2013年にはイスラム過激派によりアブダビのショッピングモールが、2015年には大学が襲撃されるなどテロ事件がおこっています。
【おもな産業】農業がさかんで、小麦、とうもろこし、コーヒー豆、茶、サイザル麻などを栽培。茶の輸出は世界第1位（2013年）。工業では食品加工、繊維、セメント、自動車組み立てなどがさかんで、東アフリカではもっとも発展しています。野生動物の観察をするサファリツアーなどの観光収入も大きいです。
【社会・文化】民族はキクユ族、ルヒヤ族、カレンジ族、ルオ族、マサイ族など40以上にのぼり、それぞれの言語と宗教をもち、独自の音楽と踊りをもっています。宗教はキリスト教プロテスタント、カトリックが多く、イスラム教は1割ほど。「もったいない」を世界に広めたワンガリ・マータイはケニアの出身です。ライオンやゾウ、キリン、シマウマ、スイギュウなど野生動物が多く、ナイロビ国立公園やマサイ・マラ国立保護区などで保護しています。タンザニアのキリマンジャロ山への登山口としても知られています。
【食べ物】主食はウガリ。とうもろこしやキャッサバ（タピオカ）の粉に熱湯を入れてねったものです。おかずは野菜のスクマ（ケール）をきざんでいためたものや、豆やじゃがいもの煮物など。肉料理では牛、山羊、とりなどを焼いたニャマチョマがあります。ピラウという米のピラフも食べます。
【スポーツ】サッカーがさかんです。陸上の長距離も強く、オリンピックの金メダリストを出しています。

夏季オリンピックまめ知識
● 参加回数：14回（1956年初参加）
● メダル獲得数：合計101個

31個　39個　31個

日本との関係
1963年のケニア独立のときに日本は承認。日本政府は農業、水道、衛生、教育、環境保全などの分野で資金援助や技術協力をおこなっています。日本は乗用車やトラック、バス、鉄鋼などを輸出し、紅茶やコーヒー豆、バラの切り花などを輸入しています。

コートジボワール

コートジボワール共和国　Republic of Côte d'Ivoire（CIV）　首都／ヤムスクロ

面積	約32万2000 km²	日本の約9/10
人口（2016年）	約2325万人	日本の約18%
平均寿命（2015年）	男52.3歳　女54.4歳	日本より男28.2歳短い／女32.4歳短い
出生率（2014年）	約5.0人	日本より約3.6人多い
おもな言語	フランス語、ジュラ語など	
通貨	CFAフラン	

ヤムスクロの平和の聖母聖堂と水路

【どんな国】アフリカの西部にあり、南側がギニア湾に面しています。海の近くには、ラグーンとよばれる浅い湖が見られます。全体に平らな地形で、海にむかってゆるやかに傾斜していきます。沿岸部は高温多湿、内陸部は乾燥しています。

【かんたんな歴史】14世紀まではいくつかの王国がありましたが、15世紀にヨーロッパの国と奴隷貿易や象牙の取引をおこなうようになりました。1893年にフランスの植民地となり、1960年に独立。国名のコートジボワールは、フランス語で「象牙海岸」を意味します。

【おもな産業】農業が中心。チョコレートの原料となるカカオ豆は、生産量・輸出高ともに世界一（2013年）。コーヒー豆、ヤムイモ、天然ゴムの栽培もさかんで、「西アフリカの優等生」とよばれていましたが、国際価格が下がったため、最近は油田の開発に力を入れています。

【社会・文化】60をこす民族がいます。北部ではイスラム教、南部ではキリスト教が支配的です。

【食べ物】ヤムイモでつくったフトゥ、キャッサバでつくったアチェケが主食。

【スポーツ】サッカーがさかん。ワールドカップにも連続出場しています。

夏季オリンピックまめ知識
- 参加回数：13回（1964年初参加）
- メダル獲得数：合計3個　金1個　銀1個　銅1個

日本との関係：1960年代末に日本の繊維企業が進出。以来、日本から自動車などを輸入するようになりました。

コモロ

コモロ連合　Union of Comoros（COM）　首都／モロニ

面積	約2200 km²	日本の約1/172
人口（2016年）	約81万人	日本の約0.6%
平均寿命（2014年）	男61.6歳　女65.0歳	日本より男18.9歳短い／女21.8歳短い
出生率（2014年）	約4.5人	日本より約3.1人多い
おもな言語	フランス語、アラビア語、コモロ語	
通貨	コモロ・フラン	

【どんな国】アフリカ大陸とマダガスカル島にはさまれたモザンビーク海峡の北部にうかぶ、3つの火山島からなる国です。どの島も山がちで、原生林におおわれています。一年中高温で、11～4月には雨が集中して降り、サイクロンや高潮におそわれることもあります。

【かんたんな歴史】古くからイスラム商人が航海の中継地として利用。1886年には、フランスが近くのマイヨット島をふくむ4島を領有。1975年に3島は独立しますが、キリスト教徒の多いマイヨット島だけはフランス領にとどまりました。その後、クーデターをくり返しましたが、2001年に新憲法を制定。国名をコモロ・イスラム連邦共和国からコモロ連合に変更しました。

【おもな産業】シナモンやバニラ、クローブなどの香辛料やイランイランの精油の世界有数の産地として知られていますが、天然資源にとぼしいため、世界でもっとも貧しい国のひとつです。

【社会・文化】ほとんどがイスラム教徒。近海は、生きた化石といわれるシーラカンスの生息地として有名です。

【食べ物】海産物、とくにカツオを使った料理をよく食べます。

夏季オリンピックまめ知識
- 参加回数：6回（1996年初参加）
- メダル獲得数：合計0個　金0個　銀0個　銅0個

日本との関係：日本はマグロやカツオ漁の指導をおこなってきました。シーラカンスの水中撮影にも成功しています。

アフリカ

コンゴ共和国

コンゴ共和国　Republic of Congo（CGO）　首都／ブラザビル

面積	日本の約9/10	人口（2016年）	日本の約4%
約34万2000km²		約474万人	
平均寿命（2015年）	日本より男17.3歳短い 女20.5歳短い	出生率（2014年）	日本より約3.5人多い
男63.2歳 女66.3歳		約4.9人	
おもな言語	フランス語、リンガラ語など	通貨	CFAフラン

【どんな国】アフリカの中西部にある赤道直下の国です。東部は、コンゴ川とその支流のウバンギ川をへだててコンゴ民主共和国に接しています。国土の半分は熱帯雨林におおわれたコンゴ盆地。北に行くほど雨が多くなります。

【かんたんな歴史】15世紀にはコンゴ王国がさかえていましたが、15世紀後半にポルトガル人がおとずれ、コンゴ川の河口付近を拠点に奴隷貿易をはじめました。1882年にフランスの植民地となり、1960年に独立。一党独裁体制で社会主義国をめざしますが、1991年に複数政党制に変わります。1997年には内戦がおこり、2003年までつづきました。

【おもな産業】さとうきび、キャッサバ、カカオ豆、落花生などを栽培する農業国です。かつては、木材が輸出の中心でしたが、1970年代に海底油田が開発されてからは、原油が国の経済をささえています。

【社会・文化】国民の7割以上がキリスト教徒。義務教育がすすんでおり、アフリカでも有数の就学率をほこります。

【食べ物】キャッサバをもちのようにしたフフや、葉で包んでむしたクワンガが主食です。

【スポーツ】サッカーがさかん。はだしで競技をすることもあります。

夏季オリンピックまめ知識
- 参加回数：12回（1964年初参加）
- メダル獲得数：合計0個
- 金0個 銀0個 銅0個

日本との関係：日本はおもに木材を輸入し、鉄鋼やタイヤ類などを輸出しています。

コンゴ民主共和国

コンゴ民主共和国　Democratic Republic of the Congo（COD）　首都／キンシャサ

面積	日本の約6.2倍	人口（2016年）	日本の約63%
約234万5000km²		約7972万人	
平均寿命（2015年）	日本より男22.2歳短い 女25.3歳短い	出生率（2014年）	日本より約4.6人多い
男58.3歳 女61.5歳		約6.0人	
おもな言語	フランス語、コンゴ語、リンガラ語など	通貨	コンゴ・フラン

【どんな国】アフリカ大陸のほぼ中央にあり、アフリカではアルジェリアについで2番目に面積の大きな国です。コンゴ川の流域にひろがるコンゴ盆地が国土の大部分をしめ、河口が大西洋に面しています。赤道直下の中央部は高温多湿の熱帯雨林気候で、南部の高原地帯は雨の量が少なくなります。

【かんたんな歴史】15世紀末にポルトガル人がおとずれて以来、ヨーロッパ人やアラブ人が侵入。1908年にベルギーの植民地となり、1960年に独立しますが、鉱産資源の豊富な南部の分離独立をめぐって「コンゴ動乱」がおきます。1965年、モブツが政権をにぎって30年以上独裁をつづけ、1971年には国名をザイール共和国にあらためますが、モブツは1997年に追放され、国名も現在の名称に変更されました。

【おもな産業】コバルトやマンガン、銅、すず、ダイヤモンドなどを産出する世界有数の鉱産資源の宝庫。おもな農産物はコーヒー豆やパーム油です。

【社会・文化】多民族国家で200をこえる言語があります。リンガラとよばれるポピュラー音楽が有名です。

【食べ物】キャッサバなどで作るもちのようなフフと米が主食。

夏季オリンピックまめ知識
- 参加回数：10回（1968年初参加）
- メダル獲得数：合計0個
- 金0個 銀0個 銅0個

日本との関係：コンゴ川下流のマタディ橋は、日本の技術援助によってできたアフリカ初の長大なつり橋です。

88

サントメ・プリンシペ

サントメ・プリンシペ民主共和国　Democratic Republic of Sao Tome and Principe (STP)　首都／サントメ

面積	約1000km²　日本の約1/385
人口（2016年）	約19万人　日本の0.2%
平均寿命（2014年）	男64.4歳　女68.4歳　日本より男16.1歳短い／女18.4歳短い
出生率（2014年）	約4.6人　日本より3.2人多い
おもな言語	ポルトガル語、クレオール語
通貨	ドブラ

【おもな産業】カカオ豆の栽培がさかんで輸出の大半をしめますが、近年生産量が減少。耕地が少ないため、食料のほとんどを輸入しています。周辺に海底油田が確認され、開発を急いでいます。

【社会・文化】おもにポルトガル語と現地語のまじったクレオール語を話し、カトリック教徒が大半です。

【食べ物】チキンや魚介のトマト煮など、ポルトガル料理の影響を受けています。蒸し焼きしたパンノキもよく食べます。

【スポーツ】サッカーがさかんです。

【どんな国】西アフリカにある島国で、ギニア湾東部にうかぶ火山島のサントメ島、プリンシペ島と、周辺の4つの小島からなります。赤道直下にあるため、全域が高温多湿の熱帯雨林気候。アフリカではセーシェルの次に小さい国です。

【かんたんな歴史】15世紀後半、無人島だった島じまにポルトガル人が到達し、流刑地として利用する一方、奴隷貿易の中継地にしました。1522年に植民地となり、奴隷を使ったさとうきびのプランテーション農業がおこなわれます。1960年代から独立運動が活発になり、1975年に独立。一党独裁の社会主義をめざしますが、1990年に国民投票で複数政党制に移行することが決まりました。

夏季オリンピックまめ知識
- 参加回数：6回（1996年初参加）
- メダル獲得数：合計0個
  - 金0個　銀0個　銅0個

日本との関係
日本への輸出はカカオ豆がほとんどですが、金額はわずか。日本からはおもに米を輸入しています。

ザンビア

ザンビア共和国　Republic of Zambia (ZAM)　首都／ルサカ

面積	約75万3000km²　日本の約2倍
人口（2016年）	約1672万人　日本の約13%
平均寿命（2015年）	男59.0歳　女64.7歳　日本より男21.5歳短い／女22.1歳短い
出生率（2014年）	約5.4人　日本より4.0人多い
おもな言語	英語、ニャンジャ語、ベンバ語
通貨	ザンビア・クワチャ

【おもな産業】世界有数の産出量をほこる銅やコバルトなどの鉱産資源が経済を支えていますが、銅の価格が下がっているため、近年の経済はふるいません。農業では、とうもろこしやたばこなどを栽培しています。

【社会・文化】国民の約8割がキリスト教徒。70もの言語が使われています。

【食べ物】とうもろこしの粉をお湯で煮こんでねったシマが伝統的な主食です。

【スポーツ】サッカーがさかんで、2012年のアフリカネイションズカップで優勝。

ビクトリア滝。世界三大滝のひとつ

【どんな国】アフリカ中南部の内陸国です。国土のほとんどが1000～1400mの高原のためしのぎやすく、南部は乾燥しています。8つの国にかこまれていて、ジンバブエとの国境を流れるザンベジ川には世界三大滝のひとつ、ビクトリア滝があります。国名は、ザンベジ川からとられています。

【かんたんな歴史】18世紀末にポルトガルが進出し、19世紀なかばにはイギリスのリビングストンがこの地を探検。1889年にイギリス南アフリカ会社の支配下に入り、のちにローデシアと名づけられます。1924年、イギリスが直接おさめる北ローデシア保護領となり、1964年にザンビアとして独立しました。

夏季オリンピックまめ知識
- 参加回数：13回（1964年初参加）
- メダル獲得数：合計2個
  - 金0個　銀1個　銅1個

日本との関係
日本は自動車や機械類を輸出。輸入の5割以上がコバルトで、つぎに多いのが葉たばこです。

アフリカ

シエラレオネ

シエラレオネ共和国　Republic of Sierra Leone (SLE)　首都／フリータウン

面積	日本の約1/5	人口(2016年)	日本の約5%
約7万2000km²		約659万人	

平均寿命(2015年)	日本より男31.2歳短い 女36.0歳短い	出生率(2014年)	日本より約3.2人多い
男49.3歳 女50.8歳		約4.6人	

| おもな言語 | 英語、メンデ語、テムネ語など | 通貨 | レオン |

【どんな国】西アフリカの南西のはしにあり大西洋に面した国です。海岸部は湿地帯でマングローブ林が発達し、内陸部は高原地帯。熱帯雨林気候で一年中気温が高く、4〜11月の雨季には大量の雨が降ります。

【かんたんな歴史】15世紀にポルトガル人がおとずれ、16〜19世紀にかけてイギリス人が奴隷貿易をおこないました。イギリスで奴隷解放運動がさかんになると、解放された奴隷の移住地に。1808年にイギリス領となり、1961年に独立。1971年には共和政に移行します。1990年代にダイヤモンド鉱山の支配権をめぐってクーデターや内戦がおこり、2000年の停戦までに約100万人の難民をだしました。

【おもな産業】コーヒー豆やカカオ豆、パーム（椰子）の栽培がさかん。経済を支えているのはダイヤモンド、ボーキサイト、金などの鉱産資源です。

【社会・文化】内戦などの影響で平均寿命が世界一短い国です。人口の1割にみたないクリオとよばれる解放奴隷の子孫が、政財界を支配しています。

【食べ物】マニオク（タピオカ）の葉を煮こんだスープなどを米のご飯にかけて食べます。

【スポーツ】サッカーがさかんです。

夏季オリンピックまめ知識
● 参加回数：11回（1968年初参加）
● メダル獲得数：合計0個
金0個 銀0個 銅0個

日本との関係：日本はタンカーなどの輸送機器や機械類を輸出。輸入品のほとんどが、チタンなどの金属原料です。

ジブチ

ジブチ共和国　Republic of Djibouti (DJI)　首都／ジブチ

面積	日本の約3/50	人口(2016年)	日本の約0.7%
約2万3000km²		約90万人	

平均寿命(2015年)	日本より男18.7歳短い 女21.5歳短い	出生率(2014年)	日本より約1.8人多い
男61.8歳 女65.3歳		約3.2人	

| おもな言語 | アラビア語、フランス語 | 通貨 | ジブチ・フラン |

塩湖のアッサル湖。塩分濃度は世界一高い

【どんな国】アフリカの東北部、紅海の入口にあるアデン湾西岸の国です。国土の大部分が砂漠か半砂漠の乾燥地帯で、一年を通して世界でもっとも暑い地域のひとつ。6〜9月には平均気温が40℃前後になります。

【かんたんな歴史】1859年にスエズ運河の建設がはじまると、フランスはこの地を海上交通の拠点として注目し、フランス領ソマリ海岸としました。第二次世界大戦後、エチオピア系のアファル族とソマリ系のイッサ族が独立をめぐって対立しますが、住民投票でフランス領にのこります。アファル・イッサと名前をあらためたのち、1977年に独立。その後も、両者は対立して内戦となりますが、2001年に和平が成立しました。

【おもな産業】住民の半数以上が遊牧民で、牛、羊、山羊、ラクダなどを飼育。乾燥地帯のため、農業は小規模で食料自給率はきわめて低いです。ヨーロッパ、アジア、アラブをむすぶジブチ港での中継貿易が、国のおもな収入源。

【社会・文化】住民の9割以上がイスラム教のスンナ派。

【食べ物】フランスパンをよく食べます。

【スポーツ】マラソンがさかんで、国際ハーフマラソンの大会が開かれます。

夏季オリンピックまめ知識
● 参加回数：9回（1984年初参加）
● メダル獲得数：合計1個
金0個 銀0個 銅1個

日本との関係：海上自衛隊が2011年からジブチに海外基地を置き、アデン湾などの海賊対策にあたっています。

ジンバブエ

ジンバブエ共和国　Republic of Zimbabwe (ZIM)　首都／ハラレ

面積	日本の約1.03倍	人口 (2016年)	日本の約13%
約39万1000km²		約1597万人	

平均寿命 (2015年)	日本より男21.5歳短い 女24.5歳短い	出生率 (2014年)	日本より約2.5人多い
男59.0歳　女62.3歳		約3.9人	

| おもな言語 | 英語、ショナ語、ンデベレ語 | 通貨 | アメリカ・ドルなど |

ザンベジ川を通行するクルーズ船

【どんな国】アフリカの南部にある内陸国。国土の大半が標高500〜1000mの高原で、雨は少なく、気候もおだやかです。北側のザンビアとの国境をザンベジ川が流れ、中流にはカリバダムと、ダムによってできた広大なカリバ湖があります。

【かんたんな歴史】ジンバブエはショナ語で「石の家」を意味し、13〜14世紀、石造建築にひいでた王国がさかえました。1889年、セシル・ローズがイギリス南アフリカ会社を設立。のちにローズの名からローデシアと命名されます。1923年、イギリスの自治植民地となり、1965年、少数の白人が一方的に独立を宣言。黒人勢力による解放闘争がおこり、1980年に黒人多数派が支配するジンバブエ共和国が成立しました。

【おもな産業】とうもろこし、さとうきび、たばこなどの農産物が豊富ですが、干ばつなどにより生産は落ちこみました。白金、クロム、ニッケル、銅などの鉱産資源が豊かで、食品加工業もさかん。

【社会・文化】石造建築のグレート・ジンバブエ遺跡、ビクトリア滝などが世界遺産に登録。

【食べ物】とうもろこしの粉をお湯でねりあげたサザが主食です。

【スポーツ】ラグビーとクリケットのワールドカップに出場したことがあります。

夏季オリンピックまめ知識
●参加回数：10回（1980年初参加）
●メダル獲得数：合計8個
金3個　銀4個　銅1個

日本との関係　日本は自動車や機械類、医薬品を輸出し、おもにニッケルや葉たばこなどを輸入。

スーダン

スーダン共和国　The Republic of the Sudan (SUD)　首都／ハルツーム

面積	日本の約5倍	人口 (2016年)	日本の約33%
約188万km²		約4118万人	

平均寿命 (2015年)	日本より男18.1歳短い 女20.9歳短い	出生率 (2014年)	日本より約3.0人多い
男62.4歳　女65.9歳		約4.4人	

| おもな言語 | アラビア語、英語 | 通貨 | スーダン・ポンド |

首都ハルツームの町のようす

【どんな国】アフリカの北東部にある、アフリカで3番目に広い国です。国土の大部分が平原で、中央を白ナイル川が流れ、首都ハルツームで青ナイル川と合流します。北部にはヌビア砂漠があり、南へ行くにしたがって雨が多くなります。

【かんたんな歴史】古代からクシュ王国など、さまざまな王国がさかえていました。1821年、エジプトに支配され、1899年にエジプトとイギリスの共同統治領に。1956年に独立しますが、北部のアラブ系イスラム教徒と南部のアフリカ系住民が対立し、1980年代から2005年まで内戦がつづきました。2011年、南部は南スーダンとして独立。一方、2003年からは西部のダルフールでアラブ系の民兵が住民を虐殺。内戦により270万人以上の難民が出ています（2013年）。

【おもな産業】農業が中心で、東部ではとうもろこし、小麦、ごま、綿花の栽培がさかん。原油など鉱産資源が豊富な南スーダンの独立で、財政難になりました。

【社会・文化】国民の大半がイスラム教徒で、一夫多妻がみとめられています。

【食べ物】ソルガムいう穀物でつくるクレープ状のキスラが伝統的な主食。

【スポーツ】サッカーがさかんで、国内でリーグ戦もおこなわれています。

夏季オリンピックまめ知識
●参加回数：12回（1960年初参加）
●メダル獲得数：合計1個
金0個　銀1個　銅0個

日本との関係　日本のNGOが、医療支援や給水施設の整備、地雷を回避するための教育などをおこなっています。

スワジランド

スワジランド王国　Kingdom of Swaziland (SWZ)　首都／ムババーネ

面積	日本の約1/22	人口（2016年）	日本の約1%
約1万7000km²		約130万人	
平均寿命（2015年）	日本より 男23.9歳短い 女25.7歳短い	出生率（2014年）	日本より約1.9人多い
男56.6歳　女61.1歳		約3.3人	
おもな言語	英語、シスワティ語	通貨	リランゲーニ

【どんな国】アフリカの南部にある小さな内陸国。東側はモザンビークと接し、そのほかは南アフリカに囲まれています。標高1200m以上の山地がある西部は雨が多く、東にむかって高度は下がり、雨も少なくなります。気候は全体に温暖。

【かんたんな歴史】18世紀ごろスワジ人が定住し、1815年に統一王国が成立。ブール戦争後にイギリスが自治領とし、伝統的な支配をのこしながら間接的な統治をおこないました。1968年に英連邦内の王国として独立。国王のソブーザ2世は、1973年に憲法を停止し、政党活動を禁止する独裁政治をおこないますが、彼の死後の1993年、20年ぶりの総選挙がおこなわれました。

【おもな産業】温暖な気候にめぐまれ、木材、とうもろこし、さとうきび、かんきつ類などの農林業がさかん。近年は観光業に力を入れ、食品加工業やアパレル産業も成長しています。

【社会・文化】人口の約2％程度の白人が国土の半分近くを所有。輸出用農産物の大半も、彼らの大規模農園で生産されます。成人のHIVウイルス感染率が約28％（2014年、推定）と世界最悪の状態です。

【食べ物】主食はもろこしや大豆で、山羊の肉をよく食べます。

夏季オリンピックまめ知識
参加回数：10回（1972年初参加）
メダル獲得数：合計0個
金0個　銀0個　銅0個

日本との関係：日本は自動車やファスナー、機械類などを輸出し、かんきつ類やパルプを輸入。

セーシェル

セーシェル共和国　Republic of Seychelles (SEY)　首都／ビクトリア

面積	日本の約1/760	人口（2016年）	日本の約0.1%
約500km²		約10万人	
平均寿命（2014年）	日本より 男12.1歳短い 女8.5歳短い	出生率（2014年）	日本より約0.9人多い
男68.4歳　女78.3歳		約2.3人	
おもな言語	英語、フランス語、クレオール語	通貨	セーシェル・ルピー

プララン島のアンスラジオ。世界一美しいビーチともいわれている

【どんな国】アフリカの東部、マダガスカル島の北東約1100kmのインド洋にうかぶ、100以上の小島からなる国です。首都のあるマヘ島が面積の3分の1をしめ、そこに人口の約8割が住んでいます。12～5月が雨季で暑く、6～11月は気温が下がりしのぎやすくなります。

【かんたんな歴史】18世紀にフランスの探検隊がおとずれ、当時のフランス財務大臣の名前にちなんで諸島全体をセーシェルと名づけました。1756年にフランスが領有を宣言しますが、支配権をめぐってイギリスと対立。1814年からはイギリス領となり、1976年に独立をはたしました。その後、社会主義政権が誕生し一党独裁となりますが、1993年に複数政党制をさだめた新憲法が発布されました。

【おもな産業】「インド洋の真珠」とよばれるリゾート地として、おもにヨーロッパから多くの人がおとずれます。観光収入により国民所得はアフリカでは高く、漁業もさかんで、マグロやエビを輸出しています。

【社会・文化】フランス語とアフリカ諸語がまじったクレオール語が広く使われ、識字率はアフリカ有数。

【食べ物】米と魚が主食で、諸民族の料理がまじったクレオール料理が特徴。

夏季オリンピックまめ知識
参加回数：9回（1980年初参加）
メダル獲得数：合計0個
金0個　銀0個　銅0個

日本との関係：日本は自動車や機械製品などを輸出。輸入の8割以上をマグロがしめています（2015年）。

赤道ギニア

赤道ギニア共和国　Republic of Equatorial Guinea（GEQ）　首都／マラボ

面積	日本の約1/14	人口(2016年)	日本の約0.7%
約2万8000km²		約87万人	
平均寿命(2015年)	日本より男23.9歳短い 女26.8歳短い	出生率(2014年)	日本より約3.4人多い
男56.6歳 女60.0歳		約4.8人	
おもな言語	スペイン語、フランス語、ポルトガル語	通貨	CFAフラン

【どんな国】アフリカの中西部、ギニア湾にうかぶビオコ島やアンノボン島などの島じまと、大陸側のムビニ（旧称リオムニ）地域からなる国。赤道の近くにあるため、一年中高温多湿。首都のマラボは火山島のビオコ島にあります。

【かんたんな歴史】15世紀後半にポルトガルの探検家がビオコ島に上陸して以来、ポルトガルの領土になります。1778年、スペインにゆずり渡され、一時イギリス領となりますが、ふたたびスペイン領となりました。1968年に独立。その後、マシアス・ンゲマ大統領が独裁政治をおこない、反対派を弾圧。1979年、クーデターによりマシアスは処刑され、1991年には複数政党制をもりこんだ新憲法が国民投票によってみとめられました。

【おもな産業】かつては木材や、プランテーションで栽培されるカカオ豆、コーヒー豆などが輸出の中心でしたが、1992年に原油の生産をはじめ、原油や石油製品がおもな輸出品となりました。

【社会・文化】アフリカで唯一スペイン語が公用語。国民の8割以上がキリスト教徒ですが、大陸側のムビニでは伝統宗教も信仰されています。

【食べ物】キャッサバなどが主食です。

夏季オリンピックまめ知識
・参加回数：9回（1984年初参加）
・メダル獲得数：合計0個
金0個 銀0個 銅0個

日本との関係　日本は鉄鋼製品や機械類を輸出し、輸入品のほとんどが液化天然ガスです。

セネガル

セネガル共和国　Republic of Senegal（SEN）　首都／ダカール

面積	日本の約1/2	人口(2016年)	日本の約12%
約19万7000km²		約1559万人	
平均寿命(2015年)	日本より男15.9歳短い 女18.2歳短い	出生率(2014年)	日本より約3.7人多い
男64.6歳 女68.6歳		約5.1人	
おもな言語	フランス語、ウォロフ語	通貨	CFAフラン

ゴレ島（世界遺産）。奴隷貿易の拠点としてさかえた

【どんな国】アフリカ大陸の西のはしにある国。北部のモーリタニアとの国境をセネガル川が流れ、国土の大半が標高100m以下の平原です。北部はサハラ砂漠につづく乾燥気候、中部と南部は熱帯気候で雨季と乾季があります。沿岸は寒流の影響で、乾季に気温が下がります。

【かんたんな歴史】15世紀なかばからヨーロッパ各国が進出。とくにイギリスとフランスが支配権をめぐって争いましたが、19世紀末までにフランスが全域を支配し、1958年にフランス共同体の自治国に。マリと連邦を結成して1960年に独立しますが、2か月後に連邦から離れ、単独で独立しました。

【おもな産業】農業と漁業が中心で、とくに落花生の栽培がさかんです。おもな輸出品は、マグロ、タコ、イカなどの水産物や石油製品など。りん鉱石などの鉱産資源を利用した工業も発達。

【社会・文化】国民の約9割がイスラム教徒。西洋音楽と民族音楽がまざったンバラという音楽が広まっています。

【食べ物】主食は米。魚と米をたき合わせたチェブジェンが有名です。

【スポーツ】ランブとよばれるセネガル相撲や、サッカーがさかんです。

夏季オリンピックまめ知識
・参加回数：14回（1964年初参加）
・メダル獲得数：合計1個
金0個 銀1個 銅0個

日本との関係　日本は人造繊維のほか、機械類や自動車を輸出し、タコやイカなどの魚介類を輸入しています。

アフリカ

ソマリア

ソマリア連邦共和国　Federal Republic of Somalia (SOM)　首都／モガディシュ

面積	約63万8000km²	日本の約1.7倍
人口（2016年）	約1108万人	日本の約9%
平均寿命（2015年）	男53.5歳　女56.6歳	日本より男27.0歳短い　女30.2歳短い
出生率（2014年）	約6.5人	日本より約5.1人多い
おもな言語	ソマリ語、アラビア語	
通貨	ソマリア・シリング	

【どんな国】アフリカ大陸の東のはしにある国です。インド洋につきでた形から、「アフリカの角」とよばれます。アデン湾に面した北部は砂漠と高原、中・南部は平地で気温が高く乾燥しています。

【かんたんな歴史】10世紀ごろから、ソマリ人が移住。沿岸部にアラブ人が交易の基地をもうけました。19世紀後半、北部がイギリス領、南部がイタリア領となります。1960年、北部と南部がそれぞれ独立し、両方が統合してソマリア共和国に。1969年、軍事クーデターでバーレ将軍が実権をにぎります。1991年に反政府勢力が政権をうばいますが、その勢力も分裂して内戦状態になりました。国連が多国籍軍を送りますが、事態をおさめることができず撤退。2005年に暫定連邦政府、2012年に正式な政府が発足して、現在の国名に変更されました。

【おもな産業】ラクダ、羊、山羊などの遊牧がさかん。南部ではバナナやとうもろこしなどを栽培しています。内戦や干ばつで、海外の援助が必要です。

【社会・文化】9割以上がソマリ人で、ほとんどがイスラム教のスンナ派。

【食べ物】とうもろこしや小麦粉でつくるパン、米、パスタが主食です。

● 参加回数：9回（1972年初参加）
● メダル獲得数：合計0個
　0個　0個　0個

日本との関係：ソマリア沖の海賊から船舶を護衛するため、2009年から自衛隊が派遣されています。

タンザニア

タンザニア連合共和国　United Republic of Tanzania (TAN)　首都／ダルエスサラーム

面積	約94万7000km²	日本の約2.5倍
人口（2016年）	約5516万人	日本の約44%
平均寿命（2015年）	男59.9歳　女63.8歳	日本より男20.6歳短い　女23.0歳短い
出生率（2014年）	約5.2人	日本より約3.8人多い
おもな言語	スワヒリ語、英語	
通貨	タンザニア・シリング	

セレンゲティ国立公園（世界遺産）のヌーの群れ

【どんな国】アフリカ東部にあり、大陸部のタンガニーカと、インド洋上のザンジバル島やペンバ島からなる国。大部分が標高1000m以上の高原で、北東部にアフリカ最高峰のキリマンジャロ山（標高5895m）がそびえます。国境には世界最大級のビクトリア湖とタンガニーカ湖、ニアサ湖があります。沿岸部は高温多湿で、高原は乾燥しています。

【かんたんな歴史】北部のオルドバイ渓谷で175万年前の人骨化石が発見され、人類進化の舞台とされています。8世紀ごろ、アラブ人やペルシア人がザンジバルや大陸の沿岸に入り商業都市をきずきました。19世紀末、タンガニーカをドイツが、ザンジバルをイギリスが領有し、タンガニーカも第一次世界大戦後、イギリス領に。1961年にタンガニーカ、1963年にザンジバルが独立し、1964年に統合されてタンザニアとなりました。

【おもな産業】農業が中心で、コーヒー豆、綿花、とうもろこし、キャッサバ、サイザル麻、香辛料などの栽培がさかん。

【社会・文化】北部のセレンゲティ国立公園（世界遺産）にはヌー、シマウマなど多くの野生動物が生息しています。

【食べ物】とうもろこしやキャッサバの粉をねったウガリや、米が主食です。

● 参加回数：13回（1964年初参加）
● メダル獲得数：合計2個
　0個　2個　0個

日本との関係：日本は自動車、鉄鋼、機械類を輸出。魚介類、ごま、コーヒー豆、葉たばこ、銅鉱などを輸入。

チャド

チャド共和国　Republic of Chad（CHA）　首都／ンジャメナ

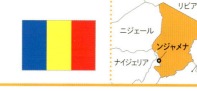

面積	約128万4000km²	日本の約3.4倍
人口（2016年）	約1450万人	日本の約11%
平均寿命（2015年）	男51.7歳　女54.5歳	日本より男28.8歳短い／女32.3歳短い
出生率（2014年）	約6.2人	日本より約4.8人多い
おもな言語	フランス語、アラビア語	
通貨	CFAフラン	

【どんな国】アフリカ大陸の中央の北よりにある内陸国です。国土の北半分がサハラ砂漠、南半分が乾季と雨季のある草原地帯。西部にはチャド湖がありますが、周辺地域の灌漑などの影響で面積が縮小しています。

【かんたんな歴史】9世紀ごろ、チャド湖の西岸にカネム王国がおこり、16世紀末からはカネム・ボルヌ帝国がさかえました。1900年にフランスの支配下に入り、1910年にフランス領赤道アフリカの一部になります。1960年に独立しますが、北部のアラブ系イスラム教徒と南部のスーダン系住民が対立。1980年、反政府勢力を支援するリビアが軍事介入し、フランスなどに支援された政府軍との間で内戦がおこりました。1996年に新憲法が制定されましたが、政情は不安定です。

【おもな産業】綿花の栽培と、山羊、馬、牛、ラクダなどの畜産業がさかん。2000年から原油の輸出もはじまりました。

【社会・文化】サラ人、アラブ人など200以上の民族からなるアフリカ有数の多民族国家。就学率が低く、女性の識字率は約3割程度です。

【食べ物】ミレットとよばれる雑穀をさまざまに調理したものが主食です。

【スポーツ】サッカーがさかんです。

夏季オリンピックまめ知識
● 参加回数：12回（1964年初参加）
● メダル獲得数：合計0個
　金0個　銀0個　銅0個

日本との関係：日本はおもにタイヤ類、オートバイなどを輸出。輸入の99％以上を原油がしめています（2015年）。

中央アフリカ

中央アフリカ共和国　Central African Republic（CAF）　首都／バンギ

面積	約62万3000km²	日本の約1.6倍
人口（2016年）	約500万人	日本の約4%
平均寿命（2015年）	男50.9歳　女54.1歳	日本より男29.6歳短い／女32.7歳短い
出生率（2014年）	約4.3人	日本より約2.9人多い
おもな言語	サンゴ語、フランス語	
通貨	CFAフラン	

【どんな国】アフリカ大陸の中央にある内陸国です。北部の国境の一部をシャリ川上流のアウク川、南部の国境をコンゴ川の支流ウバンギ川が流れていることから、フランスの植民地時代はウバンギ・シャリとよばれていました。標高600m以上の高原地帯がほとんどで、北部は乾燥地帯、南部は熱帯雨林地帯。

【かんたんな歴史】19世紀なかばまで小国が分立。1894年にフランスの植民地に、1910年にフランス領赤道アフリカの一部となり、1960年に独立。1965年のクーデターで政権をとったボガサ大統領は一時国名を共和国から帝国にかえ、みずから皇帝を名のり、浪費をくりかえして経済が悪化しましたが、1979年にクーデターがおき、ふたたび共和国となりました。しかし、その後も政情は不安定です。

【おもな産業】農業国で、綿花、コーヒー豆などを栽培。金やダイヤモンドなどの鉱産資源もありますが、内陸国で輸送手段がとぼしく、経済不振がつづきます。

【社会・文化】国民の約8割がキリスト教徒。さまざまな言語がまじったサンゴ語が日常語として使われています。

【食べ物】キャッサバの粉などをもち状にしたフーフーが主食です。

夏季オリンピックまめ知識
● 参加回数：10回（1968年初参加）
● メダル獲得数：合計0個
　金0個　銀0個　銅0個

日本との関係：内戦により国民の半数以上が難民化しているため、日本は無償の食糧援助をおこなっています。

チュニジア

チュニジア共和国　Republic of Tunisia（TUN）　首都／チュニス

面積	日本の約 2/5	人口（2016年）	日本の約 9%
約16万4000km²		約1138万人	

平均寿命（2015年）	日本より 男7.5歳短い 女9.0歳短い	出生率（2014年）	日本より約0.8人多い
男73.0歳　女77.8歳		約2.2人	

| おもな言語 | アラビア語、フランス語 | 通貨 | チュニジア・ディナール |

古代都市国家カルタゴの遺跡（世界遺産）

【どんな国】アフリカ北部にある国で、北側と東側が地中海に面しています。多くの人があつまる北部は温暖な地中海性気候で、「ローマの穀倉」とよばれたほど土地が肥えています。西部は山地が多く、南部はサハラ砂漠につづく乾燥地帯。

【かんたんな歴史】古くからヨーロッパとアフリカをむすぶ重要な地域で、紀元前にはフェニキア人のカルタゴ帝国が栄えました。その後もローマ帝国、ビザンツ帝国、イスラム、オスマン帝国に支配され、1881年にフランスの保護領に。1956年に王国として独立し、翌年には共和国に移行しました。

【おもな産業】沿岸部の豊かな土地を利用した農業がさかんで、オリーブ、小麦、かんきつ類などを栽培。りん鉱石や原油、天然ガスなどの鉱業や、機械、食品加工、繊維などの工業も発達。機械類や外国の人気ブランドの繊維製品などが輸出の中心になっています。

【社会・文化】イスラム教の国ですが、一夫多妻は禁止。カルタゴの古代遺跡などが世界遺産になっています。

【食べ物】クスクス料理や、小麦粉の生地に具をつめたブリックなどが有名です。

【スポーツ】サッカーがさかんで、ワールドカップに4度出場しています（2014年）。

夏季オリンピックまめ知識
- 参加回数：14回（1960年初参加）
- メダル獲得数：合計13個
  - 金4個　銀2個　銅7個

日本との関係　日本はおもに自動車、機械類を輸出し、衣類や魚介類（とくにマグロ）などを輸入しています。

トーゴ

トーゴ共和国　Republic of Togo（TOG）　首都／ロメ

面積	日本の約 1/7	人口（2016年）	日本の約 6%
約5万7000km²		約750万人	

平均寿命（2015年）	日本より 男21.9歳短い 女25.7歳短い	出生率（2014年）	日本より約3.2人多い
男58.6歳　女61.1歳		約4.6人	

| おもな言語 | フランス語、エウェ語など | 通貨 | CFAフラン |

活気のある首都ロメの市場

【どんな国】西アフリカにある南北に細長い国で、南側がギニア湾に面しています。中部には国土を斜めにはしるトーゴ山地があり、その南は高温多湿の熱帯雨林気候、北は比較的乾燥した気候です。

【かんたんな歴史】15世紀末にポルトガル人が来航し、奴隷貿易をおこないました。1884年にドイツ領となり、第一次世界大戦後は東半分がフランス領、西半分がイギリス領に分割。1957年、イギリス領はガーナの独立とともにその一部となり、フランス領は1960年にトーゴ共和国として独立します。1967年、クーデターでエヤデマ大統領が誕生。2005年に亡くなるまで、アフリカ最長政権の大統領として君臨しました。

【おもな産業】労働人口の約7割が農業に従事。おもな産物は、綿花、カカオ豆、コーヒー豆など。りん鉱石は主要な輸出品ですが、産出量が減っています。

【社会・文化】約40もの民族があるといわれ、土着宗教を信仰する人も3割以上います。バタマリバ人の歴史的居住地の景観が世界遺産に登録されています。

【食べ物】とうもろこしやキャッサバの粉をねって、もち状にしたものが主食。

【スポーツ】サッカーがさかんです。

夏季オリンピックまめ知識
- 参加回数：10回（1972年初参加）
- メダル獲得数：合計1個
  - 金0個　銀0個　銅1個

日本との関係　日本は食料援助や、給水施設、橋の建設の支援などをおこない、フランスにつぐ援助国です（2013年）。

ナイジェリア

ナイジェリア連邦共和国　Federal Republic of Nigeria（NGR）　首都／アブジャ

面積	人口（2016年）
約92万4000km²（日本の約2.4倍）	約1億8699万人（日本の約1.5倍）

平均寿命（2015年）	出生率（2014年）
男 53.4歳　女 55.6歳（日本より男27.1歳短い・女31.2歳短い）	約5.7人（日本より約4.3人多い）

おもな言語	通貨
英語、ハウサ語、ヨルバ語	ナイラ

南西部の都市ラゴスのマーケット

【どんな国】アフリカ西部、ギニア湾に面しており、アフリカでもっとも人口の多い国です。西からニジェール川が流れこみ、河口部は広大なデルタ地帯が広がっています。南部は熱帯雨林気候で、北にむかって乾燥していきます。

【かんたんな歴史】15世紀にポルトガル人が来航。ベニン王国などの部族国家がさかえていましたが、ポルトガルは奴隷貿易をおこない、沿岸部は奴隷海岸とよばれました。19世紀後半にイギリスが進出し、1914年までに全域を支配します。1960年に独立しますが、1967年にイボ族を中心とする東部州がビアフラ共和国の名で独立を宣言。1970年にビアフラが降伏するまで内戦はつづきました。その後も政治は混乱しますが、1999年に民政に移行しました。

【おもな産業】アフリカ第一の産油国で、輸出のほとんどが原油や天然ガス。農業従事者が多く、ヤムイモやキャッサバ、タロイモの生産は世界一（2014年）。落花生、ゴム、カカオ豆の栽培もさかんです。

【社会・文化】250以上の民族、500以上の言語があります。北部はイスラム教、南部はキリスト教が優勢です。

【スポーツ】サッカーの強豪国で、ワールドカップには4度出場しました（2014年）。

夏季オリンピックまめ知識
- 参加回数：16回（1952年初参加）
- メダル獲得数：合計25個
- 金3個　銀10個　銅12個

日本との関係：首都アブジャの中心街を日本の建築家、丹下健三が設計しました。

ナミビア

ナミビア共和国　Republic of Namibia（NAM）　首都／ウィントフック

面積	人口（2016年）
約82万4000km²（日本の約2.2倍）	約251万人（日本の約2%）

平均寿命（2015年）	出生率（2014年）
男 63.1歳　女 68.3歳（日本より男17.4歳短い・女18.5歳短い）	約3.5人（日本より約2.1人多い）

おもな言語	通貨
英語、アフリカーンス語	ナミビア・ドル

ヒンバ族はダンスで歓迎してくれる

【どんな国】アフリカ大陸の南西部にある国。ナミブ砂漠、カラハリ砂漠とナミブ高原が国土の大半をしめ、全体に乾燥気候です。北東部に、約450kmにわたってカプリビ回廊とよばれる細長い領土があります。

【かんたんな歴史】15世紀末にポルトガル人が来航しますが、砂漠地帯のため長いあいだヨーロッパ人の関心をひきませんでした。1884年にドイツの保護領となり、第一次世界大戦後は南アフリカ連邦の支配下に。1966年、南アフリカの人種差別政策に反対する黒人解放勢力が武力闘争をおこすと、国連もこれを支持し、この地域をナミビアと名づけます。長い闘争のすえ、ようやく1990年に独立をはたしました。

【おもな産業】世界有数の鉱産資源にめぐまれ、ダイヤモンドやウラン鉱、銅が主要な輸出品です。ほかに牛、羊などの牧畜や、漁業がさかんです。

【社会・文化】キリスト教徒（プロテスタント）が多いです。白人と黒人の経済格差の解消が課題です。

【食べ物】もろこしの粉などを湯でねって、もち状にしたオシフィマが主食。

【スポーツ】ラグビーがさかんで、ワールドカップにも出場しています。

夏季オリンピックまめ知識
- 参加回数：7回（1992年初参加）
- メダル獲得数：合計4個
- 金0個　銀4個　銅0個

日本との関係：日本はおもに自動車や機械類を輸出し、エビ、カニなどの水産物や飼料を輸入しています。

ニジェール

ニジェール共和国　Republic of Niger（NIG）　首都／ニアメ

面積	日本の約3.4倍	人口（2016年）	日本の約16%
約126万7000km²		約2072万人	
平均寿命（2015年）	日本より男19.6歳短い女24.0歳短い	出生率（2014年）	日本より約6.2人多い
男60.9歳　女62.8歳		約7.6人	
おもな言語	フランス語、ハウサ語	通貨	CFAフラン

ニジェール川で洗濯をする人びと

【どんな国】アフリカの西部、サハラ砂漠南部のサヘルとよばれる地域に位置する内陸国です。国土の3分の2が砂漠で、南西部をニジェール川が流れます。わずかに雨が降る南部とニジェール川の流域に人口が集中しています。

【かんたんな歴史】7世紀ごろから、さまざまな王国が、この地域をめぐって争いをくりひろげました。20世紀までにフランスが全土を支配。1922年にフランス領西アフリカの一部となり、1960年に共和国として独立。1974年にクーデターがおこり、軍政になりますが、1989年に新憲法が成立し、民政に移管。その後も、クーデターで大統領が暗殺されるなど、不安定な政治がつづいています。

【おもな産業】ニジェール川流域で穀物や落花生を栽培。その他の地域では牛や羊などの牧畜がおこなわれています。1970年代にウラン鉱が発見され、現在では輸出の多くをしめています。

【社会・文化】多民族国家でイスラム教徒が約9割。識字率が約19%（2015年）で、世界最低の水準です。

【食べ物】きびやあわ、とうもろこしの粉をお湯でねったトーなどが主食。

【スポーツ】サッカーがさかんです。

夏季オリンピックまめ知識
・参加回数：12回（1964年初参加）
・メダル獲得数：合計2個
　金0個　銀1個　銅1個

日本との関係
日本は教育施設の増設や井戸の建設、農業支援、食糧援助などをおこなっています。

ブルキナファソ

ブルキナファソ　Burkina Faso（BUR）　首都／ワガドゥグー

面積	日本の約7/10	人口（2016年）	日本の約15%
約27万3000km²		約1863万人	
平均寿命（2015年）	日本より男21.4歳短い女26.3歳短い	出生率（2014年）	日本より約4.1人多い
男59.1歳　女60.5歳		約5.5人	
おもな言語	フランス語、モシ語	通貨	CFAフラン

イスラム教のグランドモスク。第2の都市ボボ・デュラッソにある

【どんな国】西アフリカにある内陸国です。全体にモシ高原の草原がひろがっていて南にむかってゆるやかに傾斜し、中央部を黒ボルタ川、白ボルタ川、赤ボルタ川がガーナにむかって流れています。おもに半乾燥のステップ気候で、南にくだるほど雨が多くなります。

【かんたんな歴史】11世紀からモシ人の王国がさかえ、19世紀末にフランスの保護領になります。1960年、オートボルタ共和国として独立。その後、しばしばクーデターがおこり、1983年のクーデターで実権をにぎった左派のサンカラは、1984年に国名を「高潔な人の祖国」を意味するブルキナファソにあらためます。1987年、急進的な政策にたいしてクーデターがおき、1991年には複数政党制をふくむ新憲法が制定されました。

【おもな産業】農業と牧畜が中心で、とうもろこし、綿花などの栽培がさかん。最大の輸出品は金です。

【社会・文化】国民の半数以上がイスラム教徒ですが、土着宗教を信仰する人もいます。首都のワガドゥグーで毎年、アフリカ最大の映画祭が開かれます。

【食べ物】とうもろこしなどの粉をお湯でねったトーが主食です。

【スポーツ】サッカーがさかんです。

夏季オリンピックまめ知識
・参加回数：9回（1972年初参加）
・メダル獲得数：合計0個
　金0個　銀0個　銅0個

日本との関係
空手や柔道の日本大使杯を実施するなど、日本文化の紹介がおこなわれています。日本はごまを輸入。

ブルンジ

ブルンジ共和国　Republic of Burundi（BDI）　首都／ブジュンブラ

面積	日本の約1/14	人口（2016年）	日本の約9%
約2万8000km²		約1155万人	
平均寿命（2015年）	日本より男22.8歳短い 女25.2歳短い	出生率（2014年）	日本より約4.5人多い
男57.7歳　女61.6歳		約5.9人	
おもな言語	ルンディ語、フランス語	通貨	ブルンジ・フラン

西の国境はアフリカ大地溝帯のくぼ地で、ルジジ川がタンガニーカ湖にそそいでいます。

【かんたんな歴史】17世紀にはブルンジ王国があり、19世紀末にドイツ領東アフリカの一部となりました。第一次世界大戦後はベルギー領となり、1962年に王国として独立し、1966年に共和政に移行。1972年、ツチ人による少数派支配に対して多数派のフツ人が反乱をおこし、約1万人のツチ人を殺害。その報復として約10万人のフツ人が殺害されました。1993年、初のフツ人の大統領が誕生しますが、軍をにぎるツチ人の反乱で内戦となり、2006年の停戦までに約30万人が犠牲に。

【どんな国】アフリカの中部にある内陸国で、日本の岩手県と秋田県をあわせたくらいの大きさ。国土のほとんどが標高1500mをこす高原で、赤道の近くにありながら、温暖でしのぎやすい気候です。

【おもな産業】国民の大半が農業に従事。コーヒー豆と茶が輸出の半分をしめます。

【社会・文化】約85%が農耕民のフツ人、約14%が牧畜民のツチ人、約1%が狩猟採集民のトゥワ人で、大半がキリスト教徒。

【食べ物】主食はマニオクとよばれるキャッサバなど。粉を湯でねって食べます。

【スポーツ】サッカーがさかんです。

夏季オリンピックまめ知識
- 参加回数：6回（1996年初参加）
- メダル獲得数：合計2個
  - 金1個　銀1個　銅0個

日本との関係：日本はおもに自動車やオートバイ、医薬品を輸出し、コーヒー豆や紅茶を輸入しています。

ベナン

ベナン共和国　Republic of Benin（BEN）　首都／ポルトノボ

面積	日本の約3/10	人口（2016年）	日本の約9%
約11万5000km²		約1117万人	
平均寿命（2015年）	日本より男21.7歳短い 女25.7歳短い	出生率（2014年）	日本より約3.4人多い
男58.8歳　女61.1歳		約4.8人	
おもな言語	フランス語、ヨルバ語など	通貨	CFAフラン

ノコウエ湖に広がる水上都市ガンビエ。「アフリカのベネツィア」とよばれる

【どんな国】アフリカ西部、ナイジェリアとトーゴにはさまれた南北に細長い国です。南はギニア湾に面しています。沿岸部は熱帯雨林気候でノコウエ湖があり、内陸部は乾燥しています。

【かんたんな歴史】17世紀にダオメー王国が一帯を支配。ヨーロッパ人との奴隷貿易でさかえ、沿岸は奴隷海岸とよばれました。1894年にフランス領となり、1960年、ダオメー共和国として独立。数度のクーデターののち社会主義政権が誕生し、1975年に国名をベナン人民共和国とします。1990年には社会主義路線を見直し、国名をベナン共和国にあらためるとともに、複数政党制や三権分立などをふくむ新憲法を制定しました。

【おもな産業】農業が中心。自給用のとうもろこし、ヤムイモ、キャッサバのほか、輸出の約4割をしめる綿花やパーム油を生産。国際貿易港であるコトヌー港での港湾サービス業も大きな収入源です。

【社会・文化】多民族国家で、約4割がキリスト教徒。ダオメー王国の伝統宗教ブードゥー教が、奴隷貿易によってハイチなどアメリカ各地に広まりました。

【食べ物】とうもろこしの粉をねったウォーや、ヤムイモをねったアグーが主食。

【スポーツ】サッカーがさかんです。

夏季オリンピックまめ知識
- 参加回数：11回（1972年初参加）
- メダル獲得数：合計0個
  - 金0個　銀0個　銅0個

日本との関係：日本は食糧援助のほか、病院や小学校の建設、水道施設の整備などの無償援助をおこなってきました。

アフリカ

ボツワナ

ボツワナ共和国　Republic of Botswana（BOT）　首都／ハボローネ

面積	日本の約1.5倍	人口（2016年）	日本の約2%
約58万2000km²		約230万人	
平均寿命（2015年）	日本より男17.2歳短い 女18.7歳短い	出生率（2014年）	日本より約1.4人多い
男63.3歳　女68.1歳		約2.8人	
おもな言語	英語、ツワナ語	通貨	プラ

チョベ国立公園の野生動物保護区を歩く、アフリカゾウの群れ

【どんな国】アフリカ南部にある内陸国です。国土の大部分が標高1000m前後のカラハリ砂漠ですが、東部は草原地帯、北部は湿地帯です。居住に適さない乾燥地が多く、東部に人口が集中しています。北部には野生動物の保護区チョベ国立公園があります。

【かんたんな歴史】サン人が住んでいた地域に、17世紀ごろからツワナ人が定住し、18世紀には首長国を形成。19世紀に入ると、オランダ系移民のブール人が侵入してきたため、ツワナの王がイギリスに保護を求め、1885年にイギリス領ベチュアナランドとなります。南アフリカ連邦が成立すると属領となり、1966年に独立。以来、複数政党制を守り、黒人と白人の融和政策をとりつづけ、政情は安定しています。

【おもな産業】牧畜がさかんで、牛肉がおもな輸出品でしたが、現在は世界有数の産出量をほこるダイヤモンドやニッケル、銅などが輸出の大部分をしめます。

【社会・文化】1990年代にHIVウイルスが広がり、感染率は依然高い状態にあります。

【食べ物】とうもろこしの粉をねったパパと、肉料理がよく食べられます。

【スポーツ】サッカーとゴルフがさかん。

夏季オリンピックまめ知識
- 参加回数：10回（1980年初参加）
- メダル獲得数：合計1個
- 金0個　銀1個　銅0個

日本との関係：ボツワナの教育専門テレビの開設にあたり、NHKが番組制作のノウハウなどを指導しました。

マダガスカル

マダガスカル共和国　Republic of Madagascar（MAD）　首都／アンタナナリボ

面積	日本の約1.6倍	人口（2016年）	日本の約20%
約58万7000km²		約2492万人	
平均寿命（2015年）	日本より男16.6歳短い 女19.8歳短い	出生率（2014年）	日本より約3.0人多い
男63.9歳　女67.0歳		約4.4人	
おもな言語	マダガスカル語、フランス語	通貨	アリアリ

道路わきにバオバブの木が立ちならぶ

【どんな国】アフリカ南東部、インド洋にうかぶ島国です。世界で4番目に大きい島で、南北に山脈がはしり、東側は急斜面、西側はゆるやかで広い平野につづきます。東部が熱帯雨林気候、中央高原は温帯気候、西部や南部は乾燥気候。キツネザル、アイアイ、ベローシファカ、タビビトノキなど、この国にしかない動植物が多くみられます。

【かんたんな歴史】1世紀ごろ、マレー系の民族がボルネオ島から移動。9世紀ごろから、アラブ人やアフリカ大陸南東部の人びとが渡来し、混血がすすみます。19世紀初頭、メリナ王国が島の大半を支配し、1896年にフランスの植民地に。1960年に共和国として独立。1975年から社会主義路線をすすめましたが、経済がいきづまり、1992年に憲法を改正し自由化路線に転換しました。

【おもな産業】農業が中心で、香料のバニラやコーヒー豆、米、さとうきびなどを栽培。ニッケルなどの鉱産資源も豊富。

【社会・文化】死者を白い布につつんで墓におさめ、数年に一度、布をまき直すファマディアナという儀式をおこないます。

【食べ物】主食は米のご飯です。

【スポーツ】ラグビーが国民的スポーツ。サッカーやペタンクもさかんです。

夏季オリンピックまめ知識
- 参加回数：12回（1964年初参加）
- メダル獲得数：合計0個
- 金0個　銀0個　銅0個

日本との関係：日本はおもに自動車や機械類を輸出し、エビなどの魚介類、ニッケル、バニラを輸入しています。

マラウイ

マラウイ共和国　Republic of Malawi（MAW）　首都／リロングウェ

面積	日本の約3/10	人口（2016年）	日本の約14%
約11万8000km²		約1775万人	

平均寿命（2015年）	日本より男23.8歳短い 女26.9歳短い	出生率（2014年）	日本より約3.7人多い
男56.7歳　女59.9歳		約5.1人	

| おもな言語 | チェワ語、英語 | 通貨 | マラウイ・クワチャ |

マラウイ湖を含むマラウイ湖国立公園（世界遺産）

【どんな国】アフリカ大陸の南東部にある内陸国。南北に細長く、東側の大半をアフリカで3番目に大きいマラウイ湖がしめます。国土の大半が標高500〜1200mの高原で、温帯気候。5〜10月の乾季と11月から4月の雨季にわかれます。

【かんたんな歴史】15世紀ごろにマラビ王国がおこり、のちにポルトガル人やアラブ人と象牙や奴隷などの交易をおこないました。1891年、イギリスの保護領となり、1907年にイギリス領ニヤサランドに。1953年、ローデシア（現在のジンバブエ）とともにローデシア・ニヤサランド連邦に編入され、1964年に独立。初代大統領のバンダは終身大統領となって独裁色をつよめましたが、1993年に複数政党制に移行しました。

【おもな産業】労働人口の約8割が農業従事者で、輸出の半数をしめる葉たばこのほか、さとうきび、茶、綿花などを栽培。南アフリカへの出稼ぎも経済の支えになっています。

【社会・文化】ユネスコの無形文化遺産でもある仮面舞踊のグレワンクールが、行事や儀式のさいに演じられます。

【食べ物】とうもろこしの粉を湯でねったシマが主食です。

【スポーツ】サッカーがさかんです。

夏季オリンピックまめ知識
- 参加回数：10回（1972年初参加）
- メダル獲得数：合計0個
  - 金0個　銀0個　銅0個

日本との関係　日本が海外に派遣してきた青年海外協力隊の歴代隊員数が、もっとも多い国です（2017年）。

マリ

マリ共和国　Republic of Mali（MLI）　首都／バマコ

面積	日本の約3.3倍	人口（2016年）	日本の約14%
約124万km²		約1814万人	

平均寿命（2015年）	日本より男22.3歳短い 女28.5歳短い	出生率（2014年）	日本より約4.8人多い
男58.2歳　女58.3歳		約6.2人	

| おもな言語 | フランス語、バンバラ語 | 通貨 | CFAフラン |

ドゴン族の仮面ダンス。ドゴン族の居住地バンディアガラの断崖と、ドゴン族の文化は世界遺産に登録

【どんな国】アフリカの北西部にある内陸国。中南部をニジェール川が流れ、その流域に人口が集中しています。北部はサハラ砂漠の一部で乾燥がはげしく、南部は熱帯気候で雨季があります。

【かんたんな歴史】4〜11世紀にガーナ王国がさかえ、その後マリ王国、ソンガイ王国とつづき、16世紀末にはモロッコが支配。1892年にフランスの植民地になります。1960年、セネガルとともにマリ連邦を結成しますが、同年、共和国として単独で独立。1968年、クーデターで軍事政権が生まれ、独裁がつづきましたが、1992年にはじめて総選挙と大統領選がおこなわれました。

【おもな産業】農業と牧畜が中心で、綿花、米、落花生、もろこしなどを栽培。金やウランなどの鉱産資源にめぐまれ、金は輸出の半数以上をしめます。

【社会・文化】人口の約9割がイスラム教徒。ソンガイ帝国の中心地でもあった南部のジェンネには泥のモスクがあります（世界遺産）。伝統音楽と西洋音楽がまじりあったマンデ・ポップなどが、世界的に注目されています。

【食べ物】米のご飯や、きびやとうもろこしの粉をねったトなどが主食です。

【スポーツ】サッカーがさかんです。

夏季オリンピックまめ知識
- 参加回数：13回（1964年初参加）
- メダル獲得数：合計0個
  - 金0個　銀0個　銅0個

日本との関係　日本はタイヤ、自動車、釣り具などを輸出し、動物（は虫類）やバッグ類を輸入しています。

南アフリカ

南アフリカ共和国
Republic of South Africa (RSA)
首都／プレトリア

面積		人口 (2016年)	
約122万1000km²	日本の約3.2倍	約5498万人	日本の約44%

平均寿命 (2015年)		出生率 (2014年)	
男 59.3歳 女 66.2歳	日本より 男21.2歳短い 女20.6歳短い	約2.4人	日本より約1.0人多い

おもな言語	英語、アフリカーンス語など11の言語	通貨	ランド

フーイエミダッハ
Goeiemiddag

テーブルマウンテンとケープタウンの町並み

【どんな国】アフリカ大陸の南のはしに位置し、東はインド洋、西は大西洋に面しています。南東にはドラケンスバーグ山脈がはしり、北西にはカラハリ砂漠があり、中央部は標高1000m級の高原が広がっています。気候はほとんどが温帯で、内陸部は乾燥しています。自然は豊かでキリンやライオン、アフリカゾウなどの野生動物や固有の植物が多く見られます。

【かんたんな歴史】10世紀ころまでにバンツー系民族が定住。17世紀、オランダ人がケープ植民地を開き、かれらの子孫はイギリス人からブール人（のちのアフリカーナー）とよばれました。1795年、イギリスがケープ植民地を占領すると、ブール人は内陸にトランスバール共和国とオレンジ自由国を建国。この地からダイヤモンドや金鉱が見つかると、イギリスは南アフリカ（ブール）戦争（1899〜1902年）をおこし、イギリス領にしました。1934年にイギリスから独立し、1948年、黒人を差別するアパルトヘイト政策を法制化しました。1970年代に黒人の権利獲得をめざす闘争がはげしくなり、1990年、デクラーク大統領は黒人指導者ネルソン・マンデラを釈放し、翌年、アパルトヘイトを廃止。マンデラとデクラークは1993年にノーベル平和賞を受賞しました。

【おもな産業】農業がさかんで、とうもろこし、小麦、さとうきび、オレンジ、ぶどうなどを栽培。ワインの産地としても知られています。金やダイヤモンドの産地として有名ですが、近年はニッケルやチタン、ジルコニウムなども産出。鉄鋼や機械、化学、食品加工など工業も発展し、アフリカーの工業国になりました。ダイムラーやBMW、トヨタ、日産自動車など海外の自動車会社も進出しています。

【社会・文化】人種はアフリカ系黒人が約79％、ヨーロッパ系白人が約9％、混血が約9％、アジア系が約3％をしめています。このうち黒人はズールー、ソト、コーサ、ツォンなど多くの民族からなります。言語は英語のほか、アフリカーンス語、ズールー語、ソト語など11の公用語があります。

【食べ物】黒人家庭ではパップが主食。とうもろこしの粉にお湯を注いでかきまぜて煮たもので、ゆでた青菜や、とり肉などと食べます。白人はイカのフライにポテトチップをつけたフィッシュ・アンド・チップスをよく食べます。

【スポーツ】サッカーとラグビーが大人気。サッカーは、2010年にワールドカップが開かれました。ラグビーは、1995年の南アフリカ大会と2007年のフランス大会で優勝しました。

夏季オリンピックまめ知識
- 参加回数：19回（1904年初参加）
- メダル獲得数：合計88個
- 26個　33個　29個

日本との関係
1992年に外交関係を再開。日本は一般機械、バス、トラック、自動車などを輸出し、白金、パラジウム、鉄鉱石などを輸入。日系企業が多数進出し、ケープタウンには日本のマグロ漁船の補給基地があります。生花や盆栽など日本の伝統文化や、空手、柔道、剣道などの武道も人気です。

南スーダン

南スーダン共和国　The Republic of South Sudan (SSD)　首都／ジュバ

面積	約66万km²	日本の約1.7倍
人口(2016年)	約1273万人	日本の約10%
平均寿命(2015年)	男 56.1歳　女 58.6歳	日本より 男24.4歳短い／女28.2歳短い
出生率(2014年)	約5.0人	日本より約3.6人多い
おもな言語	英語、アラビア語	
通貨	南スーダン・ポンド	

【どんな国】アフリカの中東部にある内陸国です。南北を白ナイル川がつらぬき、流域にはスッドとよばれる世界最大級の湿原が、南部ウガンダとの国境付近には3000m級の山地があります。

【かんたんな歴史】1956年に独立したスーダンは、北部のアラブ系イスラム教徒と南部のアフリカ系キリスト教徒の対立や、南北の経済格差などをかかえていました。1955年に南部でおきた反乱は内戦となり、1972年にいちど終結しますが、1983年にイスラム法が導入されると、ふたたび内戦に。2005年に南北の和平が成立し、2011年、南スーダン共和国として独立しました。

【おもな産業】油田の大半が南側にあり国の経済を支えています。綿花や落花生の栽培、木材（チーク材）の生産がさかん。

【社会・文化】キリスト教徒が約6割をしめています。国民の大半はディンカ人、ヌエル人、シルク人などのナイル系民族で、それぞれの伝統宗教も根強くのこっています。

【食べ物】とうもろこしの粉を湯でねったウガリや、ソルガム（もろこし）が主食。

【スポーツ】日本の支援などで、2016年に独立後初の全国スポーツ大会が開かれました。

夏季オリンピックまめ知識
- 参加回数：1回（2016年初参加）
- メダル獲得数：合計0個
  - 🥇0個　🥈0個　🥉0個

日本との関係　自衛隊が2012年から2017年までPKO活動に参加し、避難民の支援や道路整備などをおこないました。

モーリシャス

モーリシャス共和国　Republic of Mauritius (MRI)　首都／ポートルイス

面積	約2000km²	日本の約1/188
人口(2016年)	約128万人	日本の約1%
平均寿命(2015年)	男 71.4歳　女 77.8歳	日本より 男9.1歳短い／女9.0歳短い
出生率(2014年)	約1.4人	日本と同じ
おもな言語	英語、フランス語、クレオール語	
通貨	モーリシャス・ルピー	

モーリシャス島のリゾート地、グランベ

【どんな国】アフリカの南東部、マダガスカル島の東方にうかぶモーリシャス島と、周辺の島じまからなる国です。モーリシャス島は火山島で、周辺を珊瑚礁に囲まれています。熱帯気候で、11～4月にはサイクロンにおそわれることも。絶滅動物のシンボルとされる鳥ドードーが、17世紀まで生息していました。

【かんたんな歴史】10世紀にアラブ人が来航したときは無人島だったといわれます。16世紀はじめにポルトガル人が来航。1598年にはオランダ人が来航し、総督の名前マウリッツにちなんでモーリシャスと名づけます。その後、フランスの支配をへて、1814年にイギリス領に。1968年、王国として独立し、1992年に共和政に移行しました。

【おもな産業】さとうきびの生産に依存する農業国でしたが、1971年から外国の資本を導入して繊維工業などに力を入れ、経済成長をしました。リゾート地としても注目されています。

【社会・文化】国民はインド系が約7割、クレオール系が約3割、ほかに中国系、アフリカ系、フランス系など。

【食べ物】インド料理の影響が大きく、海産物のカレーやビリヤニなど。

【スポーツ】マリンスポーツがさかん。

夏季オリンピックまめ知識
- 参加回数：9回（1984年初参加）
- メダル獲得数：合計1個
  - 🥇0個　🥈0個　🥉1個

日本との関係　日本はおもに魚介類や衣類を輸入。自動車、一般機械などを輸出しています。遠洋マグロ漁業の重要な補給基地です。

モーリタニア

モーリタニア・イスラム共和国　Islamic Republic of Mauritania（MTN）　首都／ヌアクショット

面積	日本の約2.7倍	人口（2016年）	日本の約3%
約103万1000km²		約417万人	
平均寿命（2015年）	日本より男18.9歳短い 女22.2歳短い	出生率（2014年）	日本より約3.2人多い
男61.6歳　女64.6歳		約4.6人	
おもな言語	アラビア語、フラ語など	通貨	ウギア

北西部の都市テルジットの青空マーケット

【どんな国】アフリカ北西部の国で、西は大西洋に面し、国土のほとんどがサハラ砂漠です。南部の国境を流れるセネガル川の流域と、大西洋沿岸部に平野が広がります。乾燥気候のため南部をのぞき、ほとんど雨が降りません。
【かんたんな歴史】ガーナ王国の支配をへて、11世紀からはベルベル人のムラービト王朝の支配下に。同じころ、世界遺産に登録されているシンゲッティ、ワーダーン、ティシットなどの隊商都市が発達。シンゲッティは西アフリカのイスラム文化の中心となります。20世紀初めにフランスの保護領となり、1960年に独立しました。1976年、西サハラの南部を占領しますが、1979年に領有放棄。1991年には民主化を進める憲法を採用しました。
【おもな産業】南部では米、とうもろこし、アラビアゴムなどの栽培が、北部ではおもに遊牧がおこなわれています。鉄鉱石や金などの鉱産資源が豊かで、水産物とともに輸出の中心になっています。
【社会・文化】国民の99％以上がイスラム教徒。北部のアラブ系住民と南部の黒人系住民の対立がつづいており、奴隷制も根強くのこっています。
【食べ物】米のご飯やクスクスが主食。

夏季オリンピックまめ知識
- 参加回数：9回（1984年初参加）
- メダル獲得数：合計0個
  0個　0個　0個

日本との関係：日本はタイヤ類や一般機械などを輸出、タコやイカなどの水産物を輸入。輸入額の9割以上をタコがしめます。

モザンビーク

モザンビーク共和国　Republic of Mozambique（MOZ）　首都／マプト

面積	日本の約2.1倍	人口（2016年）	日本の約23%
約79万9000km²		約2875万人	
平均寿命（2015年）	日本より男24.8歳短い 女27.4歳短い	出生率（2014年）	日本より約4.0人多い
男55.7歳　女59.4歳		約5.4人	
おもな言語	ポルトガル語、マクワ語など	通貨	メティカル

首都マプト郊外にある野外マーケット

【どんな国】アフリカ南東部のインド洋に面する国です。中央をザンベジ川が流れ、北側は高原が多く、南側は平野。熱帯気候のため一年中高温多湿で、北部ほど雨が多くなります。
【かんたんな歴史】モノモタパ王国の支配下にあった1498年、ポルトガルの航海者バスコ・ダ・ガマが来航。1629年にポルトガル領になります。1975年に人民共和国として独立。一党制による社会主義路線をすすめますが、ローデシアや南アフリカの支援を受けた反対勢力とのあいだで内戦がおこり、1990年、複数政党制に移行し、国名をモザンビーク共和国に変更しました。1992年に和平が成立。内戦による死者は100万人にのぼります。
【おもな産業】農業国で、とうもろこし、さとうきび、カシューナッツ、葉たばこなどを栽培。内戦後は外国資本を導入し、アルミ精錬などをおこなっています。天然ガスや石炭などの鉱産資源も豊かです。
【社会・文化】公用語のポルトガル語を用いる人は少なく、日常的にはそれぞれの民族の言語を使っています。
【食べ物】とうもろこしの粉を湯でねったシマや、米のご飯が主食です。
【スポーツ】サッカーがさかんです。

夏季オリンピックまめ知識
- 参加回数：10回（1980年初参加）
- メダル獲得数：合計2個
  1個　0個　1個

日本との関係：日本は石炭、ごま、木材のチップ、エビ、チタン鉱などを輸入しています。

モロッコ

モロッコ王国
Kingdom of Morocco（MAR）
首都／ラバト

面積
約44万7000km²
日本の約1.2倍

人口（2016年）
約3482万人
日本の約28%

平均寿命（2015年）
男 73.3歳
女 75.4歳
日本より 男 7.2歳短い／女 11.4歳短い

出生率（2014年）
約2.5人
日本より約1.1人多い

おもな言語
アラビア語、ベルベル語

通貨
モロッコ・ディルハム

アッサラーム アライクム

イスラム王朝時代の古都フェスの旧市街地

【どんな国】アフリカ大陸の北西のはしにある細長い形をした国です。北は地中海に、西は大西洋に面しています。大西洋岸は平野が広がり、東西をアトラス山脈が走り、山脈の南はサハラ砂漠につながっています。最高峰はトゥブカル山で標高4167m。スペインとはジブラルタル海峡をはさんで最短で14kmの距離です。北部の海岸沿いは地中海性気候で温暖ですが、南部は砂漠気候で乾燥しています。

【かんたんな歴史】先住民はベルベル人で、古代にはフェニキアやローマが支配していました。8世紀にアラブ人が侵攻し、イドリース朝を建国。イスラム教とアラブ文化が広まりました。いくつかの王朝をへて、1660年、現代の王朝に続くアラウィー朝が成立しました。1912年、フランスの植民地に、一部はスペインの植民地になります。1956年にフランス領がモロッコ王国として独立。1979年に西サハラを併合しますが、西サハラの独立を求める紛争はいまも未解決です。

【おもな産業】海岸部の平野では、小麦、とうもろこし、ぶどう、オリーブなどを栽培。オリーブの生産量は世界第5位（2014年）です。沿岸部では漁業がさかんで、タコやイワシ、イカなどをとっています。鉱業では生産量が世界第3位（2013年）のりん鉱石を中心に銅、亜鉛、鉛、コバルトなどを産出。工業は衣料品や皮革、肥料、食品加工のほか、フランス企業による自動車工場や航空機部品工場が進出しています。古代ローマの遺跡やイスラムの古都などに観光客がおとずれ、観光業もさかんです。

【社会・文化】国民はアラブ人が約65%、ベルベル人が約30%をしめています。地中海やアラブ、アフリカの文化などが混在し独特の世界をつくっています。アラブとフランスの町並みが共存している都市カサブランカは、映画の舞台にもなりました。イスラム文化がのこる古都フェスやマラケシなどは世界遺産に登録されています。

【食べ物】おもな料理はクスクス。小麦の粉をこねて粒状にして煮たパスタです。タジンはじゃがいもやたまねぎなど野菜と、とり肉や羊肉などをとがった帽子のようなタジン鍋にいれて蒸し煮にする料理。バスティラという肉やたまねぎ、アーモンドなどが入ったパイもあります。アッツァイというミントの緑茶に砂糖を入れたお茶もよく飲みます。

【スポーツ】サッカーが人気です。ワールドカップには1970年、1986年、1994年、1998年と4度出場（2014年まで）。

夏季オリンピックまめ知識
- 参加回数：15回（1960年初参加）
- メダル獲得数：合計24個
  - 金 6個　銀 5個　銅 13個

日本との関係
1956年、モロッコの独立を承認し外交関係を結び、2016年に外交関係樹立60周年をむかえました。日本は乗用車やバス、トラック、電気機器などを輸出し、タコ、マグロ、イカなどの魚介類や、衣料品などを輸入。大学などで日本語講座が開かれ、日本への関心は高まっています。

アフリカ

リビア

リビア　Libya（LBA）　首都／トリポリ

面積	日本の約4.4倍	人口（2016年）	日本の約5%
約167万6000km²		約633万人	

平均寿命（2015年）	日本より男10.4歳短い 女11.2歳短い	出生率（2014年）	日本より約1.1人多い
男70.1歳　女75.6歳		約2.5人	

おもな言語	アラビア語	通貨	リビア・ディナール

レプティス・マグナのローマ遺跡（世界遺産）

【どんな国】アフリカ北部の地中海に面した国です。アフリカで4番目の大きさですが、大半が乾燥したリビア砂漠で地中海沿岸に人口が集中。冬の沿岸部は温暖で、雨も降ります。

【かんたんな歴史】紀元前からフェニキア、ローマなどに支配され、16世紀にオスマン帝国の支配下に入りました。1911年、イタリア領となり、イギリス・フランスの共同統治をへて、1951年に連合王国として独立。1969年、クーデターでカダフィが政権をにぎり、アラブ民族主義にもとづく社会主義路線をとりました。アメリカやイギリスの石油資本をとりあげて国有化するなど西側諸国と対立しましたが、2000年代に入って穏健路線に転換。しかし2011年に反政府デモがおこって内戦となり、政権は崩壊し、国名もリビアに変わりました。

【おもな産業】小麦やオリーブ、綿花などを栽培していますが、食料の多くを輸入に依存。経済を支えるのは原油で、輸出の大半をしめています。

【社会・文化】国民のほとんどがアラブ人で、イスラム教徒のスンナ派です。古代ローマ遺跡のレプティス・マグナなどが世界遺産に登録されています。

【食べ物】クスクスなどが主食です。

夏季オリンピックまめ知識
- 参加回数：11回（1964年初参加）
- メダル獲得数：合計0個
- 金0個　銀0個　銅0個

日本との関係　日本はおもに一般機械、タイヤ、電気機器を輸出。輸入額の9割以上をマグロがしめています。

リベリア

リベリア共和国　Republic of Liberia（LBR）　首都／モンロビア

面積	日本の約3/10	人口（2016年）	日本の約4%
約11万1000km²		約462万人	

平均寿命（2015年）	日本より男20.7歳短い 女23.9歳短い	出生率（2014年）	日本より約3.3人多い
男59.8歳　女62.9歳		約4.7人	

おもな言語	英語、クペレ語、バサ語など	通貨	リベリア・ドル

【どんな国】西アフリカの南西のはしにある国です。大西洋に面した海岸は珊瑚礁やマングローブにおおわれています。海岸近くは熱帯雨林、内陸部は草原で一年じゅう高温多湿の気候です。

【かんたんな歴史】15世紀にポルトガル人が来航して以来、胡椒の取引がおこなわれたことから、胡椒海岸とよばれました。1822年からアメリカの解放奴隷の入植が進められ、1847年には入植者が共和国として独立を宣言。彼らの子孫（アメリコ・ライベリアン）が政治経済を支配し、先住民族との対立を深めました。1980年、クーデターがおこり、1986年には先住民族派のドウ大統領が誕生しますが、その後はげしい内戦となり、2003年にようやく和平が成立しました。

【おもな産業】農業では米、天然ゴム、コーヒー豆、カカオ豆などを生産。鉄鉱石、ダイヤモンドなどを産出。船舶保有量はパナマにつぎ世界第2位。

【社会・文化】アフリカ初の女性大統領サーリーフが2011年、女性の権利獲得の活動によりノーベル平和賞を受賞。

【食べ物】キャッサバの粉をもち状にしたフフやダムボーイが主食です。

【スポーツ】サッカー選手のジョージ・ウェアが1995年、FIFA最優秀選手に。

夏季オリンピックまめ知識
- 参加回数：13回（1956年初参加）
- メダル獲得数：合計0個
- 金0個　銀0個　銅0個

日本との関係　日本は、内戦で破壊された道路や発電施設の整備、エボラ出血熱に対する援助などをおこなっています。

ルワンダ

ルワンダ共和国　Republic of Rwanda（RWA）　首都／キガリ

面積	約2万6000km²	日本の約1/15
人口（2016年）	約1188万人	日本の約9%
平均寿命（2015年）	男60.9歳　女71.1歳	日本より男19.6歳短い／女15.7歳短い
出生率（2014年）	約3.9人	日本より約2.5人多い
おもな言語	フランス語、英語、キニヤルワンダ語	
通貨	ルワンダ・フラン	

首都キガリのようす

【どんな国】アフリカの中東部にある内陸国で、面積は四国の1.5倍くらい。国土のほとんどが標高1500m前後の高原にあるため、赤道の近くにありながら温暖な気候です。

【かんたんな歴史】14世紀ごろにルワンダ王国が成立し、牧畜民のツチ人が農耕民のフツ人を支配。1889年にドイツの保護領に、第一次世界大戦後にベルギー領となります。1962年に独立しますが、ツチ人とフツ人の対立が激化。1994年、ルワンダの大統領とブルンジの大統領（ともにフツ人）をのせた飛行機が撃墜されると、フツ人の強硬派がツチ人やフツ穏健派を大量虐殺。100万人が犠牲となり、200万人以上が周辺国にのがれました。同年、ツチ系のルワンダ愛国戦線が全土を制圧し、新政府が発足。2000年にカガメ政権が誕生し、民族間の和解政策を進めています。

【おもな産業】農業国で、コーヒー豆、茶の栽培がさかん。スズ、タングステンなどの鉱産資源にめぐまれ、観光業も注目されています。

【社会・文化】フツ人が人口の約85%、ツチ人が約14%。キリスト教徒がほとんど。

【食べ物】キャッサバの粉などで作るウガリ、じゃがいも、米などが主食です。

夏季オリンピックまめ知識
- 参加回数：9回（1984年初参加）
- メダル獲得数：合計0個
- 金0個　銀0個　銅0個

日本との関係：日本は内戦で国外へのがれたルワンダ難民を救援するため、1994年に現在のコンゴ民主共和国に救援隊を派遣しました。

レソト

レソト王国　Kingdom of Lesotho（LES）　首都／マセル

面積	約3万km²	日本の約1/13
人口（2016年）	約216万人	日本の約2%
平均寿命（2015年）	男51.7歳　女55.4歳	日本より男28.8歳短い／女31.4歳短い
出生率（2014年）	約3.2人	日本より約1.8人多い
おもな言語	英語、ソト語	
通貨	ロチ	

【どんな国】アフリカ南部の、周囲を南アフリカ共和国に囲まれた内陸国です。国土全体がドラケンスバーグ山脈（海抜1400m以上）の高地にあり、温暖でしのぎやすい気候。雨は10〜4月に降り、冬は乾燥します。

【かんたんな歴史】この地に定住したソト人のモショエショエ1世が、19世紀に王国を形成。オランダ系入植者であるブール人が侵入してきたためイギリスに保護を求め、1868年、イギリス領バストランドとなりました。1966年にレソト王国として独立しますが、国王、軍、政府が対立し、国王が亡命をくり返すなど、不安定な政情がつづきました。

【おもな産業】わずかな耕地で、とうもろこしや小麦などの自給用作物が栽培されています。牧畜がさかんで、羊毛は重要な輸出品。南アフリカへの出稼ぎが多く、その仕送りが大きな収入源となっています。南アフリカに水と電力を供給するための河川の開発も進められています。

【社会・文化】国民のほとんどがソト人で、9割がキリスト教徒です。HIVウイルスの感染者が多く、成人感染率は約23%（2013年）にのぼります。

【食べ物】とうもろこしの粉をねったパパなどが主食です。

夏季オリンピックまめ知識
- 参加回数：11回（1972年初参加）
- メダル獲得数：合計0個
- 金0個　銀0個　銅0個

日本との関係：日本はおもに自動車や電気機械を輸出し、サケとマスを輸入しています。

南北アメリカ オセアニア
AMERICAS・OCEANIA

アメリカ（アラスカ州）・110

太平洋

アメリカ（ハワイ州）・110

グアム・142

ミクロネシア・139

パラオ・133

マーシャル諸島・139

パプアニューギニア・132

ナウル・128

キリバス・117

ツバル・125

ソロモン諸島・124

サモア・122

アメリカ領サモア・141

バヌアツ・131

ニウエ・128

フィジー・134

トンガ・127

オーストラリア・114

ニュージーランド・129

南北アメリカ オセアニア

アメリカ

アメリカ合衆国
United States of America (USA)
首都／ワシントンD.C.

面積
約983万4000km²
日本の約26倍

人口(2016年)
約3億2412万人
日本の約257%

平均寿命(2015年)
男 76.9歳
女 81.6歳
日本より
男 3.6歳短い
女 5.2歳短い

出生率(2014年)
約1.9人
日本より約0.5人多い

おもな言語 英語

通貨 アメリカ・ドル

アリゾナ州にあるグランドキャニオン（世界遺産）

【どんな国】ロシア、カナダについで3番目に広い国です。気候も変化にとみ、ほとんど温帯ですが、フロリダ半島は熱帯、アラスカ州は寒帯に属しています。地形も多様で、グランドキャニオンでは18億年以上も前の地層が見られます。

【かんたんな歴史】2万年以上前、モンゴロイド（黄色人種）がこの地に住みはじめました。17世紀にイギリス人が入植を開始、先住民族をおいやりました。18世紀後半、イギリスから独立し、民主主義にのっとった立憲政治がはじまりました。1860年代に南北戦争がおこりますが、その後は産業革命がすすみ、アメリカは工業国として発展します。20世紀の第一次と第二次世界大戦をへて、世界最大の経済大国となりました。政治、経済、軍事の面で大きな影響力をもち、自由主義の国ぐにのリーダーとしての地位を確立しました。

【おもな産業】農業は小麦やとうもろこし、大豆など、機械化された大規模経営による大量生産です。また肉類や乳製品の生産もさかん。鉄鉱石や銅、原油、天然ガスなど、豊かな鉱産資源にめぐまれ、航空宇宙産業、軍事産業、コンピュータ関連のハイテク産業など、世界のトップを走る先端企業もつぎつぎに生まれています。金融や保険、証券、不動産などのサービス業もさかんです。

【社会・文化】移民を受け入れてきたアメリカには、白人、黒人、アジア系、中央・南アメリカのヒスパニック、先住民族など世界の人種のほとんどが住んでいて、「人種のサラダボウル」とよばれています。映画の本場ハリウッドやミュージカルのブロードウェイ、テーマパークのディズニーランドなど、娯楽産業の発信地でもあります。10月31日はアメリカ最大の祭りのひとつハロウィンの日。もとはキリスト教の万聖節（11月1日）の前夜祭で、子どもたちは仮面をかぶり仮装をして各家をたずね、お菓子をもらいます。

【食べ物】ハンバーガーやホットドッグ、フライドチキン、飲み物のコーラなどが有名です。移民があつまる町では、故国のエスニック料理を出す店もはやっています。

【スポーツ】野球、バスケットボール、アメリカンフットボール、アイスホッケーが4大スポーツで、とくに人気があります。最近はサッカーもブームとなり、女子サッカーが注目されています。オリンピックでは多くの種目でトップクラスにくいこんで、たくさんのメダルを獲得しています。

夏季オリンピックまめ知識
● 参加回数：27回（1896年初参加）
● メダル獲得数：合計2539個
金1026個　銀800個　銅713個

日本との関係
1853年にペリーが来航し、翌年に日米和親条約、1958年には日米修好通商条約がむすばれました。1941年、日本軍がハワイの真珠湾を攻撃し、両国は戦争状態に。戦後、日本はアメリカ軍に占領されますが、1951年、日米安全保障条約をむすびました。1980年代、日米貿易摩擦がおこりましたが、今後もともに歩む道を模索しています。

アルゼンチン

アルゼンチン共和国
Argentine Republic (ARG)
首都／ブエノスアイレス

面積 約278万km² 日本の約7.4倍

人口（2016年） 約4385万人 日本の約35％

平均寿命（2015年） 男72.7歳 女79.9歳 日本より男7.8歳短い 女6.9歳短い

出生率（2014年） 約2.3人 日本より約0.9人多い

おもな言語 スペイン語

通貨 ペソ

ブエナス タルデス
Buenas tardes

首都ブエノスアイレスの中心街。7月9日通り

【どんな国】南アメリカ大陸の南東部にあり、南北に長く約3700kmあります。ラプラタ川とその支流のパラナ川の流域に広大な平原パンパが広がり、西にはアンデス山脈が走り、標高6959mのアコンカグア山がそびえます。北部は亜熱帯林の森林地帯で、ブラジルとの国境には世界三大瀑布とされるイグアスの滝があります。南部のパタゴニアはステップや砂漠気候で乾燥。南端は寒帯に属し、氷河も見られます。

【かんたんな歴史】16世紀初め、スペイン人が来航し、植民地を建設します。1776年、スペインのラプラタ副王領となり、やがてアルゼンチン生まれの白人移民が決起し、1816年に独立。その後、ブエノスアイレスを中心とする中央集権派と各州の自治を主張する連邦派が対立し、内戦に発展します。1862年にアルゼンチン共和国が成立。移民を受け入れたため、ヨーロッパから約500万人が移住しました。1946年、ペロンが大統領になり、工業化と労働者の保護をすすめますが、1955年に追放され、その後、民政と軍政がくりかえされます。1982年、大西洋沖のフォークランド諸島をめぐりイギリスと戦争に突入、翌年、これに敗れて、民政に復帰しました。

【おもな産業】農業国で小麦や大豆、とうもろこしなどを栽培。穀物の自給率は高く、「世界の食料庫」とよばれています。羊や牛の牧畜もさかんで、放牧している牛の数は5000万頭（2013年）にのぼります。鉄鉱やすず、鉛、銅などの鉱産資源にめぐまれ、パタゴニアでは原油を産出。工業は鉄鋼や自動車、機械、石油化学などが発展しています。

【社会・文化】スペインやイタリアなどヨーロッパ系の白人が多く、ヨーロッパ文化の影響を強く受けています。首都ブエノスアイレスはヨーロッパの町を手本につくられ、「南米のパリ」とよばれています。楽器にあわせて情熱的に歌いおどるタンゴがうまれました。イタリアの作家アミーチス原作の『母をたずねて三千里』は、移民の時代を背景にしています。

【食べ物】厚く切った牛肉のかたまりを炭火で焼くアサードをはじめ、肉料理をよく食べます。具入りのパンのエンパナーダも人気。中に肉やハム、魚、ほうれんそうなどを入れます。お茶はマテ茶をよく飲みます。

【スポーツ】サッカーの強豪国で、ワールドカップでは優勝2度、準優勝を3度しています。マラドーナをはじめメッシら、多くの名選手を出しています。ほかにテニス、ラグビー、バスケットボール、ボクシングがさかんです。

夏季オリンピックまめ知識
- 参加回数：24回（1900年初参加）
- メダル獲得数：合計73個
- 金20個 銀25個 銅28個

日本との関係 1898年に外交関係を樹立。20世紀初めと1960年代に日本人が移住し、現在3万人以上がくらしています。日本は一般機械、原動機、自動車、電気機器などを輸出し、飼料用こうりゃん、エビやイカ、銅鉱石などを輸入しています。自動車メーカーや電機メーカーなども進出しています。

南北アメリカ オセアニア

アンティグア・バーブーダ

アンティグア・バーブーダ　Antigua and Barbuda（ANT）　首都／セントジョンズ

面積	日本の約1/945	人口（2016年）	日本の約0.07%
約400km²		約9万3000人	
平均寿命（2014年）	日本より男7.0歳短い 女8.3歳短い	出生率（2014年）	日本より約0.7人多い
男73.5歳　女78.5歳		約2.1人	
おもな言語	英語、パトワ語	通貨	東カリブ・ドル

首都セントジョンズの町並み

【どんな国】カリブ海の小アンティル諸島にあるアンティグア、バーブーダ、レドンダの3島からなります。熱帯気候で、雨季は5～11月。暴風雨ハリケーンの通り道で、2017年には建物の9割以上が破壊されました。

【かんたんな歴史】古くはカリブ系の人びとが住んでいました。1493年、コロンブスが来航。アンティグア島は、スペイン、つぎにフランスの植民地となった後、17世紀にイギリスの植民地となります。19世紀にはバーブーダ島も植民地に。1967年に自治権を得て、1981年にイギリス連邦の一員として独立。

【おもな産業】観光業が中心で、美しいビーチをもとめてアメリカなどから観光客がおとずれます。農業では、さとうきび栽培がさかんです。

【社会・文化】9割以上がアフリカから労働者として連れてこられた黒人奴隷の子孫。毎年8月には、奴隷制度の廃止を記念してカーニバルが開かれます。

【食べ物】主食はとうもろこしの粉とオクラを団子状にしたフンジー。野菜と肉や魚を唐辛子で煮こんだ、ペッパーポットも代表的な料理です。

【スポーツ】クリケットがさかん。サッカー、ラグビーも人気です。

夏季オリンピックまめ知識
・参加回数：10回（1976年初参加）
・メダル獲得数：合計0個
　0個　0個　0個

日本との関係：日本は援助国の第1位（2013年）。2004年から水産加工場の建設や漁港の整備などを支援してきました。

ウルグアイ

ウルグアイ東方共和国　Oriental Republic of Uruguay（URU）　首都／モンテビデオ

面積	日本の約1/2	人口（2016年）	日本の約3%
約17万4000km²		約344万4000人	
平均寿命（2015年）	日本より男7.2歳短い 女6.4歳短い	出生率（2014年）	日本より約0.6人多い
男73.3歳　女80.4歳		約2.0人	
おもな言語	スペイン語	通貨	ペソ

首都モンテビデオの独立広場

【どんな国】南アメリカの南東部にあり、南は大西洋に面しています。西のはしのアルゼンチンとの国境をウルグアイ川が流れ、正式国名の「ウルグアイ東方共和国」はウルグアイ川の東側という意味です。国土の約8割がパンパとよばれる草原で、牧畜がさかん。四季があり、1月がもっとも暑く、6月が寒いです。

【かんたんな歴史】先住民族が住むこの地域に16世紀、スペイン人が来航。17世紀に牛や羊の放牧がはじまり、やがてスペイン人とポルトガル人が土地をめぐって争い、18世紀にスペインの植民地に。1828年に独立を達成。20世紀初頭には社会福祉が充実した民主主義国家となりました。1973年に軍事クーデターが起き軍政になりましたが、1985年、民主政治にもどりました。

【おもな産業】農地の7割が牧場や放牧地で、肉牛や羊を飼育。農業は大豆や米、小麦を栽培しています。

【社会・文化】白人が約9割をしめ、一人当たりのGDP（国内総生産）は南アメリカで第1位（2016年）。ホセ・ムヒカ元大統領は「世界でもっとも貧しい大統領」として知られています。

【食べ物】牛肉などを網で焼いたアサードが有名です。マテ茶をよく飲みます。

【スポーツ】サッカーがさかん。オリンピックで2度金メダルを獲得し、ワールドカップでも2度優勝しています。

夏季オリンピックまめ知識
・参加回数：21回（1924年初参加）
・メダル獲得数：合計10個
　2個　2個　6個

エクアドル

エクアドル共和国　Republic of Ecuador（ECU）　首都／キト

面積	人口（2016年）
約25万7000km² 日本の約2/3	約1639万人 日本の約13%

平均寿命（2015年）	出生率（2014年）
男73.5歳 女79.0歳 日本より男7.0歳短い 女7.8歳短い	約2.5人 日本より約1.1人多い

おもな言語	通貨
スペイン語	アメリカ・ドル

キトの町並み。インカ帝国の都市としてさかえた

【どんな国】南アメリカの赤道直下に位置する国。中央部を、標高6000mをこえるアンデス山脈が南北に走り、首都キトも約2800mの高地にあります。アンデス山脈の両側は低地で熱帯気候に属しています。

【かんたんな歴史】11世紀以降いくつかの国がおこりましたが、15世紀にインカ帝国に征服されました。1533年、インカ帝国がスペインによってほろぼされ、スペインの領土に。1822年に独立し大コロンビア共和国の一部となりますが、1830年、分離独立してエクアドル共和国が誕生しました。エクアドルは、スペイン語で「赤道」を意味します。

【おもな産業】原油が輸出総額の約3分の1（2014年）。農業はバナナ、カカオ豆、コーヒー豆の栽培がさかんで、バナナの輸出量は世界有数。エビ漁もさかん。

【社会・文化】西へ約1000kmの太平洋上に、生物が独自に進化したガラパゴス諸島（世界遺産）があります。

【食べ物】バナナのフライや、魚介類のマリネのセビーチェ、じゃがいもとチーズのスープのロクロなどがあります。

【スポーツ】一番人気はサッカー。サッカーボールを使った3人制のバレーボールのエクアボレーも人気です。

夏季オリンピックまめ知識
● 参加回数：14回（1924年初参加）
● メダル獲得数：合計2個
　金1個　銀1個　銅0個

日本との関係　日本人が経営する田辺農園では、自然にこだわった農法で高級バナナを栽培し、日本に輸出しています。

エルサルバドル

エルサルバドル共和国　Republic of El Salvador（ESA）　首都／サンサルバドル

面積	人口（2016年）
約2万1000km² 日本の約1/18	約615万人 日本の約5%

平均寿命（2015年）	出生率（2014年）
男68.8歳 女77.9歳 日本より男11.7歳短い 女8.9歳短い	約1.9人 日本より約0.5人多い

おもな言語	通貨
スペイン語	アメリカ・ドル

首都サンサルバドルの町並み

【どんな国】中央アメリカのほぼ真ん中に位置し、太平洋に面する国です。20以上の火山があり、地震もよく起こります。熱帯気候に属し、雨季（5～10月）と乾季（11～4月）があります。

【かんたんな歴史】マヤ系の先住民族が住んでいたこの地域を、16世紀にスペイン人が植民地にしました。1821年から中央アメリカ連邦加盟などをへて、独立共和国に。1930年代から独裁政治が10年以上つづきました。1969年、国境をめぐって対立が深まっていたホンジュラスとの間で、サッカーの試合をきっかけに戦争が起こります。1980年からは左翼ゲリラとの間で内戦がおこり、7万5000人もの犠牲者をだしました（1992年終結）。

【おもな産業】農業や軽工業が中心。コーヒー豆、砂糖、綿花などの栽培や、輸出向け衣類の製造がさかん。

【社会・文化】火山灰にうまった6世紀のマヤの村が、ホヤ・デ・セレンの古代遺跡として世界遺産に登録されています。

【食べ物】とうもろこしの粉をねった生地にチーズや豆などの具を入れて焼く、ププサが有名。

【スポーツ】サッカーがさかんで、ワールドカップには2度出場しています。

夏季オリンピックまめ知識
● 参加回数：11回（1968年初参加）
● メダル獲得数：合計0個
　金0個　銀0個　銅0個

日本との関係　日本の協力で、1980年にエルサルバドル国際空港が完成。ラ・ウニオン港の再開発なども進められました。

南北アメリカ・オセアニア

113

南北アメリカ オセアニア

オーストラリア

オーストラリア連邦
Commonwealth of Australia（AUS）
首都／キャンベラ

面積		人口 (2016年)	
約769万2000km²	日本の約20倍	約2431万人	日本の約19%

平均寿命 (2015年)		出生率 (2014年)	
男 80.9歳 女 84.8歳	日本より 男 0.4歳長い 女 2.0歳短い	約1.9人	日本より 約0.5人多い

おもな言語	英語	通貨	オーストラリア・ドル

ハロー Hello

ウルル（エアーズロック）。先住民族アボリジニの聖地

【どんな国】世界で6番目に大きい国です。南半球にあるため、季節は日本とちょうど反対です。すきとおった美しい海、深い森林、乾燥した砂漠など、多様な自然にめぐまれています。中央部にある巨大な一枚岩のウルル（エアーズロック）、東海岸にある世界最大のサンゴ礁グレートバリアリーフは、ともに世界遺産に登録されています。カンガルーやコアラ、カモノハシなど固有の生物も多く見られます。

【かんたんな歴史】5万年前ほど前、この地に先住民族が移住しました。18世紀にイギリスの探検家ジェームズ・クックが上陸し、イギリス領を宣言しました。その後、イギリスから流刑者が送られ、入植を開始。小麦の栽培や羊の飼育がさかんになりました。1901年、オーストラリア連邦が成立、移民を受け入れない方針を立てました。1956年、メルボルンでオリンピックを開催し、国際的な名声を高めました。1970年代、移民制限を廃止し、世界中の国ぐにから移民を受け入れるようになりました。

【おもな産業】農業や牧畜がさかんで、小麦や綿花、果実、羊毛や牛肉、乳製品などを生産し、輸出しています。また、石炭や鉄鉱石、ボーキサイト、金、ウランなどの鉱産資源にもめぐまれた資源大国でもあります。観光客も多く、年間600万人をこえています。

【社会・文化】さまざまな国から移住してきた人びとの文化や宗教、言語などをみとめる政策をとり、「多民族・多文化の国」とよばれています。教会はイギリス国教会が多いですが、イスラム教のモスクやユダヤ教、ヒンドゥー教、仏教の寺院もあります。またテレビは多言語で放送されています。

【食べ物】家庭料理の代表はバーベキューです。牛肉や羊肉、とり肉などと野菜を焼く料理で、ほとんど男性が作ります。食卓にはベジマイトという日本のみそに似た調味料が欠かせません。おもにパンにぬって食べたりします。最近では、日本食やすし、ヌードル（めん類）、ピザなどが、好きな食べ物の上位にあがっています。

【スポーツ】スポーツ好きな人が多く、ふだんからジョギングやサイクリング、テニスなどをしています。夏はヨットやサーフィンなどのマリンスポーツやクリケットが、冬はサッカーやラグビーなどがさかんです。オリンピックは1956年のメルボルン大会、2000年のシドニー大会と2回開催しています。

夏季オリンピックまめ知識
● 参加回数：26回（1896年初参加）
● メダル獲得数：合計502個
149個　164個　189個

日本との関係　19世紀末から20世紀初め、さとうきび農場ではたらいたり米の栽培をするためオーストラリアにわたった日本人移民がいました。太平洋戦争がはじまると、日本は北部を空襲しました。1950年代後半から貿易が活発になり、日本はオーストラリアにとって最大の輸出国に。1980年には、相手の国で働きながら学ぶことのできるワーキングホリデーの制度ができました。

カナダ

カナダ
Canada（CAN）
首都／オタワ

面積 約998万5000km² 日本の約26倍

人口（2016年） 約3629万人 日本の約29％

平均寿命（2015年） 男80.2歳 女84.1歳 日本より男0.3歳短い 女2.7歳短い

出生率（2014年） 約1.6人 日本より約0.2人多い

おもな言語 英語、フランス語

通貨 カナダ・ドル

カナディアンロッキーのふもとの町バンフ。夏の登山や冬のスキーでにぎわう

【どんな国】北アメリカ大陸の北半分をしめ、面積は世界第2位の広さです。西は太平洋、北は北極海、東は大西洋に面し、北極海にはバフィン島をはじめ大小の島が分布。五大湖の北にはローレンシア台地という丘陵が、中央には広大な大平原のプレーリーが広がっています。西の太平洋岸にそって標高3000m級の山がそびえるロッキー山脈がつらなっています。多くは亜寒帯気候で、国土の約40％が針葉樹林帯。東部の丘陵にはサトウカエデの落葉樹林が見られます。北部は1年の大半が雪や氷にうもれるツンドラ気候で、北極圏の近くではオーロラが見られます。

【かんたんな歴史】1497年、イギリスの国王ヘンリー7世が派遣したイタリア人探検家カボットが東南部のニューファンドランド島に到達。1608年、フランス人がケベックで植民を開始。17～18世紀、イギリスとフランスがカナダの支配をめぐって戦い、1763年にイギリスが支配権を獲得しました。1867年にカナダ連邦を形成し、1931年、イギリスから独立しました。

【おもな産業】中央部の大平原プレーリーでは、小麦や大麦、なたねなどを栽培。ニューファンドランド島沖では漁業がさかんで、サケ、タラ、エビなどがとれます。林業もさかんで、木材を輸出しています。鉱産資源が豊富で、原油や天然ガスのほか、ウラン、ニッケル、亜鉛、金、銅、鉄、ダイヤモンドなどを産出。工業は機械や自動車、食品工業のほか、ハイテク産業が発達しています。

【社会・文化】国民はヨーロッパ系（イギリス人、フランス人、ドイツ人、ウクライナ人など）、アジア系、アフリカ系、先住民族（ファーストネーションズ、イヌイット）など約200の民族が共存し、政府も多文化主義政策を進めています。フランス系住民が多いケベック州では、独立を求める運動がおこっています。東部のプリンス・エドワード島は『赤毛のアン』の作者モンゴメリの出身地で、多くの観光客がおとずれています。

【食べ物】サトウカエデの樹液からつくったメープルシロップは必需品で、パンケーキやフレンチトーストにかけるほか、いろいろな料理に使います。モントリオール風の牛肉の燻製や、フライドポテトにグレイビーソースやチーズをかけたケベックの伝統料理プーティンも有名です。

【スポーツ】アイスホッケーが大人気。ほかにアメリカン・フットボール、野球、テニス、バスケットボールなどがさかんです。先住民族の競技ラクロスも人気があります。

夏季オリンピックまめ知識
- 参加回数：26回（1900年初参加）
- メダル獲得数：合計306個
- 63個 105個 138個

日本との関係 1928年に外交関係を樹立する以前から日本人が多く移住。カナダからは宣教師が来日して教育や社会福祉に活躍しました。日本は自動車、一般機械、電気機器などを輸出し、なたねや木材、石炭、豚肉などを輸入する重要な貿易相手国です。日本人の英語留学先としては一番人気。

115

キューバ

キューバ共和国
Republic of Cuba (CUB)
首都／ハバナ

南北アメリカ・オセアニア

面積 約11万km² 日本の約3/10

人口（2016年） 約1139万人 日本の約9％

平均寿命（2015年） 男76.9歳 女81.4歳 日本より男3.6歳短い 女5.4歳短い

出生率（2014年） 約1.6人 日本より約0.2人多い

おもな言語 スペイン語

通貨 キューバ・ペソ

ブエナス タルデス
Buenas tardes

首都ハバナの旧国会議事堂と、クラシックカー

【どんな国】カリブ海の西インド諸島最大のキューバ島を中心に約1500の島からなる国です。国土の大半はなだらかな平野や丘陵地ですが南東にシエラマエストラ山脈がつらなり、キューバの最高峰のトゥルキーノ山（標高1994m）がそびえます。気候は熱帯サバナ気候ですが、北東からの貿易風の影響でしのぎやすいです。動植物のパラダイスとされ、植物や鳥類、昆虫など多くの種が見られます。

【かんたんな歴史】1492年にコロンブスが到達し、「人間の目が見たもっとも美しい島」と記しています。その後、スペインの植民地となり、きびしい労働や疫病により先住民族は絶滅したとされています。16～19世紀にかけて約100万人のアフリカ人が奴隷として送られ、世界最大の砂糖生産地となりました。1898年、アメリカとスペインの間で米西戦争がおこり、キューバはアメリカの占領下に入ります。1959年、カストロを中心にしたキューバ革命により、1961年、中南米初の社会主義の国が成立しました。1991年のソ連解体後は、南米のベネズエラやアジアのベトナム、中国などと関係を深めています。

【おもな産業】農業が中心で、さとうきびやコーヒー豆、稲などを栽培しています。砂糖のほか、さとうきびでつくったラム酒、葉巻たばこ、コーヒー豆などを輸出。鉱産資源はニッケルをはじめ、クロム、銅、鉄、マンガン、コバルトなどを産出。医薬品や有機野菜なども注目されています。観光業にも力を入れています。

【社会・文化】教育と医療は無料を維持しています。生活や文化の面でスペインとアフリカの影響が強く、とくにナイジェリアのヨルバ族の要素が混じりあっています。スペインのギターとアフリカの太鼓をあわせたルンバやソン、マンボなどのラテン音楽を生みだしました。アメリカの作家ヘミングウェイは晩年の約20年間をこの地で過ごしています。

【食べ物】主食は米で、細長いインディカ米です。これを黒豆といっしょにたいたコングリをよく食べます。ほかにトストーネという青いバナナのフライ、じゃがいもやとうもろこし、豚肉などを煮こんだアヒアコなどがあります。食後に砂糖をたっぷり入れたコーヒーを飲みます。

【スポーツ】野球は国技とされ、アメリカのメジャーリーグで活躍する選手もいます。オリンピックではバレーボール、柔道、ボクシング、陸上などで上位入賞者を出しています。

夏季オリンピックまめ知識
● 参加回数：20回（1900年初参加）
● メダル獲得数：合計219個
🥇76個　🥈68個　🥉75個

日本との関係 1898年に最初の日本人移民がキューバにわたり、現在、約1400人の日系人が住んでいます。1929年に国交を樹立。日本は電気機器、事務用機器、科学光学機器などを輸出し、たばこ、エビ、ニッケル、コーヒー豆などを輸入。草の根交流もさかんで、柔道や空手などが根づいています。

ガイアナ

ガイアナ共和国　Republic of Guyana（GUY）　首都／ジョージタウン

面積	日本の約3/5	人口（2016年）	日本の約0.6%
約21万5000km²		約77万1000人	
平均寿命（2015年）	日本より 男16.6歳短い 女18.3歳短い	出生率（2014年）	日本より約1.2人多い
男63.9歳　女68.5歳		約2.6人	
おもな言語	英語、ガイアナ・クレオール語	通貨	ガイアナ・ドル

【どんな国】南アメリカの北部にある国で、西部から南部にかけてギアナ高地に属します。「ギアナ」も「ガイアナ」も、先住民族のことばで「水の豊かな土地」という意味で、多くの川や滝があります。国土の約8割はゆるやかな丘陵で、熱帯雨林におおわれています。
【かんたんな歴史】カリブ人などの先住民族が暮らすこの地域に、1499年、アメリゴ・ベスプッチが来航。17世紀にはオランダの植民地となりました。19世紀からイギリスの支配下におかれ、イギリス領ギアナとよばれました。砂糖工場の労働者としてアフリカから黒人奴隷が連れてこられましたが、1834年に奴隷制度が廃止されると、同じイギリスの植民地だったインドから大量の移民を受け入れました。1966年、イギリス連邦の一員として独立。
【おもな産業】農業と鉱業が中心。農業はさとうきびや米を栽培。鉱業ではボーキサイト、マンガン、金、ダイヤモンドなどを産出。漁業はエビ漁がさかんです。
【社会・文化】南アメリカで唯一英語が公用語の国。国民は、インド系が4割以上、アフリカ系黒人が約3割で、両者で多数をしめています。
【食べ物】黒いスパイスで肉などを煮こんだ、ペッパーポットが有名。
【スポーツ】クリケットがさかん。サッカーの人気も高まっています。

夏季オリンピックまめ知識
・参加回数：17回（1948年初参加）
・メダル獲得数：合計1個
🥇0個　🥈0個　🥉1個

キリバス

キリバス共和国　Republic of Kiribati（KIR）　首都／タラワ

面積	日本の約1/540	人口（2016年）	日本の約0.09%
約700km²		約11万4000人	
平均寿命（2015年）	日本より 男17.7歳短い 女17.6歳短い	出生率（2014年）	日本より約2.3人多い
男62.8歳　女69.2歳		約3.7人	
おもな言語	キリバス語、英語	通貨	オーストラリア・ドル

クリスマス島。イギリスのジェームズ・クックが到達した

【どんな国】中部太平洋の赤道直下にあり、東西約4000km、南北約2000kmの広大な海域に点在する33の環礁からなります。日付変更線にもっとも近く、世界で最初に新しい一日が始まる国です。
【かんたんな歴史】先住民族が住むこの海域に、17世紀にスペイン人が、18世紀にはイギリス人が来航します。19世紀末にイギリスの保護領となり、その後植民地に。第二次世界大戦中は日本軍が一時占領しました。1956年から東部にあるクリスマス島でイギリスが核実験を行い、1962年にはアメリカも核実験を行いました。1979年、共和国として独立。ほとんどの島が海抜2～3m以下にあり、地球温暖化による海水面の上昇が深刻な問題となっています。
【おもな産業】ココナッツを原料としたコプラ（ココヤシの実の白い部分を乾燥させたもの）の生産と漁業が中心。
【社会・文化】豊かな自然に囲まれ、人びとがのんびりと暮らしています。フェニックス諸島の広大な海洋保護区は世界遺産に登録。
【食べ物】料理にココナッツミルクがよく使われ、タコノキの実も食べます。
【スポーツ】サッカー、バレーボール、テニスなどが人気。

夏季オリンピックまめ知識
・参加回数：4回（2004年初参加）
・メダル獲得数：合計0個
🥇0個　🥈0個　🥉0個

日本との関係：1980年代に日本の援助で埋め立て道路「ニッポン・コーズウェイ（土手道）」がつくられました。

グアテマラ

南北アメリカ・オセアニア

グアテマラ共和国　Republic of Guatemala（GUA）　首都／グアテマラシティ

面積	日本の約1/4	人口（2016年）	日本の約13%
約10万9000km²		約1667万人	

平均寿命（2015年）	日本より 男12.0歳短い 女11.6歳短い	出生率（2014年）	日本より約1.8人多い
男68.5歳　女75.2歳		約3.2人	

| おもな言語 | スペイン語、マヤ系言語など | 通貨 | ケツァル |

アンティグアのサンフランシスコ教会（世界遺産）

【どんな国】メキシコの南に位置し、国の北部は熱帯雨林やサバンナが広がる平原です。南部には多くの火山が分布し、標高4000mをこえるものもあります。火山噴火や地震が多く、たびたび被害をうけてきました。

【かんたんな歴史】古くからマヤ文明がさかえていましたが、16世紀、スペインの植民地となりました。1821年に独立。その後、近隣地域とともに中央アメリカ連邦を結成しますが、1839年に離脱し、独立した共和国に。20世紀には大地主やアメリカ資本が政治を独占する時代がつづき、1960年には左翼ゲリラとの内戦が始まり、テロやクーデターにより20万人もの犠牲者をだしました（1996年終結）。

【おもな産業】コーヒー、砂糖、バナナなどを生産する農業国。コーヒー豆は「グアテマラ・コーヒー」として日本でも有名。繊維産業や観光業もさかんです。

【社会・文化】マヤ文明の大規模な神殿があるティカル遺跡（世界遺産）などが有名です。

【食べ物】「人は、とうもろこしからつくられた」という神話があるくらい、とうもろこしをよく食べます。とうもろこしのうす焼きパンのトルティーヤと、煮こんだインゲン豆は朝ごはんの定番です。

【スポーツ】サッカーがさかんで、バスケットボールも人気。

夏季オリンピックまめ知識
- 参加回数：14回（1952年初参加）
- メダル獲得数：合計1個
  - 金0個　銀1個　銅0個

クック諸島

クック諸島　Cook Islands（COK）　首都／アバルア

面積	日本の約1/1900	人口（2016年）	日本の約0.02%
約200km²		約2万1000人	

平均寿命（2013年）	日本より 男6.5歳短い 女8.8歳短い	出生率（2011年）	日本より約1.4人多い
男74.0歳　女78.0歳		約2.8人	

| おもな言語 | クック諸島マオリ語、英語 | 通貨 | ニュージーランド・ドル |

ラロトンガ島（クック諸島の主島）の美しい砂浜

【どんな国】赤道の南、日付変更線の東に位置する15の島からなる国です。約1000kmの距離をへだてて、6つの島がある北クック諸島と9つの島がある南クック諸島に分かれ、人口の9割近くが南クック諸島に住んでいます。

【かんたんな歴史】マオリ人が住むこの諸島に16世紀、スペイン人が来航しました。18世紀には、国名の由来にもなったイギリス人の探検家クックが訪れます。1888年にイギリスの保護領となり、1901年にはニュージーランドの保護領に。1965年に自治権を獲得し、外交と防衛をニュージーランドにゆだねる自由連合の国になりました。現在、約30か国がクック諸島を国家として承認しています。

【おもな産業】透明度の高い美しい海にかこまれ、観光業がさかん。漁業は真珠の養殖などをおこなっています。

【社会・文化】ハワイやタヒチと同じポリネシア文化圏に属し、リズム感あふれるポリネシアン・ダンスが有名。

【食べ物】肉や魚を葉につつみ、熱した石の上で蒸し焼きにしたウムカイがお祝いの席などで食べられます。

【スポーツ】ラグビーが一番人気で、バスケットボール、テニスなども人気。

夏季オリンピックまめ知識
- 参加回数：8回（1988年初参加）
- メダル獲得数：合計0個
  - 金0個　銀0個　銅0個

日本との関係：日本は輸出相手国の第1位。魚のキンメダイが輸出総額の約60%（2015年）をしめています。

グレナダ

グレナダ　Grenada（GRN）　首都／セントジョージズ

面積	日本の約1/1260	人口（2016年）	日本の約0.08%
約300km²		約10万7000人	
平均寿命（2014年）	日本より 男9.5歳短い 女10.9歳短い	出生率（2014年）	日本より約0.8人多い
男71.0歳　女75.9歳		約2.2人	
おもな言語	英語、パトワ語（フランス語系）	通貨	東カリブ・ドル

首都セントジョージズのイギリス風の町並み

【どんな国】カリブ海の小アンティル諸島の南部に位置し、火山島のグレナダ島といくつかの小島からなる国。熱帯気候で乾季（1〜5月）と雨季（6〜12月）があります。香辛料の栽培がさかんで、「香辛料の島」ともよばれています。

【かんたんな歴史】1498年にコロンブスが来航。17世紀にフランスの植民地となり、農場での労働力としてアフリカから黒人奴隷が連れてこられました。18世紀にはイギリスの植民地となり、1974年にイギリス連邦の一員として独立。1979年に社会主義をめざす政権が誕生しますが、これに反対するアメリカなどが軍隊を送り、政権を交代させました。これを「グレナダ侵攻」とよんでいます。

【おもな産業】観光業と農業がさかん。バナナ、カカオ豆などが栽培され、とくに香辛料のナツメグは特産品。国旗にもナツメグの実が描かれています。

【社会・文化】漁業の町ゴーブでは毎週金曜日に「フィッシュ・フライデー」という祭りがあり、屋台の魚料理やダンス、音楽を楽しみます。金曜日に魚を食べるのは、キリスト教徒の習慣です。

【食べ物】豚のしっぽを魚やタロイモなどと煮こんだ伝統料理があります。

【スポーツ】ロンドンオリンピックの陸上男子400mで、キラニ・ジェームスが初の金メダルを獲得したことを祝って、その日の午後は休日になりました。

夏季オリンピックまめ知識
- 参加回数：9回（1984年初参加）
- メダル獲得数：合計2個
- 金1個　銀1個　銅0個

コスタリカ

コスタリカ共和国　Republic of Costa Rica（CRC）　首都／サンホセ

面積	日本の約1/7	人口（2016年）	日本の約4%
約5万1000km²		約485万7000人	
平均寿命（2015年）	日本より 男3.4歳短い 女4.6歳短い	出生率（2014年）	日本より約0.4人多い
男77.1歳　女82.2歳		約1.8人	
おもな言語	スペイン語	通貨	コロン

【どんな国】中央アメリカの南部にあり、国土は山脈や高地が多くをしめています。北東部は熱帯雨林におおわれた平野が広がっています。豊かな自然にめぐまれ、国土の4分の1を国立公園や自然保護区に指定し、環境を守っています。

【かんたんな歴史】カリブ系の先住民族が住むこの地域を、16世紀にスペインが植民地にしました。1821年に独立し、その後、近隣地域とともに中央アメリカ連邦を結成。1848年には連邦から離脱し、独立した共和国となりました。その後、コーヒー豆やバナナの栽培で国は発展。1948年に大統領の不正追及がもとで内乱が起こりますが、その後は民主政治が定着します。1949年、軍隊を廃止しました。

【おもな産業】農業はコーヒー豆やバナナの栽培がさかん。観光業も主要な産業で、自然を保護しながら観光をおこなうエコツーリズムの先進国です。

【社会・文化】非武装中立国で、教育水準が高く、社会保障も充実しています。動植物の宝庫で、熱帯雨林におおわれたココ島など、世界自然遺産が3か所もあります。

【食べ物】とうもろこしの粉でつくったトルティーヤや米が主食。煮こんだインゲン豆もよく食べます。

【スポーツ】サッカーが大人気で、ワールドカップには4度出場（2014年まで）。

夏季オリンピックまめ知識
- 参加回数：15回（1936年初参加）
- メダル獲得数：合計4個
- 金1個　銀1個　銅2個

南北アメリカ・オセアニア

コロンビア

コロンビア共和国
Republic of Colombia (COL)
首都／ボゴタ

面積 約114万2000km² （日本の約3倍）

人口（2016年） 約4865万人 （日本の約40%）

平均寿命（2015年） 男71.2歳 女78.4歳 （日本より男9.3歳短い 女8.4歳短い）

出生率（2014年） 約1.9人 （日本より約0.5人多い）

おもな言語 スペイン語

通貨 ペソ

Buenas tardes（ブエナス タルデス）

カリブ海の港町カルタヘナの旧市街（世界遺産）

【どんな国】南アメリカ大陸の北西部に位置し、北はカリブ海に、西は太平洋に面しています。国土の西部はアンデス山脈が縦断し、国土の約40%をその山地や高原がしめています。オリノコ川支流のメタ川流域はリャノとよばれる大平原が、南のアマゾン川の支流は熱帯雨林が広がっています。赤道の直下にあるため気候は熱帯ですが、標高が高くなるにつれ過ごしやすくなり、4500m付近は雪におおわれています。

【かんたんな歴史】16世紀ごろまでは先住民族のチブチャ人が支配していました。16世紀初め、スペインが植民を開始。1810年、スペインからの独立を宣言し、1819年、シモン・ボリバルの指導のもと、ベネズエラとエクアドル、パナマとともに大コロンビア共和国を樹立しました。やがて、ベネズエラとエクアドルは分離・独立し、1886年、コロンビア共和国として再出発します。1900年前後から保守党と自由党の政争がはげしくなり、1948年、自由党主の殺害をきっかけに内戦に突入、約20万人の死者をだしました。1960年代に入ると、左翼ゲリラの活動が活発になり、2016年、50年ぶりに和平合意が成立。それをすすめたサントス大統領に、ノーベル平和賞がおくられました。

【おもな産業】石炭、ニッケル、金、宝石のエメラルドなどの鉱産資源にめぐまれ、近年、原油や天然ガスも産出されています。農業はコーヒー豆、バナナ、さとうきび、切り花などが栽培され、多くを輸出しています。エコ・ツーリズムもさかんで観光業ものびています。

【社会・文化】メスチソ（先住民と白人の混血）が約58%、白人約20%、ムラート（白人と黒人の混血）約14%、黒人約4%、そのほか先住民族やアジア系などさまざまな民族がまじりあっています。ラテン音楽のサルサが人気で、コロンビア・サルサとして発展しました。『百年の孤独』で知られるガルシア＝マルケスはコロンビアが生んだ代表的な作家で、ノーベル文学賞を受賞しています。

【食べ物】料理にとうもろこしをよく使います。肉やチーズ、じゃがいもなどをはさんだ揚げパンのエンパナーダ、じゃがいもやとり肉のスープのアヒアコ、牛のもつ煮こみのモンドンゴなどが有名です。

【スポーツ】サッカーがさかんで、ワールドカップには5度出場（2014年まで）。テホとよばれる先住民族のスポーツのほか、自転車競技、野球なども人気です。

夏季オリンピックまめ知識
●参加回数：19回（1932年初参加）
●メダル獲得数：合計27個
金5個 銀8個 銅14個

日本との関係 1908年に修好通商航海条約をむすび、1920年代には日本からコロンビアへ移民がわたり入植をはじめました。現在約1800人の日系人が住んでいます。日本はコロンビアに乗用車、バス・トラック、鉄鋼、タイヤなどを輸出し、コーヒー豆、カーネーション、石炭などを輸入しています。

ジャマイカ

ジャマイカ
Jamaica（JAM）
首都／キングストン

面積 約1万1000km² 日本の約3/100

人口（2016年） 約280万人 日本の約2.2%

平均寿命（2015年） 男73.9歳 女78.6歳 日本より男6.6歳短い 女8.2歳短い

出生率（2014年） 約2.1人 日本より約0.7人多い

おもな言語 英語

通貨 ジャマイカ・ドル

リゾート地モンテゴベイ。ジャマイカ第2の都市

【どんな国】西インド諸島の南西部に位置する島国で、面積は日本の秋田県と同じくらいです。東西に中央山脈が走り、最高峰は標高2256mのブルーマウンテン山。気候は熱帯気候で一年中高温、熱帯雨林におおわれていますが、高原はしのぎやすいです。雨季は5〜6月と8〜11月で、しばしば暴風雨のハリケーンにおそわれます。

【かんたんな歴史】15世紀まではアラワク系の先住民族が住んでいました。1494年にコロンブスが上陸し、ヨーロッパに知られるようになり、やがてスペインの植民地に。17世紀中ごろイギリス軍に占領され、1670年にイギリスの植民地となります。植民者は先住民族を使って大規模なさとうきび農園を経営。過酷な労働は彼らを絶滅においやりました。その後、労働力として西アフリカから黒人奴隷が送られてきました。1833年、奴隷制度の廃止後はインド人や中国人が農園の労働力として移住。1962年、イギリス連邦の加盟国のひとつとして独立します。

【おもな産業】農業はさとうきびを中心に、コーヒー豆、バナナ、ココナッツなど。なかでもコーヒーは高級な「ブルーマウンテン」として有名。鉱産資源ではアルミニウムの原料となるボーキサイトの有数の産地でもあります。観光業は主要産業で、モンテゴベイなど有名なリゾート地も多数あります。

【社会・文化】国民は黒人が約90％、ムラート（白人と黒人の混血）が約7％、ほかに白人、インド人、中国人などが住む多民族国家です。宗教はキリスト教のプロテスタントが約3分の2をしめ、アフリカ系の原始宗教も信仰されています。音楽はアフリカのリズムをとりいれたレゲエがさかんで、歌手のボブ・マーリーにより世界中に広まりました。ブルー・アンド・ジョン・クロウ・マウンテンズ国立公園は多様な生物の宝庫として、世界遺産に登録されています。

【食べ物】伝統的な朝食はアキー・アンド・ソルトフィッシュ。赤い果物のアキーと塩漬けのタラ、たまねぎなどをいためた料理です。主食は米と豆をココナッツミルクで炊いたライス・アンド・ピーズ。下味をつけたとり肉を、炭火で焼いたジャークチキンも知られています。

【スポーツ】国技はクリケット。サッカーもさかんで、1998年のワールドカップに出場し、日本チームを敗りました。陸上短距離ではウサイン・ボルトらを出し、圧倒的な強さをほこっています。

夏季オリンピックまめ知識
- 参加回数：17回（1948年初参加）
- メダル獲得数：合計78個
  - 金 22個　銀 35個　銅 21個

日本との関係
1912年、ジャマイカの独立とともに承認し、1964年、国交を樹立。2014年に国交樹立50周年をむかえ、記念行事を開催。東京ではスポーツや音楽の祭典がおこなわれました。日本は乗用車やバス・トラックなどを輸出し、コーヒー豆、ラム酒、音楽CD、香辛料などを輸入しています。

南北アメリカ・オセアニア

サモア

サモア独立国　Independent State of Samoa（SAM）　首都／アピア

面積	日本の約 1/135	人口（2016年）	日本の 0.15%
約2800km²		約19万5000人	
平均寿命（2014年）	日本より 男10.1歳短い 女10.0歳短い	出生率（2014年）	日本より約2.7人多い
男70.4歳 女76.8歳		約4.1人	
おもな言語	サモア語、英語	通貨	サモア・タラ

サモアのウポル島にあるリゾートビーチ

【どんな国】南太平洋の中央部にあるサモア諸島の西半分をしめ、2つの火山島と7つの小島からなります。東半分はアメリカ領サモアです（→P141）。熱帯雨林気候で、雨季（11～4月）と乾季（5～10月）があります。

【かんたんな歴史】紀元前1000年ごろから先住民族が住むサモア諸島に、18世紀、オランダ人が来航。19世紀末に諸島は東西に分けられて、西サモアはドイツ領に、東サモアはアメリカ合衆国領になりました。第一次世界大戦後から、西サモアはニュージーランドの統治下におかれ、1962年に「西サモア」として独立。1997年、国名を「サモア独立国」に変更します。国家元首は、おもに代表的な4部族の族長のなかから選ばれます。

【おもな産業】農業と沿岸漁業が中心で、ヤムイモやココヤシなどの栽培、マグロやカツオの漁をおこなっています。

【社会・文化】壁のない、柱と屋根だけの伝統的な家のファレが今も見られます。陽気で、音楽好きの人が多いです。

【食べ物】伝統的な料理に、穴の中に熱した石を置き、肉やいもなどを蒸し焼きにするウム料理があります。

【スポーツ】ラグビーが国民的人気。2015年のラグビー・ワールドカップでは、日本が強豪のサモアに勝つ話題となりました。バレーボールも人気です。

夏季オリンピックまめ知識
- 参加回数：9回（1984年初参加）
- メダル獲得数：合計0個
- 金0個 銀0個 銅0個

スリナム

スリナム共和国　Republic of Suriname（SUR）　首都／パラマリボ

面積	日本の約 2/5	人口（2016年）	日本の約 0.4%
約16万4000km²		約54万8000人	
平均寿命（2015年）	日本より 男11.9歳短い 女12.1歳短い	出生率（2014年）	日本より約1.0人多い
男68.6歳 女74.7歳		約2.4人	
おもな言語	オランダ語、英語、スリナム語など	通貨	スリナム・ドル

首都パラマリボの町のようす

【どんな国】南アメリカの北部に位置し、北は大西洋に面している、南アメリカ大陸で面積が一番小さい国です。国土の約8割は熱帯雨林におおわれ、北部の沿岸部には肥沃な平野が広がります。国名は先住民族のスリネン人に由来。

【かんたんな歴史】スリネン人が住むこの地域に、15世紀末、スペイン人が来航。16～17世紀にはイギリスとオランダの間で領有権争いがつづき、1815年にオランダ領に。オランダは、農場労働者としてアフリカから黒人奴隷を導入。1863年に奴隷制度が廃止されたあとは、インドやインドネシア、中国、中東などから移民を受け入れました。1954年にはオランダの自治領となり、1975年に独立しました。

【おもな産業】鉱業がさかんで、ボーキサイト、金、原油などを産出。農業はさとうきび、米、カカオ豆、バナナを栽培。エビ漁もおこなわれています。

【社会・文化】南アメリカで唯一、オランダ語が公用語の国です。インド系、黒人、インドネシア系、先住民族など多様な民族が住む国で、「ミニワールド（小さな世界）」ともよばれています。

【スポーツ】サッカーがさかんで、バレーボール、テニスなども人気。

夏季オリンピックまめ知識
- 参加回数：13回（1960年初参加）
- メダル獲得数：合計2個
- 金1個 銀0個 銅1個

日本との関係　日本は、乗用車やバス・トラックなどを輸出し、スリナム沿岸でとれる天然の高級エビを輸入。

セントクリストファー・ネービス

セントクリストファー・ネービス　Saint Christopher and Nevis（SKN）　首都／バセテール

面積 約300km² （日本の約1/1260）	人口（2016年）約5万6000人 （日本の約0.04%）
平均寿命（2013年）男71.0歳 女78.0歳 （日本より男9.5歳短い・女8.8歳短い）	出生率（2015年）約1.8人 （日本より約0.4人多い）
おもな言語　英語	通貨　東カリブ・ドル

【どんな国】カリブ海の小アンティル諸島の北部に位置し、セントクリストファー島とネービス島からなる国です。どちらの島も火山島で、ともに標高1000m前後の火山があります。南北アメリカで面積がもっとも小さい国。

【かんたんな歴史】1493年にコロンブスが、先住民族のカリブ人が住むこの地域に来航。17世紀はじめにイギリス人がセントクリストファー島に入植し、カリブ海の島では最初のイギリス植民地となりました。ほぼ同時期にフランス人も入植し、その後、両者は島の領有をめぐって戦います。18世紀にイギリスの領有権が確定し、のちにネービス島もこの植民地にくわわりました。1967年に自治権を獲得し、1983年にイギリス連邦の一員として独立しました。

【おもな産業】観光業が中心。衣類やはきものなどの製造業もさかんです。

【社会・文化】セントクリストファー島にあるカリブ海最大の要塞では、1782年にイギリスとフランスが植民地をうばいあって戦いました。現在は「ブリムストーン・ヒル要塞国立公園」の名で世界遺産に登録されています。

【食べ物】山羊肉のシチューのゴートウォーターや、肉を入れた炊きこみご飯のクックアップ、豚のしっぽなどをマリネにしたソウスが伝統的な料理です。

【スポーツ】クリケット、ラグビー、サッカーなどが人気。

夏季オリンピックまめ知識
- 参加回数：6回（1996年初参加）
- メダル獲得数：合計0個
- 金0個　銀0個　銅0個

セントビンセント及びグレナディーン諸島

セントビンセント及びグレナディーン諸島　Saint Vincent and the Grenadines（VIN）　首都／キングスタウン

面積 約400km² （日本の約1/945）	人口（2016年）約11万人 （日本の約0.09%）
平均寿命（2014年）男70.9歳 女75.1歳 （日本より男9.6歳短い・女11.7歳短い）	出生率（2014年）約2.0人 （日本より約0.6人多い）
おもな言語　英語、パトワ語（フランス語系）	通貨　東カリブ・ドル

【どんな国】カリブ海の小アンティル諸島にあり、火山島のセント・ビンセント島と珊瑚礁でできたグレナディーン諸島からなる国です。最高峰はスフリエール火山（標高約1200m）。熱帯気候で、5〜11月ごろが雨季です。

【かんたんな歴史】1498年に、コロンブスがカリブ人が住むこの地域に来航。18世紀にイギリスとフランスとが領有をめぐって争い、イギリスの植民地に。1969年に自治権を獲得し、1979年にイギリス連邦の一員として独立します。自然災害にみまわれることが多く、1902年にはスフリエール火山が噴火して約2000人が死亡、1979年の噴火でも多くの人が避難しました。暴風雨のハリケーンにもたびたびおそわれ、大きな被害をうけています。

【おもな産業】バナナの栽培を中心とした農業と観光業がさかん。映画『パイレーツ・オブ・カリビアン』の撮影地となったことで有名になり、観光業が伸びています。

【社会・文化】毎年、6月末ごろに「ビンシー・マス」というカーニバルが開かれ、にぎやかなパレードや陽気なカリブ海の音楽が町にあふれます。

【スポーツ】クリケット、ラグビー、サッカーなどがさかん。

夏季オリンピックまめ知識
- 参加回数：8回（1988年初参加）
- メダル獲得数：合計0個
- 金0個　銀0個　銅0個

【日本との関係】日本の資金援助で、1987年に首都キングスタウンに魚市場ができ、「リトル・トウキョウ」とよばれています。

南北アメリカ オセアニア

セントルシア

セントルシア　Saint Lucia（LCA）　首都／カストリーズ

面積	約500 km²	日本の約1/756
人口（2016年）	約18万6000人	日本の0.1%
平均寿命（2014年）	男72.4歳　女77.8歳	日本より男8.1歳短い　女9.0歳短い
出生率（2014年）	約1.9人	日本より約0.5人多い
おもな言語	英語、パトワ語（フランス語系）	
通貨	東カリブ・ドル	

日本の屋久島くらいの大きさの火山島で、南西部にはとがった2つの頂をもつピトン山（世界遺産）があります。国土は熱帯気候で、密林におおわれています。

【かんたんな歴史】カリブ人が住むこの島に、1500年ごろスペイン人が来航。17世紀にフランス人が、つづいてイギリス人が入植。島の領有をめぐって戦い、何度も領有者が変わりましたが、19世紀にイギリスの領有権が確定。この間に、労働者としてアフリカから黒人奴隷が連れてこられました。1967年に自治権を獲得し、1979年にイギリス連邦の一員として独立しました。

【おもな産業】バナナ、ココナッツ、アボカドなどを栽培し輸出しています。自然の景観にめぐまれ、観光業もさかん。

【社会・文化】人口の8割以上が黒人。フランス人、イギリス人、黒人の文化などがまじり、クレオール（植民地生まれの）文化が生まれました。毎年10月はセントルシアの伝統や文化を大切にする月で「クレオール・マンス」とよばれ、カラフルな民族衣装を着てすごします。

【食べ物】塩漬けのタラを塩ぬきして、トマトや玉ねぎと炒め煮にするソルトフィッシュが有名。

【スポーツ】クリケットとサッカーが人気。

火山島のピトン山（世界遺産）

【どんな国】カリブ海の小アンティル諸島に位置し、国土はセントルシア島のみ。

夏季オリンピックまめ知識
- 参加回数：6回（1996年初参加）
- メダル獲得数：合計0個　0個　0個　0個

ソロモン諸島

ソロモン諸島　Solomon Islands（SOL）　首都／ホニアラ

面積	約2万9000 km²	日本の約1/13
人口（2016年）	約59万5000人	日本の0.5%
平均寿命（2015年）	男67.9歳　女70.8歳	日本より男12.6歳短い　女16.0歳短い
出生率（2014年）	約4.0人	日本より約2.6人多い
おもな言語	英語、ピジン語	
通貨	ソロモン・ドル	

旧日本軍の高角砲が今ものこる

【どんな国】赤道の南の太平洋南西部に位置し、首都のあるガダルカナル島を中心に大小約1000の島からなります。火山島や珊瑚礁でできた島じまには、熱帯雨林におおわれた標高2000mをこえる山もあり、近海はカツオやマグロの好漁場です。

【かんたんな歴史】メラネシア系の人びとが住むこの海域に16世紀、スペイン人が来航し「ソロモン諸島」と名づけました。19世紀末からイギリスの植民地になり、第二次世界大戦中は、ガダルカナル島や周辺の海で日本軍とアメリカ軍の戦闘がおこなわれ、戦闘機や戦車の残骸など、戦争の爪あとが今ものこっています。戦後はふたたびイギリスの支配下におかれ、1978年、イギリス連邦内の立憲君主国として独立しました。

【おもな産業】水産業、林業、農業が中心です。マグロなどの魚介類や木材、パーム油、コプラ（ココヤシの実の白い部分）などを輸出しています。

【社会・文化】パプアニューギニアなどとともにメラネシア文化圏に属し、「出陣の踊り」などの勇壮な民族舞踊があります。古くから貝殻やイルカの歯を貨幣として用いてきました。

【食べ物】さつまいもは「クマラ」とよばれ、主食にしたりココナッツミルクで煮こんだりします。

【スポーツ】サッカー、ラグビー、野球などが人気。

夏季オリンピックまめ知識
- 参加回数：9回（1984年初参加）
- メダル獲得数：合計0個　0個　0個　0個

チリ

チリ共和国　Republic of Chile (CHI)　首都／サンティアゴ

南北アメリカ・オセアニア

面積 約75万6000km² （日本の約2倍）	**人口**（2016年） 約1813万2000人 （日本の約14%）
平均寿命（2015年） 男77.4歳　女83.4歳 （日本より男3.1歳短い／女3.4歳短い）	**出生率**（2014年） 約1.8人 （日本より0.4人多い）
おもな言語 スペイン語	**通貨** ペソ

南米有数の大都市、サンティアゴ

【どんな国】南アメリカの南西部にあり、アンデス山脈にそって南北4300kmにおよぶ細長い国です。北部はアタカマ砂漠、中部は温帯の農業地帯、南部は冷涼な森林や湖沼地帯です。約3500km西の太平洋上には、モアイ像で有名なイースター島（世界遺産）があります。
【かんたんな歴史】15世紀には北半分がインカ帝国の一部でした。16世紀にスペインの植民地となり、1818年に独立。その後富裕層を中心とした政治がつづき、人びとの不満がつのります。1970年に社会主義政権が誕生しますが、軍事クーデターでたおされます。多くの市民が殺害されたり強制収容所に送られる独裁政治が続き、1990年に民主政治にかわりました。
【おもな産業】最大の産業は鉱業。銅、リチウムは世界有数の生産量で、輸出されています。野菜や果実の栽培、魚介類の養殖もさかんです。
【社会・文化】白人と先住民族の混血のメスチソが約7割、白人が約2割です。
【食べ物】中に具が入ったパンのエンパナーダは手軽に食べられて人気。
【スポーツ】サッカーやテニスが人気。馬に乗って牛を追いかけ、壁におしつける「ロデオ」が国技です。

夏季オリンピックまめ知識
● 参加回数：23回（1896年初参加）
● メダル獲得数：合計13個
　金2個　銀7個　銅4個

日本との関係
日本は自動車や鉱山用の機械を輸出し、チリから銅やサケ、マス、木材、ワインなどを輸入。

ツバル

ツバル　Tuvalu (TUV)　首都／フナフティ

面積 約30km² （日本の約1/12600）	**人口**（2016年） 約1万人 （日本の約0.008%）
平均寿命（2013年） 男66.0歳　女70.0歳 （日本より男14.5歳短い／女16.8歳短い）	**出生率**（2015年） 約3.0人 （日本より1.6人多い）
おもな言語 ツバル語、英語	**通貨** オーストラリア・ドル

下校途中の子どもたち

【どんな国】南太平洋にあるエリス諸島の、9つの環礁からなる国で、世界で4番目に面積が小さいです。熱帯雨林気候で雨が多く、気温は一年中ほぼ一定。国土の平均海抜は1.5m、もっとも高い場所でも5mしかなく、地球温暖化による海面上昇で水没の危機にひんしています。
【かんたんな歴史】約2000年前から定住者のいるエリス諸島に、16世紀スペイン人が来航。1892年には、すぐ北のギルバート諸島（現在のキリバス）とともに「ギルバート・エリス諸島」としてイギリスの保護領となり、その後植民地に。ポリネシア系のエリス諸島はミクロネシア系のギルバート諸島と民族や文化が異なるため、1975年に単独の植民地となり、名を「ツバル」と変えました。1978年、イギリス連邦内の立憲君主国として独立。
【おもな産業】おもに農業と漁業が中心。海外からの仕送りにも頼っています。
【社会・文化】伝統的な共同体の意識が強く、自分の仕事だけでなく魚釣りや家の建築などを一族でおこないます。
【スポーツ】サッカーとバレーボールが人気。クリケットなどもおこなわれます。

夏季オリンピックまめ知識
● 参加回数：3回（2008年初参加）
● メダル獲得数：合計0個
　金0個　銀0個　銅0個

日本との関係
日本のNPOが2007年から海岸の浸食をくいとめるため、マングローブの植林活動をおこなっています。

ドミニカ共和国

ドミニカ共和国　Dominican Republic（DOM）　首都／サントドミンゴ

面積	日本の約1/8	人口（2016年）	日本の約8%
約4万8000km²		約1065万人	

平均寿命（2015年）	日本より男9.6歳短い 女9.7歳短い	出生率（2014年）	日本より約1.1人多い
男70.9歳　女77.1歳		約2.5人	

おもな言語	スペイン語	通貨	ペソ

首都サントドミンゴ。人口200万人以上の大都市

【どんな国】カリブ海にあるイスパニョーラ島の東側3分の2をしめる国です。西側はハイチと接しています。日本の九州よりも少し大きく、3つの山脈があり、最高峰はカリブ海の国ぐにでもっとも高いドゥアルテ山で標高3175m。熱帯気候に属し、5〜11月が雨季です。

【かんたんな歴史】1492年にコロンブスが来航、「イスパニョーラ（小さなスペイン）島」と名づけました。南北アメリカで最初のスペイン植民地となりましたが、17世紀に島の西側3分の1がフランス領に。18世紀末には全島がフランス領となり、1804年にハイチとして独立。1844年に島の東側約3分の2がドミニカ共和国となりました。

【おもな産業】観光業と農業がさかん。農業ではさとうきび、コーヒー豆、カカオ豆、たばこなどを栽培しています。

【社会・文化】国民はみな音楽好きで、陽気なリズムのダンス音楽、メレンゲが生まれた国として有名。

【食べ物】調理用バナナと揚げた豚の皮でつくるモフォンゴが代表的な料理。

【スポーツ】野球が一番人気。これまでアメリカのメジャーリーグに500人以上の選手を送りだしてきました。ソフトボール、ボクシングなどもさかん。

夏季オリンピックまめ知識
- 参加回数：14回（1964年初参加）
- メダル獲得数：合計7個
  - 金3個　銀2個　銅2個

日本との関係　1990年から日本のプロ野球の広島カープが、選手の育成施設カープ・アカデミーを開設しています。

ドミニカ国

ドミニカ国　Commonwealth of Dominica（DMA）　首都／ロゾー

面積	日本の約1/470	人口（2016年）	日本の約0.06%
約800km²		約7万3000人	

平均寿命（2013年）	日本より男8.5歳短い 女9.8歳短い	出生率（2014年）	日本より約0.6人多い
男72.0歳　女77.0歳		約2.0人	

おもな言語	英語、パトワ語（フランス語系）	通貨	東カリブ・ドル

首都ロゾー。フランス植民地時代の建物が並ぶ

【どんな国】カリブ海の小アンティル諸島に位置するドミニカ島が国土。日本の佐渡島くらいの大きさの火山島で、標高1000mをこえる山がいくつもあります。熱帯気候に属し、自然が豊かで、「カリブ海の植物園」とよばれています。

【かんたんな歴史】カリブ人が住んでいたこの島に、1493年、コロンブスが上陸、上陸した曜日にちなんで「ドミニカ（日曜日）」と名づけました。17世紀にフランスが植民地とし、アフリカから労働者として黒人奴隷を連れてきました。その後フランスとイギリスが領有権をめぐって争い、19世紀にはイギリスの植民地に。1967年に自治権を獲得し、1978年にイギリス連邦の一員として独立しました。

【おもな産業】観光業と農業が中心。農業では、バナナ、ココヤシ、かんきつ類の栽培がさかんです。

【社会・文化】島の南部に世界遺産に登録されているモルヌ・トロワ・ピトン国立公園があり、火山や熱帯雨林、多様な動植物などがみられます。

【食べ物】調理用バナナをゆでたり、揚げたり、肉などと煮こんだりと、いろいろな調理法で料理します。

【スポーツ】クリケットが一番人気。ラグビー、バスケットボール、ネットボール、サッカーなどもさかんです。

夏季オリンピックまめ知識
- 参加回数：6回（1996年初参加）
- メダル獲得数：合計0個
  - 金0個　銀0個　銅0個

トリニダード・トバゴ

トリニダード・トバゴ共和国　Republic of Trinidad and Tobago（TTO）　首都／ポートオブスペイン

面積	日本の約1/74	人口（2016年）	日本の約1％
約5100km²		約136万5000人	

平均寿命（2015年）	日本より男12.6歳短い 女12.0歳短い	出生率（2014年）	日本より約0.4人多い
男67.9歳　女74.8歳		約1.8人	

おもな言語	英語、ヒンディー語、フランス語など	通貨	トリニダード・トバゴ・ドル

【どんな国】カリブ海の小アンティル諸島の南部に位置し、トリニダード島とトバゴ島からなります。日本の千葉県くらいの大きさで丘陵や山が多く、熱帯の自然が美しい島。南アメリカのベネズエラとは最短で約15km離れています。

【かんたんな歴史】アラワク系・カリブ系の人びとが住むこの地域に、1498年コロンブスが来航。その後、スペインやフランスなどの植民地となり、黒人奴隷が導入されました。19世紀にはイギリスの植民地となり、トリニダード島とトバゴ島の管理が統合。奴隷制が廃止された後、インド人や中国人などを労働力として受け入れました。1962年にイギリス連邦の一員として独立を達成。

【おもな産業】原油と天然ガスが経済の中心。カリブ海の国ぐにのなかで最大の産油国で、もっとも豊かな国です。

【社会・文化】インド系とアフリカ系黒人がともに約4割くらいです。毎年2～3月に首都でもよおされるトリニダード・カーニバルは、世界の三大カーニバルのひとつとされています。

【食べ物】タロイモの葉とオクラを煮こんだカラルーは家庭の味。

【スポーツ】クリケットとサッカーに人気があつまっています。

夏季オリンピックまめ知識
- 参加回数：17回（1948年初参加）
- メダル獲得数：合計20個
  金2個　銀6個　銅12個

日本との関係　盆栽や生け花が人気です。日本語講座を開設している大学もあります。

トンガ

トンガ王国　Kingdom of Tonga（TGA）　首都／ヌクアロファ

面積	日本の約1/540	人口（2016年）	日本の約0.08％
約700km²		約10万7000人	

平均寿命（2014年）	日本より男10.6歳短い 女11.0歳短い	出生率（2014年）	日本より約2.3人多い
男69.9歳　女75.8歳		約3.7人	

おもな言語	トンガ語、英語	通貨	パ・アンガ

【どんな国】南太平洋の中央部に位置し、大小170あまりの火山島や珊瑚礁の島で構成されています。熱帯雨林気候で、1～3月に雨がよく降ります。南太平洋にある国ぐにのなかでただ1つの王国です。

【かんたんな歴史】950年ごろ最初の王トゥイ・トンガがこの地を統一したと伝えられています。17世紀にオランダ人が来航。18世紀にはイギリス人のクックが訪れ、親切にもてなされたので「友情の島」とよびました。19世紀前半には3つの王朝が争いましたが、1845年に即位したキリスト教徒の王トゥポウ1世が国をまとめました。1900年にイギリスの保護領となり、1970年に独立、イギリス連邦に加盟しました。

【おもな産業】コプラ、ヤシ油、かぼちゃなどを生産する農業とマグロ漁などの漁業がさかん。かぼちゃやマグロは日本へも輸出されています。

【社会・文化】大柄な体格の人が多く、性格もおおらか。宗教はキリスト教（プロテスタント約65％、カトリック約16％）が浸透しています。

【スポーツ】ラグビーがさかんで、日本のチームでもトンガの選手が活躍しています。

夏季オリンピックまめ知識
- 参加回数：9回（1984年初参加）
- メダル獲得数：合計1個
  金0個　銀1個　銅0個

日本との関係　1970年代に日本からそろばんを取り入れ、小学校では必須科目。そろばんの全国大会もあります。

ナウル

ナウル共和国　Republic of Nauru（NRU）　首都／ヤレン

面積	約20km²	日本の約1/18900
人口（2016年）	約1万人	日本の約0.008%
平均寿命（2013年）	男75.0歳　女83.0歳	日本より男5.5歳短い　女3.8歳短い
出生率（2015年）	約2.9人	日本より約1.5人多い
おもな言語	ナウル語、英語	
通貨	オーストラリア・ドル	

【どんな国】中部太平洋の赤道の南約40kmに位置し、バチカン、モナコについで世界で3番目に面積の小さい国。珊瑚礁でできた一周約19kmの島が国土で、島の中央部は標高約70mの台地です。熱帯雨林気候で、一年を通じて高温で気温の変化が少ないです。

【かんたんな歴史】先住民族の住むこの島に、18世紀末イギリスの捕鯨船が来航しました。19世紀末にドイツ領となり、良質のりん鉱石が発見されて採掘が始まります。第二次世界大戦では日本軍がこの島を占領しました。戦後はイギリス、オーストラリア、ニュージーランド3国の信託統治下におかれ、1968年、イギリス連邦内の国として独立しました。りん鉱石の輸出で世界有数の豊かな国になりましたが、20世紀末には資源のほとんどをほりつくし経済が悪化。現在、国は財政をたてなおす努力をつづけています。

【おもな産業】りん鉱石の採掘や輸出は減ったとはいえ、まだ続いています。食料のほとんどは輸入にたよっています。

【社会・文化】宗教はおもにキリスト教で、プロテスタントが約50%、カトリックが約25%をしめています。

【スポーツ】1チーム18人で戦うオーストラリアン・フットボールや、ウエイトリフティングに似たパワーリフティングなどがさかんです。

夏季オリンピックまめ知識
● 参加回数：6回（1996年初参加）
● メダル獲得数：合計0個
　0個　0個　0個

ニウエ

ニウエ　Niue　首都／アロフィ

面積	約260km²	日本の約1/1454
人口（2016年）	約2000人	日本の約0.002%
平均寿命（2013年）	男72.0歳　女78.0歳	日本より男8.5歳短い　女8.8歳短い
出生率（2013年）	約2.0人	日本より約0.6人多い
おもな言語	ニウエ語、英語	
通貨	ニュージーランド・ドル	

【どんな国】南太平洋の中央部に位置し、世界最大の珊瑚礁でできた島からなる国です。島は台地状で一周約70km、海面から「ポリネシアの岩」とよばれる断崖がそそりたちます。熱帯雨林気候で、12月から4月まではサイクロン（台風）がよく発生します。

【かんたんな歴史】400年ごろから定住がはじまり、1525年にはトンガが攻めてきて先住民族と戦いました。1774年にイギリス人のクックが上陸をこころみましたが、島民のはげしい抵抗にあって断念。1876年にトゥイティガが初代の王となり、1900年にイギリスの保護領となりました。1901年にはニュージーランドの属領になり、1974年、自治権を獲得してニュージーランドと自由連合の国に。日本は2015年に国家として承認しました。

【おもな産業】農業が中心で、タロイモやココナッツ、バニラ、ジュースにするノニ（ヤエヤマアオキ）などを生産しています。外貨獲得のために、記念切手やディズニーキャラクターなどをきざんだ貨幣を発行。

【社会・文化】敬虔なキリスト教徒（プロテスタント約82%、カトリック約10%）が多く、日曜日には着飾って教会に行く習慣があります。

【食べ物】主食はタロイモやヤムイモ。調理にはココナッツがよく使われます。バーベキューも好んで食べます。

【スポーツ】ラグビーがもっともさかんで、サッカーも人気。オリンピックには、まだ参加していません。

ニュージーランド

ニュージーランド
New Zealand（NZL）
首都／ウェリントン

面積	人口 (2016年)
約26万8000km² （日本の約7/10）	約457万人（日本の約4%）
平均寿命 (2015年)	出生率 (2014年)
男80.0歳 女83.3歳（日本より男0.5歳短い 女3.5歳短い）	約1.9人（日本より約0.5人多い）
おもな言語	通貨
英語、マオリ語、ニュージーランド手話	ニュージーランド・ドル

羊の放牧。人口の約6倍の羊がいる

【どんな国】南太平洋の南西部、オーストラリアの東方にある北島と南島、周辺の小島からなる国です。北島は標高2797mのルアペフ山をはじめ火山や温泉が多く、南島はサザンアルプス山脈が走っていて、最高峰の標高3754mのアオラキ（クック）山など3000m級の山がつらなり、氷河地形も見られます。北島には富士山に似た火山タラナキ（エグモント）山があります。日本とほぼ同じ緯度にあり、海洋性のおだやかな気候で、夏はすずしく、冬は比較的温暖です。飛ぶことのできない鳥キーウィやタカヘ、カカポなどがいます。

【かんたんな歴史】9世紀ごろ、ポリネシアからマオリ人が上陸し、住みはじめました。1642年、オランダの探検家タスマンが来航、1769年にはイギリスの探検家クックが探検しました。その後イギリスが進出し、1840年、ワイタンギ条約をむすび植民地にしました。1907年にイギリスの自治領となり、1947年、イギリス連邦のひとつの国として独立しました。2011年、カンタベリー地震がおこり日本人28人をふくむ185人が亡くなりました。

【おもな産業】羊や牛の牧畜がさかんで、広い牧草地には約2700万頭（2016年）の羊がいます。世界有数の羊毛輸出国で、バターやチーズなどの乳製品、食肉なども輸出。小麦は南島で栽培しています。鉱産資源は石炭、金、石油などを産出しています。電力は水力が約53%、火力約27%、地熱約15%、風力が約5%（2013年）をしめています。工業は羊皮の生産、食品加工業、アルミニウム工業、製材などがあげられます。

【社会・文化】国民はヨーロッパ系が約68%、マオリ人が約14%、アジア系が約9%、太平洋系が約7%をしめています。マオリ人は音楽や彫刻にすぐれ、民族舞踊のハカはラグビーの試合の前に演じられます。1870年代に8時間労働制がとりいれられ、1893年には世界初の女性参政権が確立するなど、社会福祉制度はととのっています。

【食べ物】イギリスからもたらされたフィッシュ・アンド・チップス（魚のフライとフライドポテト）、マオリのハンギ料理（地面に穴をほり、石の上に野菜や肉をならべて蒸し焼きにする）、家庭料理の定番のバーベキューなどがあります。

【スポーツ】ラグビーが国技とされ、代表のオールブラックスは世界の強豪。ホッケーやクリケット、ヨット、スキーなども人気で、女性の間ではネットボールがはやっています。

夏季オリンピックまめ知識
- 参加回数：23回（1920年初参加）
- メダル獲得数：合計118個
  - 金46個　銀28個　銅44個

日本との関係　1958年に通商協定をむすんで以来、交易がさかんに。ニュージーランドにとって日本は輸出・輸入ともに世界第4位（2015年）。日本は自動車などを輸出し、乳製品や肉類、キウイフルーツ、アルミニウムなどを輸入。1985年、ワーキングホリデーの制度を開始し、多くの日本人が留学しています。

ニカラグア

ニカラグア共和国　Republic of Nicaragua（NCA）　首都／マナグア

面積	約13万km²	日本の約1/3
人口（2016年）	約615万人	日本の約5%
平均寿命（2015年）	男71.5歳　女77.9歳	日本より男9.0歳短い　女8.9歳短い
出生率（2014年）	約2.3人	日本より約0.9人多い
おもな言語	スペイン語	
通貨	コルドバ	

レオン大聖堂（世界遺産）。1747年～19世紀初頭に建てられた

【どんな国】中央アメリカの中央部にあり、国の東部は熱帯の平野、北西部は山岳地帯です。南部には中央アメリカ最大のニカラグア湖があり、活火山が多く、地震も多い国です。

【かんたんな歴史】1502年にコロンブスが到達。その後スペインの植民地となりました。1821年にスペインから独立、中央アメリカ連邦に加わりますが、1838年に離脱して単独の共和国となりました。1909～1933年、アメリカが占領。1936年からソモサ家が独裁政治をおこない、国民を押さえつけました。1979年、反ソモサ派が蜂起して革命政権が誕生しますが、これに対してアメリカが介入し、内戦が始まります。1990年に内戦は終結しますが、約6万人が亡くなりました。

【おもな産業】農業や牧畜がさかんで、コーヒー豆、米、さとうきびを栽培し、葉巻たばこ、牛肉などを生産。近年は健康食品のチアシードの生産がのびていて、日本にも輸出しています。

【社会・文化】17世紀のスペイン風の旧市街の遺跡、レオン・ビエホ遺跡群やレオン大聖堂などがあります（世界遺産）。

【食べ物】とうもろこしの粉の生地に、肉やいもなどを入れてバナナの葉に包んで蒸した料理のナカタマルが有名。

【スポーツ】野球の人気が高く、ボクシングやサッカーもさかんです。

夏季オリンピックまめ知識
- 参加回数：12回（1968年初参加）
- メダル獲得数：合計0個　金0個　銀0個　銅0個

ハイチ

ハイチ共和国　Republic of Haiti（HAI）　首都／ポルトープランス

面積	約2万8000km²	日本の約1/14
人口（2016年）	約1084万8000人	日本の約9%
平均寿命（2014年）	男60.7歳　女64.9歳	日本より男19.8歳短い　女21.9歳短い
出生率（2014年）	約3.0人	日本より約1.6人多い
おもな言語	フランス語、ハイチ語	
通貨	グルド	

ラバディの港。カリブ海のクルーズ船が立ちよる

【どんな国】カリブ海にあるイスパニョーラ島の西側3分の1をしめる国で、東側はドミニカ共和国と接しています。熱帯気候で山地が多く、最高峰はラ・セル山（標高約2700m）。

【かんたんな歴史】1492年にコロンブスがイスパニョーラ島に上陸。その後、スペインの植民地となりましたが、17世紀に島の西側3分の1（現在のハイチの国土）がフランス領となり、多数の黒人奴隷がアフリカから連れてこられました。18世紀末に黒人奴隷が反乱をおこし、1804年に島全土が「ハイチ」として独立。世界で最初の黒人の国で、中南米で最初の独立国です。その後、ハイチの国土は島の西側3分の1にもどりました。20世紀初頭にドイツがハイチに勢力をのばし、これを阻止するため、1915年から約20年間、アメリカ軍がこの国を占領。政情が不安定で、多くの人がまずしい暮らしをしています。

【おもな産業】農業が中心で、コーヒー豆、さとうきび、カカオ豆などを栽培。

【社会・文化】アフリカの伝統的な信仰とキリスト教が合わさったブードゥー教は、ハイチでうまれた民間信仰です。

【スポーツ】サッカーが一番人気。バスケットボールもさかんです。

夏季オリンピックまめ知識
- 参加回数：16回（1900年初参加）
- メダル獲得数：合計2個　金0個　銀1個　銅1個

日本との関係：2010年に死者30万人にものぼるハイチ地震が発生し、日本は自衛隊を派遣して復興を支援しました。

パナマ

パナマ共和国　Republic of Panama（PAN）　首都／パナマシティ

面積	日本の約1/5	人口（2016年）	日本の約3%
約7万5000km²		約399万人	

平均寿命（2015年）	日本より男5.8歳短い 女5.7歳短い	出生率（2014年）	日本より約1.0人多い
男74.7歳 女81.1歳		約2.4人	

おもな言語	スペイン語	通貨	バルボア（硬貨のみ）、アメリカ・ドル

パナマ運河を運行する船

【どんな国】南北アメリカをつなぐ地峡にあり、国土の多くを丘陵と山地がしめています。国の中央部をパナマ運河が通り、太平洋とカリブ海をむすんでいます。

【かんたんな歴史】16世紀初頭、先住民族が暮らすこの地域をスペインが植民地に。1519年にパナマシティが建設され、物資輸送の拠点として栄えます。1821年、スペインから独立し、大コロンビア共和国に加わり、1903年、アメリカの支援をうけて分離独立。アメリカは運河建設の権利を得て、1914年にパナマ運河を完成させます。条約によって運河地帯はアメリカの領土となり、軍隊もおかれましたが、1999年までに、領土や運河の管理権は全面的にパナマに返還されました。

【おもな産業】パナマ運河の運営、中継貿易、国際金融などが中心。

【社会・文化】交通の要衝パナマは「世界の十字路」といわれます。住民も先住民族、白人、その混血のメスチソ、黒人、黒人と白人の混血ムラートなど多様。

【食べ物】主食は米で、とり肉をヤムイモやとうもろこしなどと煮こんだスープのサンコーチョをよく食べます。

【スポーツ】ボクシングが一番人気。野球、バスケットボールとつづきます。

夏季オリンピックまめ知識
● 参加回数：17回（1928年初参加）
● メダル獲得数：合計3個
　金1個　銀0個　銅2個

日本との関係　パナマ運河の建設には日本人技術者も参加しました。日本はパナマ運河の利用国の第4位（2013年）。

バヌアツ

バヌアツ共和国　Republic of Vanuatu（VAN）　首都／ポートビラ

面積	日本の約1/32	人口（2016年）	日本の約0.2%
約1万2000km²		約27万人	

平均寿命（2014年）	日本より男10.6歳短い 女12.8歳短い	出生率（2014年）	日本より約2.0人多い
男69.9歳 女74.0歳		約3.4人	

おもな言語	ビスラマ語（ピジン英語）、英語、フランス語	通貨	バツ

【どんな国】南太平洋に位置し、大小80あまりの島じまが、南北約1200kmにわたって連なっています。多くは火山島で、標高2000m近い山があり、豊かな緑におおわれています。熱帯雨林気候で、サイクロン（台風のような暴風雨）にたびたびおそわれます。

【かんたんな歴史】紀元前から定住がおこなわれていたこの地域に、17世紀、スペイン人が上陸。18世紀にイギリス人のクックが来航。1906年からは、フランスとイギリスの共同統治による植民地となり、2国の統治によって、2つの法律、2つの通貨などをもつ混乱した社会となりましたが、1980年、イギリス連邦内の共和国「バヌアツ（われらの土地）」として独立しました。

【おもな産業】農業では、ココナッツ油やコプラ、牛肉などを生産。近年、観光業もさかんになってきました。

【社会・文化】100をこえる言語があり、たがいの意思疎通をはかるため、ビスラマ語（ピジン英語）が共通語の1つとなっています。若者が高いやぐらから飛びおりる成人の儀式は、バンジー・ジャンプのもとになったことで有名。

【食べ物】肉とすりおろしたイモ類を、バナナの葉などで包んで蒸し焼きにする、ラップラップが有名。

【スポーツ】サッカーやラグビーに人気があつまっています。

夏季オリンピックまめ知識
● 参加回数：8回（1988年初参加）
● メダル獲得数：合計0個
　金0個　銀0個　銅0個

バハマ

バハマ国　Commonwealth of The Bahamas（BAH）　首都／ナッソー

面積	日本の約1/27	人口（2016年）	日本の約0.3%
約1万4000km²		約39万3000人	
平均寿命（2015年）	日本より男7.6歳短い 女7.7歳短い	出生率（2014年）	日本より約0.5人多い
男72.9歳　女79.1歳		約1.9人	
おもな言語	英語	通貨	バハマ・ドル

首都ナッソーの町のようす

【どんな国】アメリカのフロリダ半島の南東の大西洋上に連なるバハマ諸島からなる国です。珊瑚礁でできた約700の島のうちの、約30の島に人が住んでいます。熱帯気候で、雨季が5〜6月と9〜10月の2度あります。

【かんたんな歴史】1492年、コロンブスが第1回目の航海で、バハマ諸島の中央部にあるサンサルバドル島に上陸。これが新大陸の「発見」といわれるものです。その後スペインの植民地に、18世紀にイギリスの植民地となりました。1920〜1933年にアメリカで禁酒法が施行されると、バハマは酒などの密輸の中心地となりました。1964年に自治権を獲得し、1973年にイギリス連邦の一員として独立しました。

【おもな産業】観光業が中心で、外国人観光客の8割以上がアメリカ人。金融業もさかん。食料品の多くは輸入にたよっています。

【社会・文化】国民は黒人約85%、白人約12%など。カリブ海のなかではゆたかな国で、政治的に安定しています。

【食べ物】シーフードが中心で、とくにコンクとよばれる巻貝は、揚げたり、蒸したり、さまざまな料理法で食べられる人気の食材です。

【スポーツ】バスケットボールやアメリカンフットボール、野球、ボクシングなどが人気です。クリケットもおこなわれています。

夏季オリンピックまめ知識
● 参加回数：16回（1952年初参加）
● メダル獲得数：合計14個
　金6個　銀2個　銅6個

パプアニューギニア

パプアニューギニア独立国　Independent State of Papua New Guinea（PNG）　首都／ポートモレスビー

面積	日本の約1.2倍	人口（2016年）	日本の約6%
約46万3000km²		約777万6000人	
平均寿命（2015年）	日本より男19.9歳短い 女21.4歳短い	出生率（2014年）	日本より約2.4人多い
男60.6歳　女65.4歳		約3.8人	
おもな言語	英語、ピジン英語、モツ語など	通貨	キナ

民族舞踊シンシンの装身具に身をつつむ子どもたち

【どんな国】赤道のすぐ南にあるニューギニア島の東半分と、周辺の多くの島じまからなる国です。活火山が多く、ニューギニア島の中央部には4000m級の山も連なっています。雨の多い熱帯雨林気候で、動植物の宝庫です。

【かんたんな歴史】16世紀にニューギニア島にポルトガル人が上陸。ちぢれた髪という意味の「パプア」と名づけ、その後スペイン人が、アフリカのギニアにちなんで「ニューギニア」と名づけたといわれます。19世紀には、オランダ（西半分）、ドイツ（北東部）、イギリス（南東部）に3分割されて植民地に。その後、東半分はオーストラリアの統治下におかれました。第二次世界大戦中は、日本軍と連合国軍の激戦地となり、戦後は東半分がオーストラリアの信託統治領となり、1975年にパプアニューギニアとして独立しました。

【おもな産業】原油、天然ガスなどの資源が豊富で、鉱業がさかん。農林業ではパーム油、コーヒー、木材などを生産。

【社会・文化】独自の文化をもった500以上の部族が共存し、使われている言語の数も800をこえます。各部族ごとに踊り方や衣装、音楽が異なるシンシンという民族舞踊がさかん。

【食べ物】伝統料理は、熱した石の上で魚などを蒸し焼きにするムームーです。

【スポーツ】ラグビーがとりわけ人気です。サッカーも人気上昇中。

夏季オリンピックまめ知識
● 参加回数：10回（1976年初参加）
● メダル獲得数：合計0個
　金0個　銀0個　銅0個

パラオ

パラオ共和国　Republic of Palau（PLW）　首都／マルキョク

面積	約500km²	日本の約1/750	人口（2016年）	約2万2000人	日本の約0.02%
平均寿命（2013年）	男71.0歳　女75.0歳	日本より男9.5歳短い 女11.8歳短い	出生率（2015年）	約1.7人	日本より約0.3人多い
おもな言語	パラオ語、英語		通貨	アメリカ・ドル	

コロール島。パラオ最大の都市コロールがある。人口の半数以上が住んでいる

【どんな国】日本の南約3000kmのところに位置し、日本と時差がありません。586もの緑ゆたかな島じまからなる国で、ダイビングスポットとしても知られています。

【かんたんな歴史】約3000年前の遺跡があり、古くから人が住んでいました。1783年にイギリス人が来航し、その後スペインの、つづいてドイツの領土に。第一次世界大戦後は日本の委任統治領となり、その統治の拠点としてパラオに「南洋庁」がおかれ、多くの日本人が移住。第二次世界大戦のときには、ペリリュー島で日本軍とアメリカ軍の激戦がくりひろげられました。戦後はアメリカの信託統治領となり、1994年に独立しました。

【おもな産業】観光業が中心で、日本からの観光客が約20%（2015年）をしめています。マグロやカツオの漁など、漁業もさかん。

【社会・文化】宗教は、キリスト教徒が多く、カトリックが約50%、プロテスタントが約30%です。

【食べ物】かんきつ類の葉を入れた魚のスープ、ベルダックルを食べます。

【スポーツ】野球は、パラオでも「ヤキュウ」とよばれ、人気のスポーツです。

夏季オリンピックまめ知識
● 参加回数：5回（2000年初参加）
● メダル獲得数：合計0個
金0個　銀0個　銅0個

日本との関係　日本に親しみをもつ人が多くいます。2002年には、日本の援助で「日本・パラオ友好の橋」が完成しました。

パラグアイ

パラグアイ共和国　Republic of Paraguay（PAR）　首都／アスンシオン

面積	約40万7000km²	日本の約1.1倍	人口（2016年）	約672万5000人	日本の約5%
平均寿命（2015年）	男72.2歳　女76.0歳	日本より男8.3歳短い 女10.8歳短い	出生率（2014年）	約2.5人	日本より約1.1人多い
おもな言語	スペイン語、グアラニー語		通貨	グアラニー	

首都アスンシオンの町並み

【どんな国】南アメリカのほぼ真ん中にある内陸国です。国土の中央部をパラグアイ川が流れ、西側はグランチャコとよばれる乾燥した大平原、東側は肥沃な平野や森林です。気候は、北部の亜熱帯から南部の温帯まで変化します。

【かんたんな歴史】グアラニー人などが住んでいたこの地域を、16世紀にスペインが植民地にしました。1811年に共和国として独立。19世紀後半にブラジル・アルゼンチン・ウルグアイの連合軍と戦って敗れ、領土の4分の1を失いました。20世紀前半にボリビアと戦争。1954年からの独裁政治をへて、1993年から民主政治がおこなわれています。

【おもな産業】農業や牧畜が中心で、大豆の輸出量は世界第4位（2014年）。電力は水力発電が100%をしめ、輸出しています。

【社会・文化】白人と先住民の混血であるメスチソが約85%。国民の8割以上が、スペイン語と先住民族のことばであるグアラニー語の両方を話します。

【食べ物】とうもろこしの粉とチーズでつくるケーキのソパ・パラグアージャが有名。

【スポーツ】サッカーがさかんで、2004年のオリンピック・アテネ大会で銀メダルを獲得。

夏季オリンピックまめ知識
● 参加回数：12回（1968年初参加）
● メダル獲得数：合計1個
金0個　銀1個　銅0個

日本との関係　1936年に日本からの移住がはじまり、日本人が大豆を輸出作物にまで発展させました。

南北アメリカ　オセアニア

133

バルバドス

南北アメリカ・オセアニア

バルバドス　Barbados（BAR）　首都／ブリッジタウン

面積	約400km²	日本の約1/945
人口（2016年）	約28万5000人	日本の約0.2%
平均寿命（2014年）	男73.2歳　女78.0歳	日本より男7.3歳短い／女8.8歳短い
出生率（2014年）	約1.8人	日本より約0.4人多い
おもな言語	英語、バヤン語（英語系）	
通貨	バルバドス・ドル	

首都ブリッジタウン。イギリス植民地時代の建物が見られる

【どんな国】カリブ海の小アンティル諸島の東端に位置し、日本の種子島くらいの大きさ。珊瑚礁の島で、ほとんどが平地です。熱帯気候に属し、雨季（6～11月）と乾季（12～5月）があります。

【かんたんな歴史】1500年にスペイン人が来航、先住民を奴隷としてカリブ海のイスパニョーラ島へ送りました。17世紀にはイギリスの植民地に。カリブ海の島で最初のさとうきびの大農園が開かれ、アフリカから多数の黒人奴隷が連れてこられました。1961年に自治権を獲得、1966年にイギリス連邦の一員として独立しました。

【おもな産業】観光業が中心で、イギリスからの観光客が約40％。農業ではさとうきびの栽培がさかん。グレープフルーツは、18世紀にバルバドス島で発見されたといわれています。

【社会・文化】歴史的にイギリスとの関係が深く、リトル・イングランド（小さなイギリス）ともよばれています。

【食べ物】主食は、とうもろこしの粉とオクラを練ったカウカウ。トビウオのフライもよく食べます。

【スポーツ】クリケットやラグビーがさかん。バスケットボールも人気上昇中。

夏季オリンピックまめ知識
● 参加回数：12回（1968年初参加）
● メダル獲得数：合計1個
　金0個　銀0個　銅1個

日本との関係　2017年にバルバドス国営テレビで、NHKの朝の連続ドラマの放映が開始。和太鼓の公演もおこなわれています。

フィジー

フィジー共和国　Republic of Fiji（FIJ）　首都／スバ

面積	約1万8000km²	日本の約1/20
人口（2016年）	約89万8000人	日本の約0.7%
平均寿命（2014年）	男67.2歳　女73.2歳	日本より男13.3歳短い／女13.6歳短い
出生率（2014年）	約2.6人	日本より約1.2人多い
おもな言語	英語、フィジー語、ヒンディー語	
通貨	フィジー・ドル	

フィジーの離島

【どんな国】南太平洋にうかぶビティレブ島、バヌアレブ島と、330以上の小島からなる国です。周囲を多くの島国にとりかこまれており、民族や文化が交わる「南太平洋の十字路」とよばれています。熱帯雨林気候で、1月から4月に雨が多く降ります。

【かんたんな歴史】紀元前1300年以前に、東南アジアからわたってきた人びとが住みついたと考えられます。17世紀にオランダ人のタスマンが来航。1874年にイギリスの植民地となり、以後さとうきび農園の労働者として多くのインド人が移住しました。1970年にイギリス連邦内の共和国として独立。1987年にインド系の住民による政権が誕生、これに反発したフィジー系住民が軍事クーデターを起こしました。

【おもな産業】砂糖の生産と観光が主要産業。美しい海をもとめて世界中から観光客がおとずれます。衣料品の加工ものびています。

【社会・文化】国民は、フィジー系が約57％、インド系が約38％（2007年）。経済はインド系がにぎっています。

【食べ物】地面の穴（ロボ）に焼いた石を置き、肉や魚をバナナの葉などにつつんで蒸し焼きにするロボ料理が有名。

【スポーツ】ラグビーが一番人気。2016年のオリンピック・リオデジャネイロ大会では、男子7人制ラグビーで初の金メダルを獲得しました。

夏季オリンピックまめ知識
● 参加回数：15回（1956年初参加）
● メダル獲得数：合計1個
　金1個　銀0個　銅0個

ブラジル

ブラジル連邦共和国
Federative Republic of Brazil (BRA)
首都／ブラジリア

南北アメリカ・オセアニア

面積 約851万5000km² 日本の約22.5倍

人口（2016年） 約2億957万人 日本の約166%

平均寿命（2015年） 男71.4歳 女78.7歳 日本より 男9.1歳短い 女8.1歳短い

出生率（2014年） 約1.8人 日本より約0.4人多い

おもな言語 ポルトガル語

通貨 レアル

Boa tarde

コルコバードの丘。キリスト像がリオデジャネイロを見おろしている

【どんな国】南アメリカ最大で、世界で5番目に広い国です。北部には世界でもっとも流量の多いアマゾン川が流れ、流域には熱帯雨林が広がって多様な動植物が見られます。中央部にはサバナ気候帯のブラジル高原が広がり、南部の一部は温帯気候で四季がはっきりしています。アルゼンチンとの国境付近には世界最大級のイグアスの滝があります。

【かんたんな歴史】先住民族のインディオが住んでいたブラジルに、1500年代にポルトガル人が上陸し、植民地に。さとうきびの栽培をするためにアフリカの黒人を奴隷として連れてきました。19世紀後半、奴隷制度が廃止されると、ヨーロッパ各国をはじめ中東や日本などからも多くの移民がわたりました。1990年半ばから豊かな資源をいかして高度成長をとげ、経済発展を続けるロシア、インド、中国、南アフリカとともに経済が近年発展した国「BRICS」の1つとされています。

【おもな産業】農業ではコーヒー豆、さとうきび、大豆、とうもろこしの栽培がさかん。なかでもコーヒー豆は生産量、輸出量ともに世界一です。また鉄鉱石、ボーキサイト、マンガン、すずなどの鉱産資源にもめぐまれています。近年、鉄鋼、自動車、航空機、食品加工、パルプなどの工業も躍進し、南アメリカ最大の工業国となっています。水力発電もさかんで、電力の約8割を水力でまかなっています。

【社会・文化】先住民、ポルトガル人、アフリカの黒人、ムラート（白人と黒人の混血）、ヨーロッパなどからの移民など、いろいろな人種や民族の人たちがくらしています。2月から3月初めの土曜日から4日間、リオのカーニバルが開かれます。もとはカトリックの謝肉祭でしたが、そこに黒人のボサノバやサンバのリズムがくわわり、ブラジル独自の盛大な祭りとなっています。

【食べ物】国民料理として知られているフェジョアーダは、ベーコンやソーセージ、塩漬けの肉などとフェジョンという豆、米などをいっしょに煮こんだ料理で、ご飯にかけて食べます。また、牛肉や羊の肉を長い串にさして焼くシュラスコという料理も有名です。

【スポーツ】サッカーやバレーボールなどがさかんです。なかでもサッカーは国技とされ、ワールドカップでは5度も優勝（2014年まで）し、ペレやロナウド、ネイマールなど、次つぎにスター選手を送りだしています。黒人たちの間に伝わるカポエイラという格闘技も知られています。

夏季オリンピックまめ知識
- 参加回数：22回（1920年初参加）
- メダル獲得数：合計128個
- 金30個　銀36個　銅62個

日本との関係 1908年、日本から最初の移民791人がブラジルにわたり、コーヒー豆栽培などの仕事につきました。その後も移民は続き、現在ではサンパウロを中心に、約150万人の日系人が住んでいます。近年、日系ブラジル人が日本に出かせぎに来るようになり、群馬県大泉町など日本各地で働いています。

南北アメリカ・オセアニア

ベネズエラ

ベネズエラ・ボリバル共和国　Bolivarian Republic of Venezuela（VEN）　首都／カラカス

面積	日本の約2.4倍	人口（2016年）	日本の約25%
約91万2000km²		約3151万9000人	
平均寿命（2015年）	日本より 男10.5歳短い 女8.3歳短い	出生率（2014年）	日本より約1.0人多い
男70.0歳　女78.5歳		約2.4人	
おもな言語	スペイン語	通貨	ボリバル・フエルテ

アンヘル滝。世界一の落差を誇る

【どんな国】南アメリカの北部にある国。中央部にはオリノコ川が流れる熱帯の平野が広がり、南部のギアナ高地にはテーブルマウンテンとよばれる切り立った台地が点在しています。

【かんたんな歴史】先住民族が住むこの地域に1498年、コロンブスが来航し、その後スペインの植民地に。1811年に独立を宣言し、1821年にスペイン軍を敗って独立が確定します。その間の1819年にはコロンビアなどと大コロンビア共和国を結成。1830年に分離独立して、ベネズエラ共和国となりました。20世紀に入ると軍事政権が交代をくりかえし、1958年以後、民主政治に移行。独立闘争の英雄ボリバルの名にちなんで、1999年に国名をベネズエラ・ボリバル共和国としました。

【おもな産業】世界有数の原油産出国。鉄鉱石やボーキサイト、金、ダイヤモンドなどを産出し、鉱業もさかんです。

【社会・文化】ギアナ高地にあるカナイマ国立公園（世界遺産）は、落差が世界一の約1000mもあるアンヘル滝（エンジェルフォール）で有名。

【食べ物】とうもろこしの粉のパンのアレパに肉や魚、野菜をはさんで食べます。ホットチョコレートもよく飲みます。

【スポーツ】野球がさかんで、アメリカの大リーグや日本のプロ野球に選手を送りだしています。

夏季オリンピックまめ知識
● 参加回数：17回（1948年初参加）
● メダル獲得数：合計17個
　金3個　銀3個　銅11個

ベリーズ

ベリーズ　Belize（BIZ）　首都／ベルモパン

面積	日本の約1/16	人口（2016年）	日本の約0.3%
約2万3000km²		約36万7000人	
平均寿命（2014年）	日本より 男13.0歳短い 女13.7歳短い	出生率（2014年）	日本より約1.2人多い
男67.5歳　女73.1歳		約2.6人	
おもな言語	英語、スペイン語	通貨	ベリーズ・ドル

マヤ文明のラマナイ遺跡

【どんな国】中央アメリカのユカタン半島のつけ根にある国で、カリブ海に面しています。国土の大半は熱帯雨林におおわれ、沖合には世界で2番目の規模の珊瑚礁（世界遺産）が広がっています。

【かんたんな歴史】紀元前からマヤ文明がさかえていました。1502年にコロンブスが来航し、その後スペインの植民地に。18世紀末には、イギリス人入植者がスペイン軍と戦って勝利。自治権を拡大し、1862年にはイギリス領ホンジュラスとなりました。1973年に「ベリーズ」と改称。1975～1977年、この地域の領有権を主張していたグアテマラと国境紛争が起こります。1981年に、イギリス連邦の一員として独立しました。

【おもな産業】農業が中心で、さとうきびやバナナ、かんきつ類を栽培。観光業もさかんです。

【社会・文化】中央アメリカで英語を公用語とする唯一の国。カリブ風の陽気さとイギリス風の規律正しさをもちあわせた国民性です。

【食べ物】米と豆をココナッツミルクで煮こんだライス・アンド・ビーンズや、黒い香辛料を使った真っ黒なスープのチモーレをよく食べます。

【スポーツ】一番人気はサッカー。バスケットボール、バレーボール、ソフトボール、クリケットとつづきます。

夏季オリンピックまめ知識
● 参加回数：12回（1968年初参加）
● メダル獲得数：合計0個
　金0個　銀0個　銅0個

ペルー

ペルー共和国
Republic of Peru (PER)
首都／リマ

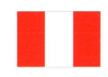

面積	人口（2016年）
約128万5000km² （日本の約3.4倍）	約3177万人 （日本の約25%）
平均寿命（2015年）	出生率（2014年）
男 73.1歳／女 78.0歳（日本より男7.4歳短い、女8.8歳短い）	約2.5人（日本より約1.1人多い）
おもな言語	通貨
スペイン語、ケチュア語、アイマラ語	ヌエボ・ソル

ブエナス タルデス
Buenas tardes

市場に集まるインディアの女性たち

【どんな国】南アメリカ大陸の西にあり、太平洋に面している国です。標高6000m級のアンデス山脈が南北に走り、最高峰は標高6768mのワスカラン山。南のボリビアとの国境にはチチカカ湖があります。太平洋側は乾燥した砂漠気候、中央の山地は温和な気候。東側のアマゾン低地は熱帯雨林気候で一年中高温がつづき、12〜3月が雨季です。

【かんたんな歴史】紀元前からチャビン文化、ティワナク文化、モチェ文化、ナスカ文化などの古代文明がさかえました。15世紀、クスコを中心にインカ帝国がおこり、太陽神をまつった神殿や巨石をつかった建造物がたてられました。1533年、スペインの軍人ピサロによって征服され、スペインの植民地に。1821年、アルゼンチンの軍人サン・マルティンがリマを解放し、1824年、スペインから独立。1968年、軍部のクーデターにより軍事政権が成立し、農地改革や産業の国有化などのペルー革命がすすめられました。1979年に新憲法が制定され、民主的な政権に移行。1990年に日系2世のアルベルト・フジモリが大統領にえらばれ、2000年までつとめました。

【おもな産業】農業はさとうきび、じゃがいも、とうもろこし、綿花、コーヒー豆を栽培。寒流と暖流がぶつかるペルー沖は好漁場で漁業がさかんです。鉱産資源は銀、銅、鉛、亜鉛、金などで世界有数の産出量をほこっています。原油や天然ガスも産出されます。観光業も主要産業のひとつで、ナスカの地上絵や、クスコやマチュピチュなどインカ帝国の遺跡に世界中から観光客がおとずれます。

【社会・文化】国民は先住民族のインディアが約45%、メスチソ（白人と先住民族の混血）が約37%、白人が約15%、ほかに黒人、アジア系など。先住民族はケチュア族、アイマラ族ほか、多くの民族からなります。音楽は『コンドルは飛んでいく』で知られるアンデスのフォルクローレが有名です。

【食べ物】じゃがいもの原産地で、数千種類もあるといわれます。主食はじゃがいも、とうもろこし、キヌア、米など。おもな料理は、白身魚や魚介類のマリネのセビーチェ、細切れ牛肉とたまねぎ、フライドポテトなどをいためたロモ・サルタード、マッシュポテトの間にアボカドやゆでたまごをはさんだカウサなどがあります。

【スポーツ】サッカーがさかんで、ワールドカップには4度出場（2014年まで）。ほかにバレーボール、テニスなど。

夏季オリンピックまめ知識
- 参加回数：19回（1900年初参加）
- メダル獲得数：合計4個
  - 金1個　銀3個　銅0個

日本との関係
1873年、友好通商航海条約をむすび、1899年、ラテンアメリカ最初の日本移民がペルーへ。現在、約10万人の日系人が住んでいます。アンデス文明の調査をした天野芳太郎は、収集品を展示する博物館をリマに建設しました。日本は乗用車などを輸出し、銅や亜鉛などを輸入しています。

ボリビア

ボリビア多民族国　Plurinational State of Bolivia（BOL）　首都／ラパス

面積	日本の約3倍	人口（2016年）	日本の約9%
約109万9000km²		約1088万8000人	

平均寿命（2015年）	日本より男12.3歳短い 女13.5歳短い	出生率（2014年）	日本より約1.6人多い
男68.2歳 女73.3歳		約3.0人	

| おもな言語 | スペイン語、36の先住民の言語（ケチュア語など） | 通貨 | ボリビアノ |

ポトシの市場。果実が山積みになっている

【どんな国】南アメリカの中央部にある内陸国です。南西部にはアンデス山脈が2列に分かれて走り、間に高地が細長く広がっています。首都ラパスはこの高地にあり、世界一標高の高い都市（約3600m）です。北部や東部には熱帯雨林や草原が広がります。

【かんたんな歴史】5〜12世紀にティワナク文化がさかえました。15世紀にインカ帝国に征服され、16世紀にはスペイン領に。1825年に独立し、独立に貢献したベネズエラ人ボリバルの名にちなんで「ボリビア共和国」と名づけられました。1879〜1884年、チリとの太平洋戦争に敗れて太平洋岸の領土などを失い、内陸国に。2009年、国名をボリビア多民族国に変更しました。

【おもな産業】鉱業と農業が中心で、天然ガス、亜鉛、すず、銀などを産出。大豆やさとうきびなどを栽培しています。

【社会・文化】国民は先住民族が約55%、先住民族と白人の混血のメスチソが約30%。町では、民族衣装を身につけた先住民族の女性のすがたをよくみかけます。

【食べ物】主食はじゃがいもやとうもろこし、キヌアという穀物など。

【スポーツ】サッカーやバスケットボール、バレーボールが人気です。

夏季オリンピックまめ知識
● 参加回数：14回（1936年初参加）
● メダル獲得数：合計0個
🥇0個 🥈0個 🥉0個

1899年に日本からの最初の移民91人がボリビアに到着。現在、日系人は1万人以上と推定されています。

ホンジュラス

ホンジュラス共和国　Republic of Honduras（HON）　首都／テグシガルパ

面積	日本の約3/10	人口（2016年）	日本の約6%
約11万2000km²		約819万人	

平均寿命（2014年）	日本より男8.2歳短い 女9.8歳短い	出生率（2014年）	日本より約1.0人多い
男72.3歳 女77.0歳		約2.4人	

| おもな言語 | スペイン語 | 通貨 | レンピーラ |

コパンのマヤ遺跡（世界遺産）

【どんな国】中央アメリカの中央部に位置し、北はカリブ海、南西部は太平洋に面しています。国土の約7割が山地で、北東部は平地で熱帯雨林が広がっています。カリブ海から、暴風雨のハリケーンがおそってくることがよくあります。

【かんたんな歴史】3世紀から10世紀ごろまで、都市コパンを中心にマヤ文明がさかえていました。16世紀にスペインの植民地になりますが、1821年に独立。中央アメリカ連邦への加盟をへて、1838年に単独の共和国に。19世紀末以降バナナの大規模農園がさかえ「バナナ共和国」ともいわれました。20世紀には内戦や軍事クーデター、独裁政治などが続き、1969年にはエルサルバドルとの間で戦争が起こりました。1981年に民主的な政治体制にかわりました。

【おもな産業】農業はバナナとコーヒー豆の栽培が中心。エビの養殖もさかん。

【社会・文化】コパンのマヤ遺跡と、リオ・プラタノ生物圏保護区が、世界遺産に登録されています。

【食べ物】主食はとうもろこしや米。ピンチョという肉の串焼きが有名。

【スポーツ】サッカーが国民的人気。バスケットボール、バレーボール、テコンドーなどもさかんです。

夏季オリンピックまめ知識
● 参加回数：12回（1968年初参加）
● メダル獲得数：合計0個
🥇0個 🥈0個 🥉0個

1998年に起きたハリケーンによる災害では、日本は国際緊急援助隊として自衛隊の医療部隊を派遣しました。

マーシャル諸島

マーシャル諸島共和国　Republic of the Marshall Islands（MHL）　首都／マジュロ

面積	約200km²	日本の約1/1890
人口（2016年）	約5万3000人	日本の0.04%
平均寿命（2013年）	男68.0歳　女73.0歳	日本より男12.5歳短い　女13.8歳短い
出生率（2015年）	約3.2人	日本より約1.8人多い
おもな言語	マーシャル語、英語	
通貨	アメリカ・ドル	

首都マジュロのあるマジュロ環礁は海抜が平均2m。ココヤシやパンノキなどが生育している

【どんな国】西太平洋にある島国で、約200km²の広大な海域に、珊瑚礁でできた29の環礁と5つの島が点在。小さな島じまが輪のように連なり、その美しさから「真珠の首かざり」とよばれています。気候は、一年を通じて高温多雨の熱帯気候です。

【かんたんな歴史】2000年ほど前からミクロネシア人が定住しはじめ、16世紀にスペイン人が来航。第一次世界大戦後は日本の委任統治領、第二次世界大戦後はアメリカ合衆国の信託統治領となりました。アメリカは1946〜1958年にここで67回も核実験をおこない、1954年には日本の漁船、第五福竜丸が被曝しました。1986年に防衛と安全保障をアメリカにゆだねる形で独立。海抜数メートルしかない土地がほとんどで、地球温暖化による海面上昇が深刻な問題となっています。

【おもな産業】ココヤシを原料としたコプラや食用油の生産と、漁業が中心。

【食べ物】主食は、ココナッツミルクで煮込んだタロイモなど。料理の味つけにレモンやとうがらしが使われます。

【スポーツ】バスケットボールやバレーボールが人気。

夏季オリンピックまめ知識
● 参加回数：3回（2008年初参加）
● メダル獲得数：合計0個
　0個　0個　0個

日本との関係　マグロやカツオを日本へ輸出しています。また、日本のマグロ漁船がこの国の港に寄港しています。

ミクロネシア

ミクロネシア連邦　Federated States of Micronesia（FSM）　首都／パリキール

面積	約700km²	日本の約1/540
人口（2016年）	約10万5000人	日本の0.08%
平均寿命（2014年）	男68.1歳　女70.1歳	日本より男12.4歳短い　女16.7歳短い
出生率（2014年）	約3.2人	日本より約1.8人多い
おもな言語	英語、ヤップ語など現地の8言語	
通貨	アメリカ・ドル	

ヤップ島の石のお金（石貨）。大きいものは直径3mもあり、儀礼などに使われる

【どんな国】太平洋の西部および中部のおもに赤道より北側を、地理的にミクロネシア（小さな島じま）とよび、この地域でもっとも広い海域を占める国がミクロネシア連邦です。ヤップ、チューク、ポンペイ、コスラエの4州からなり、607の島があります。

【かんたんな歴史】2000〜3000年前には人が住んでいたと考えられています。16世紀にポルトガル人が来航し、その後、スペイン領、つづいてドイツ領に。第一次世界大戦後は日本の委任統治領となり、第二次世界大戦後はアメリカがミクロネシア地域を6つの区域に分けて信託統治しました。そのうちのパラオとマーシャル諸島はそれぞれ国家をつくり、のこる4つの区域が連邦を形成して、1986年に独立しました。

【おもな産業】漁業と農業（ココヤシ、タロイモ、バナナ栽培など）や観光業。

【社会・文化】ヤップ島ではかつて直径約3mもの石貨が使われていて、今も冠婚葬祭のときには贈与されることも。

【食べ物】主食のパンの実（パンノキとう植物の果実）は伝統的な食べ物。

【スポーツ】野球、バスケットボール、ソフトボールなどが人気です。

夏季オリンピックまめ知識
● 参加回数：5回（2000年初参加）
● メダル獲得数：合計0個
　0個　0個　0個

日本との関係　日系人が約20％をしめ、日系人の大統領もいました。お年寄りには日本語を話す人もいます。

メキシコ

メキシコ合衆国
United Mexican States（MEX）
首都／メキシコシティ

南北アメリカ・オセアニア

面積 約196万4000km² （日本の約5.2倍）

人口（2016年） 約1億2863万人 （日本とほぼ同じ）

平均寿命（2015年） 男73.9歳 女79.5歳 （日本より男6.6歳短い 女7.3歳短い）

出生率（2014年） 約2.2人 （日本より約0.8人多い）

おもな言語 スペイン語

通貨 ペソ

Buenas tardes

メキシコシティのソカロ広場とメトロポリタン大聖堂

【どんな国】北アメリカ大陸の南に位置する高原の国で、東はメキシコ湾とカリブ海、西は太平洋に面しています。南北に東シエラマドレ山脈と西シエラマドレ山脈が走り、その間に盆地のような形でメキシコ高原があります。高原の標高は平均して約1800m、メキシコシティは約2240mの高さにあり、温暖な気候です。沿岸部とユカタン半島は熱帯気候で高温多湿。北部は砂漠気候で乾燥しています。

【かんたんな歴史】200年ごろからユカタン半島でマヤ文明がさかえ、文字や数字が使われていました。14世紀ごろ中央高原でアステカ文明がさかえ、巨大なピラミッドや神殿がきずかれました。1521年、スペインの軍人コルテスによりアステカ王国がほろぼされ、スペインの植民地となります。1821年に独立を達成。1846～1848年、領土をめぐるアメリカとの戦争に敗れて、テキサス州とカリフォルニア州を失いました。1910年、メキシコ革命が起こり、1917年に新憲法が制定されます。その後、農地改革や、外国資本ににぎられていた石油産業の国有化を実現します。

【おもな産業】農業がさかんで、とうもろこし、さとうきび、綿花、コーヒー豆、とうがらしなどを栽培。鉱産資源は銀の産出が世界一（2014年）、銅や鉛、原油や天然ガスも産出。工業は石油化学、自動車、食品加工業などがさかんです。古代都市のテオティワカンやチチェン・イッツァ、リゾート地のカンクンやアカプルコなど多くの観光地があり、観光も主要な産業です。

【社会・文化】国民はメスチソ（白人と先住民族の混血）が約60％、先住民族が約30％、白人が約9％。先住民族はマヤ、サポテコ、ナワなど50以上の民族からなります。宗教はカトリックの聖母マリアと先住民族の女神を聖母グアダルーペとして信仰。南部の都市オアハカでは毎年7月、先住民族の踊りと音楽の祭典、ゲラゲッツァが開かれています。

【食べ物】主食はとうもろこしの粉でつくったトルティーヤで、これで肉や野菜をまいたタコスを食べます。料理の種類は多く、とうがらしのソースのサルサやチョコレートのモーレソースをよく使います。うすくのばした牛肉のソテーや、ウチワサボテンのステーキなども有名。

【スポーツ】サッカーがさかんで、ワールドカップの常連国。ほかに野球やボクシングなどが人気です。1968年にはメキシコシティでオリンピックが開かれました。

夏季オリンピックまめ知識
- 参加回数：23回（1900年初参加）
- メダル獲得数：合計74個
  🥇14個 🥈26個 🥉34個

日本との関係 1614年、仙台藩からローマに派遣された支倉常長一行がメキシコに立ちよりました。1888年、対等な修好通商条約をむすび、1897年、最初の移民が送られました。現在約1万8000人の日系人が居住。2005年、自由貿易協定（FTA）をむすび、自動車や家電メーカーがメキシコに進出しています。

アメリカ領 バージン諸島

アメリカ領バージン諸島　United States Virgin Islands（ISV）　政庁などの所在地／シャーロット・アマリー

面積	約347km²	日本の約1/1100
人口 (2014年)	約10万6000人	日本の約0.08%
おもな言語	英語	
通貨	アメリカ・ドル	

【どんな地域】西インド諸島にあるプエルトリコの東約100kmに位置するバージン諸島の西の約50の島からなります。人が住むおもな島はセント・トーマス島、セント・ジョン島、セント・クロイ島の3島で人口の半数がセント・トーマス島に居住。

【かんたんな歴史】1493年、コロンブスが到達し、1625年、イギリスやフランスなどが植民地を開きました。1666年、デンマークが領有権をえて、アフリカの黒人を使ってさとうきびやたばこの農園を経営。18世紀には西インド諸島の交易の中心としてさかえました。1917年、アメリカがデンマークから買い取りアメリカ領になります。

【おもな産業】ラム酒が特産品に。観光業も主要な産業のひとつです。

【社会・文化】アフリカ系黒人が約4分の3をしめています。議会は一院制で15議席。住民はアメリカ市民権をもっていますが、大統領選挙の投票権はありません。

夏季オリンピックまめ知識
● 参加回数：12回（1968年初参加）
● メダル獲得数：合計1個
🥇0個　🥈1個　🥉0個

アメリカ領 サモア

アメリカ領サモア　American Samoa（ASA）　政庁などの所在地／パゴパゴ

面積	約197km²	日本の約1/1920
人口 (2015年)	約5万4000人	日本の約0.04%
おもな言語	サモア語、英語	
通貨	アメリカ・ドル	

【どんな地域】西南太平洋のポリネシアにあるアメリカの自治領で、5つの火山島と2つの珊瑚礁の島からなります。主都のパゴパゴはトゥトゥイラ島にあります。気候は熱帯雨林気候で高温多湿です。降水量は多く、年間5000mmくらいです。

【かんたんな歴史】1890年代、イギリスのキリスト教の1派である会衆派教会の伝道者がキリスト教を伝えました。1899年、ドイツとアメリカの間でサモア諸島を東西に分割し、アメリカは東半分の島じまを占領。西半分は現在のサモア独立国です。

【おもな産業】農業が中心で、タロイモやヤムイモ、バナナ、ココナッツ、コプラなどを栽培。漁業もさかんで、缶づめ工場もあります。常夏の国で、自然のままの熱帯雨林やビーチがあり、観光業ものびています。

【社会・文化】議会は二院制で、上院は18議席、下院は21議席。

夏季オリンピックまめ知識
● 参加回数：8回（1988年初参加）
● メダル獲得数：合計0個
🥇0個　🥈0個　🥉0個

アルバ

アルバ（オランダ自治領）　Aruba（ARU）　政庁などの所在地／オラニェスタト

面積	約180km²	日本の約1/2100
人口 (2015年)	約10万4000人	日本の約0.08%
おもな言語	オランダ語	
通貨	アルバ・フロリン（アルバ・ギルダー）	

【どんな地域】南アメリカのベネズエラから北西へ約25km行ったところにある、カリブ海にうかぶ島です。平坦な珊瑚礁の島で、降水量が少なく、島にはサボテンがはえています。美しいビーチがあり、観光客でにぎわっています。

【かんたんな歴史】1000年ごろ、アラワク系の人びとがベネズエラから移住してきました。15世紀末〜16世紀ごろ、スペイン人が到達し、1636年にはオランダの植民地に。1920年代に製油所や港が開かれました。1954年、オランダ領アンティルの一部に組みこまれ、1986年、アンティルから分離。オランダ国王が任命した総督が対外関係や防衛を担当しています。

【おもな産業】かつては製油所もありましたが、現在は観光業が中心です。

【社会・文化】住民はアフリカ系黒人がほとんどで、約80％がカトリック教徒です。議会は一院制で21議席。毎年2月に盛大なカーニバルが開かれます。

夏季オリンピックまめ知識
● 参加回数：8回（1988年初参加）
● メダル獲得数：合計0個
🥇0個　🥈0個　🥉0個

イギリス領 バージン諸島

イギリス領バージン諸島　British Virgin Islands（IVB）　政庁などの所在地／ロードタウン

面積	約151km²	日本の約1/2500
人口（2016年）	約3万1000人	日本の約0.02%
おもな言語	英語	
通貨	アメリカ・ドル	

【どんな地域】西インド諸島にあるプエルトリコの東へ約100km行ったところにバージン諸島があり、その東半分がイギリス領です。約60の珊瑚礁の島からなり、そのうち16の島に人が住んでいます。主都のロードタウンはトルトラ島にあり、カリブ海ツアーの基地になっています。亜熱帯気候で一年を通して安定した気候です。

【かんたんな歴史】1493年、コロンブスにより、「発見」されました。1648年、オランダ人が植民地を開き、1672年、イギリス領に。18世紀にアフリカから多くの黒人が奴隷としてつれてこられました。2002年、イギリスの市民権がえられました。イギリスの女王が任命した総督が元首となり、議会は一院制で15議席。

【おもな産業】観光業が中心で、ラム酒の製造や漁業もおこなっています。税金が低い租税回避地として知られ、世界中から投資をよびこんでいます。

夏季オリンピックまめ知識
- 参加回数：9回（1984年初参加）
- メダル獲得数：合計0個
- 0個　0個　0個

グアム

グアム　Guam（GUM）　政庁などの所在地／ハガニア

面積	約549km²	日本の約1/688
人口（2013年）	約16万人	日本の約0.13%
おもな言語	英語、チャモロ語	
通貨	アメリカ・ドル	

【どんな地域】西太平洋のマリアナ諸島の南にある、諸島内では最大の島。北部は珊瑚礁にかこまれた台地で、南部は火山の丘陵地。熱帯海洋性気候で高温多湿、一年中、海水浴ができる常夏の国です。アメリカの太平洋における戦略上重要な軍事基地があり、住民は軍や政府関係者が多いです。

【かんたんな歴史】1521年、ポルトガルの航海者マゼランが来航し、その後、スペインの植民地に。1898年、アメリカ・スペイン戦争の結果、アメリカ領となり、1941年から一時、日本軍が占領しました。1970年代から日本の観光客が多くおとずれ、リゾート開発がすすみました。アメリカの準州で、住民はアメリカの市民権はもっていますが、大統領の選挙権はありません。

【おもな産業】農業はタピオカ、さとうきび、ココナッツからとれるコプラなどを生産。マグロの空輸や漁船の修理などをおこなう基地となっています。

夏季オリンピックまめ知識
- 参加回数：8回（1988年初参加）
- メダル獲得数：合計0個
- 0個　0個　0個

ケイマン諸島

ケイマン諸島（イギリス領）　Cayman Islands（CAY）　政庁などの所在地／ジョージタウン

面積	約264km²	日本の約1/1430
人口（2015年）	約6万1000人	日本の約0.05%
おもな言語	英語	
通貨	ケイマン諸島ドル	

【どんな地域】カリブ海にあるジャマイカの西北西約290kmに位置するグランドケイマン島、リトルケイマン島、ケイマン・ブラック島の3つの珊瑚礁の島からなります。

【かんたんな歴史】1503年、イタリアの航海者コロンブスにより「発見」されました。その後、スペインの植民地となり、1670年、ジャマイカとともにイギリス領に。海賊で有名になり、ケイマン・ブラック島はイギリスの作家スティーブンソンの『宝島』のモデルだといわれています。1962年にジャマイカが独立すると、単独の植民地になりました。

【おもな産業】中心は観光業。税金が安い租税回避地（タックスヘイブン）とされ、外国の金融業が多いです。

【社会・文化】議会は一院制で20議席。ヨーロッパ系白人とアフリカ系黒人の混血が約40%、白人が約20%、黒人が約20%。11月中旬、パイレーツウィークが開かれ、海賊の衣装を着てねり歩きます。

夏季オリンピックまめ知識
- 参加回数：10回（1976年初参加）
- メダル獲得数：合計0個
- 0個　0個　0個

バミューダ

バミューダ（イギリス領）　Bermuda（BER）　政庁などの所在地／ハミルトン

面積	約53km²	日本の約1/7100
人口（2014年）	約6万2000人	日本の約0.05%
おもな言語	英語	
通貨	バミューダ・ドル	

【どんな地域】アメリカのニューヨークの南東約1200kmの北大西洋上にうかぶバミューダ島やセント・ジョージ島など、約150の珊瑚礁の島じまからなります。

近海は浅瀬や岩礁が多く、船の沈没事故が起きやすいところです。

【かんたんな歴史】16世紀初め、スペイン人により発見。1609年、イギリス船が難破して乗員が上陸したことをきっかけに植民がはじまり、1684年、正式にイギリスの植民地に。

【おもな産業】金融と観光業が中心。観光客は人口の4倍以上の52万人（2015年）に。税金が安い租税回避地（タックスヘイブン）としても知られています。

【社会・文化】アフリカ系黒人が約60%、ヨーロッパ系白人が約35%。イギリスの女王が任命した総督が、対外関係と防衛を担当。議会は二院制で、上院は11議席、下院は36議席です。イギリス植民地時代の建物がならぶセント・ジョージは世界遺産に登録。

夏季オリンピックまめ知識
- 参加回数：18回（1936年初参加）
- メダル獲得数：合計1個
- 金0個　銀0個　銅1個

プエルトリコ

プエルトリコ自治連邦区　Commonwealth of Puerto Rico（PUR）　政庁などの所在地／サンフアン

面積	約8868km²	日本の約1/42
人口（2015年）	約368万1000人	日本の約3%
おもな言語	スペイン語、英語	
通貨	アメリカ・ドル	

【どんな地域】西インド諸島の大アンティル諸島の東のはしにあるプエルトリコ本島のほか、いくつかの小島からなります。本島は火山島で、最高峰のセロ・デ・プンタ山（標高1338m）をはじめ、1000m級の山脈がつらなっています。

【かんたんな歴史】1493年、イタリアの航海者コロンブスが到達。その後スペイン領となり、1898年、アメリカ・スペイン戦争の結果アメリカ領に。1952年、アメリカの自由連合州として内政の自治権を獲得しました。

【おもな産業】ラム酒の製造や製薬、漁業、観光業など。

【社会・文化】議会は二院制で、上院は27議席、下院は51議席。住民投票で多数がアメリカの州への昇格を希望。16世紀に建てられたエル・モロ要塞とラ・フォルタレサが世界遺産に登録。

【スポーツ】野球やバスケットボールがさかん。アメリカの大リーグや日本のプロ野球でも多くの選手が活躍。

夏季オリンピックまめ知識
- 参加回数：18回（1948年初参加）
- メダル獲得数：合計9個
- 金1個　銀2個　銅6個

アメリカ領バージン諸島
セント・トーマス島に寄港するカリブ海のクルーズ船

アルバ
アルバの主都オラニェスタトの港

グアム
タモン湾のビーチ。グアム観光の中心地

ケイマン諸島
グランドケイマン島にあるジョージタウン

バミューダ
バミューダ島の港。大型のクルーズ船が寄港する

プエルトリコ
エル・モロ要塞。スペインが築いたカリブ海最強の要塞（世界遺産）

[監修] 井田仁康（いだ よしやす）

1958年生まれ。1982年、筑波大学第一学群自然学類（地球科学）卒業。筑波大学大学院地球科学研究科中途退学（単位取得）。博士（理学）。現在は、筑波大学人間系教授。社会科教育・地理教育の研究をおこなっているほか、国際地理オリンピックにもたずさわっている。著書・監修書に『世界をまどわせた地図』『地図の物語 人類は地図で何を伝えようとしてきたのか』（日経ナショナル ジオグラフィック社）、『中学校の地理の雑談ネタ40』（明治図書）、『教科教育におけるESDの実践と課題―地理・歴史・公民・社会科―』（古今書院）、『ドラえもん社会ワールド 日本と国際社会』（小学館）、『国別大図解 世界の地理（全8巻）』『世界地図の迷宮』（学研プラス）『世界の国ぐに大冒険』（PHP）などがある。

[執筆] オフィス・ゆう（吉田忠正）
　　　河野美智子、西巻元

[イラスト] タラジロウ

[ブックデザイン] 西田美千子

[写真協力] フォトライブラリー、PIXTA

[校正協力] 鷗来堂

[おもな参考資料]
『世界国勢図会2016／17』（公益財団法人 矢野恒太記念会）、『データブック オブ・ザ・ワールド 2017』（二宮書店）、『世界年鑑2017』（共同通信社）、IOC（国際オリンピック委員会）ホームページ、日本外務省ホームページ、『日本大百科全書』（小学館）、『世界大百科事典』（平凡社）ほか

2018年5月25日　第1刷発行

　監　修　井田仁康
　発行者　中村宏平
　発　行　株式会社ほるぷ出版
　　　　　〒101-0051　東京都千代田区神田神保町3-2-6
　　　　　電話 03-6261-6691　FAX 03-6261-6692
　印　刷　共同印刷株式会社
　製　本　株式会社ブックアート

ISBN978-4-593-58767-4／NDC290／144P／277×210mm
©Yoshiyasu Ida 2018
Printed in Japan

乱丁・落丁がありましたら、小社営業部宛にお送りください。
送料小社負担にてお取り替えいたします。

これまでにオリンピックがひらかれた国